Frank Brunner
Mit aller Härte

FRANK BRUNNER

MIT ALLER HÄRTE

Wie Polizei und Staatsschutz Linksradikale jagen

Lübbe

Dieser Titel ist auch als E-Book erschienen

Originalausgabe

Copyright © 2017 by Bastei Lübbe AG, Köln

Textredaktion: Katharina Theml, Wiesbaden
Umschlaggestaltung: ZERO Werbeagentur, München
Einband-/Umschlagmotiv: © FinePic/shutterstock | © Plainpicture/
Stephen Shepherd
Satz: hanseatenSatz-bremen, Bremen
Gesetzt aus der Chaparral Pro
Druck und Einband: C. H. Beck, Nördlingen
Printed in Germany

ISBN 978-3-404-60959-8

5   4   3   2   1

Sie finden uns im Internet unter: www.luebbe.de
Bitte beachten Sie auch: www.lesejury.de

Ein verlagsneues Buch kostet in Deutschland und Österreich jeweils überall
dasselbe.
Damit die kulturelle Vielfalt erhalten und für die Leser bezahlbar bleibt,
gibt es die gesetzliche Buchpreisbindung. Ob im Internet, in der Groß-
buchhandlung, beim lokalen Buchhändler, im Dorf oder in der Großstadt –
überall bekommen Sie Ihre verlagsneuen Bücher zum selben Preis.

Inhalt

Prolog

Oliver Rast steht auf der Bühne des altehrwürdigen Maestro-Saals im Künstlerhaus Hannover. Um ihn herum Polizisten, Professoren und Strafvollzugsexperten. Ein früherer Mitarbeiter des Bundespresseamts ist auch dabei. Die Honoratioren strahlen, bilden Trauben um den Ehrengast aus Berlin. Schulterklopfen, Händeschütteln, warme Worte. Später gibt es Häppchen und Sekt. Es ist der 17. September 2016, und die Humanistische Union Deutschlands verleiht den Fritz-Bauer-Preis für Menschenrechte. Fritz Bauer war von 1956 bis zu seinem Tod 1968 hessischer Generalstaatsanwalt. Er zwang die bundesdeutsche Justiz zur Auseinandersetzung mit den Nazi-Verbrechen, kooperierte mit dem israelischen Geheimdienst, um Adolf Eichmann, den Organisator des millionenfachen Judenmords, vor Gericht zu bringen, und war maßgeblich am großen Auschwitz-Prozess 1963 in Frankfurt am Main beteiligt. Die nach ihm benannte Ehrung empfingen Persönlichkeiten wie der Schriftsteller Günter Grass, der FDP-Politiker Burkhard Hirsch sowie der frühere US-Geheimdienstmitarbeiter und Whistleblower Edward Snowden.

An diesem regnerischen Spätsommerabend in Hannover tritt kurz nach neunzehn Uhr Kirstin Drenkhahn ans Mikrofon. Sie ist Juniorprofessorin für Kriminologie an der Freien Universität Berlin und eine Art Star im sonst eher drögen Juristenmilieu. Drenkhahn wird die Laudatio auf den diesjährigen Preisträger halten. Sie lobt dessen Organisationstalent, seine Öffentlichkeitsarbeit, seinen Aktivismus. Der Geehrte:

7

Oliver Rast. Er bekommt die Auszeichnung stellvertretend für die von ihm mitgegründete Organisation »Gefangenen-Gewerkschaft«, die seit Wochen bundesweit für Schlagzeilen sorgt. Oliver Rast saß selbst im Knast. Jahrelang hatten ihn Verfassungsschutz und Bundeskriminalamt gejagt. Als Mitglied der linksradikalen »militanten gruppe« soll er an dutzenden Anschlägen auf Polizeifahrzeuge, Autohäuser und Behörden beteiligt gewesen sein. »Mein politischer Aktivismus war sicher nicht immer zielführend«, merkt Rast in seiner Dankesrede selbstkritisch an. Die feine Gesellschaft im Saal quittiert das Eingeständnis mit verständnisvollem Schmunzeln.

In den Wochen nach der Preisverleihung überschlagen sich die Ereignisse. Fast täglich klingelt das Telefon im Roten Antiquariat, wo Oliver Rast seit seiner Freilassung wieder arbeitet. Redakteure von *stern*, *Welt*, *Süddeutscher Zeitung* und ZDF bitten um Einschätzungen. Als ein mutmaßlich islamistischer Selbstmordattentäter tot in einem Leipziger Gefängnis aufgefunden wird, schicken Mitarbeiter des Deutschlandfunks ein Taxi, um Oliver Rast als Experten ins Studio zu holen. Die Bundeszentrale für politische Bildung porträtiert Oliver Rast in einem Film, die *Huffington Post* bietet ihm eine eigene Kolumne an; Universitätsdozenten, Gewerkschaftsfunktionäre und Politiker laden ihn zu Podiumsdiskussionen und Hintergrundgesprächen ein.

Dies ist die Geschichte von Oliver Rast. Sie handelt von einem Mann, der mal ein Juso war. Ein Juso, bei dem sich SPD-Bürgermeister Walter Momper für seinen Wahlkampfeinsatz bedankt hatte. Ein Juso, der später einer Gruppe aus »irren Polizistenhassern« und »Polit-Rambos«[1] angehörte, wie ein Boulevardmagazin schlagzeilte, und der schließlich vom Feindbild aller braven Bürger zum Liebling des Establishments avancierte.

Dies ist auch die Geschichte der »militanten gruppe«, einer klandestinen Organisation von Linksradikalen, denen ein Richter eine Vorreiterrolle im militanten Kampf gegen das demokratische System bescheinigte. Obwohl die Gruppe nie Menschenleben gefährdete, galt sie unter Fahndern als Fortsetzung der »Roten Armee Fraktion« (RAF) mit anderen Mitteln. Bis heute ist unklar, wer alles unter diesem Label agierte. Sicher ist, dass die »militante gruppe« noch Jahre nach ihrer offiziellen Auflösung das politische Geschehen in der Hauptstadt beeinflusst. Ende 2016 diskutierten Journalisten und Politiker über frühere konspirative Kontakte eines Staatssekretärs der Berliner Senatsverwaltung zu Mitgliedern dieser Gruppe. Wochenlang musste sich deshalb die Linkspartei, die den Mann nominiert hatte, unbequeme Fragen stellen lassen.

Auch für Bundeskriminalamt und Verfassungsschutz wurden die Militanten zum Menetekel. Zwar konnten Polizisten drei Mitglieder, darunter Oliver Rast, verhaften, die nach einem monatelangen Prozess zu mehrjährigen Haftstrafen verurteilt wurden. Gleichzeitig hinterließen die Ermittler jede Menge Kollateralschäden. Betroffen waren dutzende Unschuldige, deren Privatleben bis in entlegenste Winkel ausgeleuchtet wurde. Ohne jeden Anfangsverdacht wilderten Beamte in intimsten Geheimnissen, verwandelten selbst Liebe und Eifersucht in Aktenzeichen. All das geschah in einer Zeit, in der Neonazis raubend und mordend durch Deutschland zogen. Während Rechtsterroristen des »Nationalsozialistischen Untergrunds« (NSU) unter den Augen von dutzenden V-Leuten des Verfassungsschutzes neun Menschen mit ausländischen Wurzeln und eine junge Polizistin töteten, jagten Staatsschützer auf der linken Spur durchs Land. Sie verfolgten Wissenschaftler und Bürgerrechtler, bespitzelten deren Familien und Freunde. Deshalb ist das auch eine Geschichte von staatlichem Versagen und ein Lehrstück darüber, dass ausufernde Überwachung das Vertrauen der Bürger in den Staat erschüttert, ohne mehr Sicherheit zu garantieren. Wie konnte es dazu kommen?

Der Autor dieses Buches hat den Prozess gegen die »militante gruppe« von Anfang bis Ende verfolgt, mehrere tausend Seiten Ermittlungsakten ausgewertet und die Aussagen von Kriminalbeamten und Verfassungsschützern vor dem Berliner Kammergericht dokumentiert. Er hat mit Anwälten gesprochen, linke Aktivisten getroffen und militante Linksradikale besucht. Auch die Sichtweise der Ermittler vom Bundeskriminalamt sollte in dieses Buch einfließen. Die Behörde sah sich dazu außerstande. »Einen Interviewpartner kann ich Ihnen leider nicht zur Verfügung stellen«, antwortete eine BKA-Pressesprecherin auf die Bitte um ein Gespräch. Doch aus Sachstandsberichten, Observationsprotokollen, kriminaltechnischen Gutachten und Geheimdienstvermerken lässt sich die Arbeit der Staatsschützer von BKA und Verfassungsschutz rekonstruieren.

Die Namen von Polizisten, einigen Aktivisten und früheren Mitgliedern der »militanten gruppe« wurden verändert oder anonymisiert. Oliver Rast heißt wirklich so. Genauso wie Andrej Holm, ein früherer Staatssekretär, der regelmäßig bei öffentlichen Veranstaltungen auftritt. Die Namen von Richtern und Staatsanwälten wurden ebenfalls beibehalten.

Kapitel 1: Verhaftung

Die drei Männer hätten wissen müssen, dass sie in jener Nacht in eine Falle tappen. An Hinweisen hatte es nicht gefehlt. Einen hätten sie übersehen können. Oder zwei. Aber nicht so viele. Ihre Unachtsamkeit werden sie in den kommenden Jahren teuer bezahlen. Zunächst jedoch läuft alles nach Plan.

Dreieinhalb Stunden vor dem Ende seines bisherigen Lebens läutet es an der Tür von Oliver Rast. Es ist 22.41 Uhr an diesem letzten Julitag des Jahres 2007, und der 35-Jährige ist zufrieden. »Fast pünktlich«, denkt er und geht Richtung Flur. Seit ein paar Monaten wohnt er hier in der Tegeler Straße im Berliner Bezirk Wedding. Das Revier zwischen Sprengelpark und Sparrplatz ist kein Szeneviertel. Dönerbuden und Internetcafés ducken sich zwischen ergrauten Altbauten. Feierwütige Erstsemester, schwäbische Partytouristen und andere Hauptstadtplagen verirren sich selten in diese Gegend. Oliver Rast mag dieses Kleine-Leute-Milieu. Sorgfältig kultiviert er sein Image als Proletarier. Dafür besucht er Woche für Woche Heimspiele viertklassiger Fußballvereine oder vollgequalmte Absturzkneipen, wo allein das Wort Rauchverbot einen Aufstand auslösen würde. Mit seinem breiten Kreuz, dem starken Nacken und den raspelkurzen Haaren könnte Oliver Rast auch als englischer Hooligan durchgehen. Dass sich hinter der Fassade ein Bücherwurm versteckt, der druckreif über Politik parlieren kann und sardische Weißweine liebt, wissen nur jene, die ihn länger kennen. »Komm rein«, sagt Rast, als er die Tür öffnet. Schnell huscht der Besucher in die spärlich eingerichtete Wohnung. Was vor dem Haus vor sich geht, ahnen sie nicht.

Vor dem Haus wartet Carsten Großmann. Der vierzigjährige Kriminalhauptkommissar hat sich gegenüber dem Hauseingang von Oliver Rasts Wohnung postiert. Neben sich zwei Kollegen. Wie Großmann gehören sie zum Mobilen Einsatzkommando (MEK) des Landeskriminalamts Berlin. Insgesamt neun Beamte hat das MEK zur Observation abgestellt.[2] MEK-Einheiten sind darauf trainiert, Schwerkriminelle zu observieren und festzunehmen. Heute wurden sie vom Bundeskriminalamt (BKA) angefordert. Seit Wochen überwachen sie Handys und Festnetzanschlüsse von drei Männern, die auf den ersten Blick ein völlig normales Leben führen. Oliver Rast ist Antiquar, sein Freund, den alle nur »den Langen« nennen, ein Sozialpädagoge, und der Dritte im Bunde – er soll in dieser Geschichte »der Schwede« heißen – arbeitet als Altenpfleger. Keiner ist jemals mit dem Gesetz in Konflikt geraten. Dennoch glaubt man beim BKA, drei große Fische an der Angel zu haben. Vor zwei Tagen schien sich der Verdacht zu bestätigen.

29. Juli 2007, kurz vor halb fünf Uhr nachmittags. Oliver Rast sitzt an diesem Tag an seinem Schreibtisch im Roten Antiquariat und stellte die Verkaufsliste zusammen, die er einmal im Monat an Stammkunden verschickt. Das Geschäft in der Rungestraße ist ein Sehnsuchtsort für Menschen, die noch immer nach Wegen zum Sozialismus, Kommunismus oder Anarchismus suchen oder einst gesucht haben. Und die nun, mit Wehmut und Pensionsanspruch, die zu Buchstaben geronnenen Überbleibsel ihrer rebellischen Jugend kultivieren. Oliver Rast liebt die Arbeit im Roten Antiquariat. Wo sonst wäre er umgeben von Büchern, deren Autoren jede noch so verborgene Schattierung linker Bewegungen ausleuchten. Gebrauchsanweisungen für den Graswurzelwiderstand lagern neben Pul-

verdampf-Prosa von Mao bis Malatesta. In meterhohen Regalen ruhen jene Utopien, die 1990 für eine schöne neue Welt beerdigt wurden. Zwischen Hardcover gepresste Träume, allmählich verblassend, wie Druckerschwärze auf vergilbtem Papier, aufgetürmt zu Bücherbarrikaden gegen den Kapitalismus draußen vor der Ladentür. Drinnen läutet ein Telefon.

»Ja?«, fragt Rast.

»Der Opel Astra ist im Eimer. Wagenschrott, Elektronik im Arsch«, sagt der Anrufer. Es ist der Lange.

»Was?« Oliver Rast will nicht glauben, was er gerade hört.

»Der Wagen musste abgeschleppt werden.«

»Dann besorg einen anderen, für morgen oder übermorgen.«

Das hat noch gefehlt, denkt Oliver Rast und legt auf. Zwanzig Minuten später greift er wieder zum Hörer und wählt eine Nummer.

»Hi, Schwede, haste was, um dich festzuhalten?«

»Was ist denn los?«

»Einspritzpumpe ist hin, hat der Lange kaputt gemacht, ich krieg das Kotzen«, poltert Oliver Rast. »Ich hab ihn aufgefordert, Ersatz zu besorgen.«

»Ick kann gerade nicht, bin auf Arbeit.«

»Ja, aber du hast verstanden, was Sache ist?«

»Also ich hol das Ding nicht ab, ja?«

»Richtig. Und komm einfach kurz nach der Arbeit zu mir.«

»Mach ick.«

»Jut, bye, bis nachher«, beendet Oliver Rast das Gespräch und widmet sich wieder seinen Preislisten.[3]

Dass gut sechshundert Kilometer von Berlin entfernt, in Meckenheim, BKA-Beamte in der Leitung mitgehört haben[4], weiß er nicht. Seit sechs Jahren leiten Kriminalhauptkommissarin Ute Andernach und ihr Kollege Schubert die Ermittlungen gegen eine mysteriöse Truppe von Linksradikalen, die sich »militante gruppe« nennt und die dutzende Brandanschläge auf Gebäude und Fahrzeuge von Polizei, Justiz und Wirtschaftsverbänden verübt hat. Die Fahnder fürchten, dass irgendwann auch Personen ins Visier geraten könnten. Sie glauben auch, dass sich die »militante gruppe« als Nachfolgeorganisation der Roten Armee Fraktion (RAF) versteht und einen Umsturz plant. Die Fahnder vermuten zudem, dass zur »militanten gruppe« auch Wissenschaftler gehören. Die sprachlich sehr komplex formulierten Bekennerschreiben ließen keinen anderen Schluss zu.

Niemand kann den Staatsschützern vorwerfen, dass sie die Staatsfeinde unterschätzt hätten. 2001, nach Beginn der Anschlagsserie, starteten Andernach, Schubert und ihre Kollegen die Ermittlungen mit großem Eifer. Seitdem überwachten sie E-Mail-Konten und Telefone, erstellten Bewegungsprofile, installierten GPS-Sender in Autos, zielten mit versteckten Kameras auf Hauseingänge, protokollierten Banküberweisungen und observierten tagelang Verdächtige. Doch obwohl die Beamten Vollgas gaben, kamen sie nur im Schritttempo voran. Schuld daran war ein Nebel aus steilen Thesen, der ihnen die Sicht versperrte. Kein Wunder also, dass sie jahrelang von Panne zu Panne schlitterten. Bis zu diesem Tag. Bis zu diesem Telefonat.

Das Gespräch lässt die Ermittler hellhörig werden. Warum reagiert Oliver Rast wegen eines altersschwachen Opel Astra so aufbrausend? Zumal es nicht einmal sein eigener Wagen ist? Hier geht es um mehr als einen Fahrzeugschaden. Davon sind die Polizisten überzeugt. Möglicherweise brauchen die Männer das Auto, um Anschlagsziele auszukundschaften. Vielleicht wollen sie zu einem Treffen mit Gesinnungsgenossen fahren. Dass die Staatsschützer überhaupt auf das Trio gestoßen sind, war purer Zufall. Doch wen interessiert das jetzt noch? Andernach und Schubert brauchen einen Erfolg. Mittlerweile spotten schon Medien über die Ordnungshüter. »Polizei ist ziem-

lich ausgebrannt«[5], titelte die Tageszeitung *taz* vor wenigen
Wochen, nachdem die »militante gruppe« zwei Einsatzfahrzeuge in Flammen hatte aufgehen lassen.

Das Telefonat ändert alles. Deshalb überwachen die Ermittler zwei Tage lang jeden Anruf von Oliver Rast. Deshalb erfahren sie, dass der Lange bei einer Mietwagenfirma am Berliner
Hauptbahnhof ein Fahrzeug reserviert hat und damit gegen
23 Uhr in der Tegeler Straße 15 auftauchen will. Deshalb müssen sich Kriminalhauptkommissar Großmann und seine Kollegen Falk Schauer und Polizeihauptmeister Jan Kraulmann die
Nacht vor einem Weddinger Mietshaus um die Ohren schlagen.
Genau 22.41 Uhr zeigt die Uhr, als der Schwede das Haus von
Rast betritt. Eine Stunde später taucht der Lange auf. Zwanzig Minuten sind seitdem vergangen. Doch ein Fehlalarm? Gegen 23 Uhr verlöscht das Licht in der zweiten Etage. Kurz darauf öffnet sich die Haustür, und Großmann, Kraulmann und
Schauer sehen, wie Oliver Rast, der Schwede und der Lange auf
die schwach beleuchtete Straße treten. Langsam schlendern
sie den Gehweg hinunter, biegen in die Kiautschoustraße und
bummeln Richtung Pekinger Platz. »Die irren ziemlich ziellos
umher«[6], denkt Kraulmann, während er ihnen heimlich folgt.
Nach einigen Minuten haben die drei ihren Gang ums Karree
beendet. Der Lange verschwindet in der Lynarstraße, Rast und
der Schwede gehen zurück ins Haus. Kurz darauf stehen sie mit
zwei Rucksäcken und einer Plastiktüte[7] wieder auf der Straße.
Oliver Rast mustert die Umgebung und bemerkt auf der anderen Straßenseite, direkt vor dem türkischen Imbiss, einen Taxifahrer, der vor der geöffneten Haube seines Wagens steht
und scheinbar ratlos in den Motorraum starrt. Der Mann wirkt
sehr athletisch. »Ein Taxi hier um diese Zeit? Habe ich noch
nie gesehen«, wundert sich Oliver Rast. Er glaubt für einen
Moment, dass der Fahrer aus den Augenwinkeln zu ihnen he-
rüberschaut. »Alles nur Einbildung«, beruhigt er sich und spa-

ziert mit dem Schweden zum Langen, der bereits im Auto wartet.[8]

Zwei Stunden vor dem Ende seines bisherigen Lebens steigt Oliver Rast in einen Renault Clio mit Münchner Kennzeichen.[9] Am Steuer des Mietwagens sitzt der Lange; der Schwede hat es sich auf der Rückbank bequem gemacht. Kurz nach Mitternacht lassen sie die Tegeler Straße hinter sich, rollen Richtung Seestraße, vorbei am Knast in Tegel, passieren den Spandauer Damm. In der Heerstraße stoppen sie an einer roten Ampel. Mehrere Taxis halten rechts und links neben ihnen. »Seltsam«, denkt Oliver Rast. In jedem Wagen sitzen zwei oder drei Fahrgäste, von denen einige auffällig unauffällig zu ihrem Clio blicken. Ein Pulk Taxis ist keine Seltenheit in Berlin. Auch nicht bei Nacht. Aber alle fast voll besetzt? Mit sportlich wirkenden Männern? »Als würden sie uns eskortieren«, sinniert Oliver Rast. Soll er die anderen darauf ansprechen? Die angespannte Stille stören? Besser nicht. Sonst glauben die noch, er sei paranoid.

Die Ampel schaltet auf Grün, der Lange beschleunigt, und wenig später sind die Taxis verschwunden. Allmählich wird es ruhiger auf den Straßen. Irgendwann verschluckt Finsternis die letzten Lichter Berlins. Aus Plattenbauten werden Backsteinhäuser, statt Supermärkte ziehen nun Felder an den Wagenfenstern vorbei. Der Lange meidet Autobahnen, steuert das Auto über kurvige Alleen und schmale Chausseen, durchquert Orte, die Nauen, Päwesin, Beetzsee und Brielow heißen. Die Männer nehmen diese Route nicht zum ersten Mal. Mehrmals haben sie für diese Tour geprobt. Doch irgendetwas ist heute anders als sonst. Es dauert eine Weile, bis Oliver Rast weiß, was ihn stört. Es sind die Lichtkegel im Rückspiegel. Er kann sich nicht erinnern, bei früheren Fahrten durch die nächtliche Einöde Brandenburgs ständig Fahrzeuge hinter sich gesehen zu haben. »Fahr die nächste Straße rechts rein«, sagt er zum

Langen. Der bremst, biegt von der Dorfstraße auf einen holprigen Feldweg und parkt im Schutz der Dunkelheit.

Kriminalhauptkommissar Großmann hat Schwierigkeiten, den Renault Clio im Auge zu behalten. Manchmal verschwinden die Rücklichter und tauchen erst Minuten später wieder vor ihm auf. Solche Observationslücken sind suboptimal. Denn so weiß er nicht, ob zwischenzeitlich jemand zugestiegen ist oder das Auto verlassen hat. Gleich nachdem die Männer in der Tegeler Straße gestartet sind, haben er und seine Kollegen die Verfolgung mit mehreren Wagen aufgenommen. Parallel dazu überwacht auf der Dienststelle ein junger Kommissaranwärter fast zwei Dutzend Telefonanschlüsse. Eventuell kontaktieren die drei Männer während der Fahrt weitere Komplizen.

Doch die Männer haben andere Probleme. Wie reagieren auf den ungewöhnlichen Verkehr um diese Uhrzeit? »Wir ziehen das jetzt durch«, sagt Oliver Rast. Während die Männer beraten, sehen sie, wie die Autos auf der Hauptstraße vorbeifahren. Nach kurzer Beratung entscheiden sie, den Verkehr für Zufall zu halten. Langsam lenkt der Lange den Clio aus seinem Versteck, und es geht weiter über die Dörfer.

Eine halbe Stunde vor dem Ende seines bisherigen Lebens sieht Oliver Rast das Ortseingangsschild der Stadt Brandenburg an der Havel. Es ist kurz vor zwei Uhr. Scheinbar verlassen liegt eins dieser hässlichen Industriegebiete vor ihnen. Auch die Verfolger erreichen die Ortseinfahrt. Erneut haben sie den Clio verloren. Zu schnell sind die Männer Richtung Gewerbezentrum abgebogen. Erst an der Aral-Tankstelle gerät das Zielobjekt wieder in ihr Blickfeld. [10] Sie sehen, wie der Clio einige Meter nach der Tankstelle auf einem Feldweg neben einer Kleingartenanlage hält. Oliver Rast und der Schwede verlassen den Wagen, schultern ihre Rucksäcke und ziehen Richtung Hellweg-Baumarkt, der am Rande des Industriegebietes liegt. Oliver Rast sieht die zwei Fahrzeuge auf dem ansonsten völlig leeren Parkplatz gegenüber. Doch er hat heute bereits zu viele Merkwürdigkeiten erlebt, als dass ihn das noch wundern würde. In großem Bogen umgehen sie die Aral-Tankstelle, um nicht von den Überwachungskameras erfasst zu werden. Sie bemerken nicht, dass sie einem ihrer Verfolger fast über die Füße stolpern.

Polizeihauptmeister Kraulmann wurde von seinem Kollegen im Industriegebiet abgesetzt. Jetzt läuft er in den Feldweg hinein, um das Gelände zu sondieren. Plötzlich kommen ihm zwei dunkel gekleidete Gestalten entgegen. Direkt vor ihm. Maximal anderthalb Meter entfernt. Nur ein Sprung ins Gebüsch bewahrt ihn davor, entdeckt zu werden. Als Oliver Rast und der Schwede verschwunden sind, schleicht Kraulmann weiter, sieht wenig später den Clio. Bis auf fünf Meter robbt er heran. Kraulmann hat Glück. Für einen kurzen Augenblick hat der Lange die Innenraumbeleuchtung eingeschaltet, und deshalb kann Kraulmann den Mann hinter dem Steuer sehen.[11] Während er in den Wagen späht, heften sich Polizeikommissar Schauer und Kriminalhauptkommissar Großmann an die Fersen von Rast und dem Schweden. Es ist ziemlich schwierig, bei Nacht in einem Industriegebiet Verdächtige zu beschatten. Manchmal muss man zu unkonventionellen Methoden greifen.

Oliver Rast und der Schwede haben die blaue Aral-Reklame fast hinter sich gelassen, da taucht wie aus dem Nichts ein stämmiger Kerl auf. Der Kerl hat offensichtlich zu viel getankt. Scheinbar orientierungslos torkelt er durch die Gegend, wankt schließlich zu einer Böschung, wo er sich erleichtert. Wäre Oliver Rast nicht gefangen in seinem Tunnelblick, würde er sich vielleicht fragen, ob in Brandenburg Betrunkene vom Himmel fallen. Denn weit und breit gibt es keine Kneipe, aus der sich ein Zechbruder verlaufen haben könnte, selbst die nächste Siedlung ist kilometerweit entfernt. Erst später sollen Oliver Rast alle diese Merkwürdigkeiten bewusst werden. Normalerweise ist er ein ausgezeichneter Stratege. Kein Draufgänger, sondern extrem detailverliebt. Zumindest wenn es um politische Aktionen geht. Seine Sorglosigkeit in dieser Nacht, die schon an Dilettantismus grenzt, wird ihm ewig ein Rätsel bleiben. Oliver Rast schaut auf sein Handy. 1.52 Uhr zeigt das Display. Nur noch ein paar Sekunden, dann haben sie ihr Ziel erreicht.

Aus dem Gebüsch heraus beobachtet Polizeikommissar Schauer, dass die Männer das Gelände der Firma MAN ansteuern. In den Werkstätten im Innern des zweigeschossigen Zweckbaus lässt die Bundeswehr Spezialfahrzeuge reparieren. Nur ein lächerlicher Zaun trennt die Straße vom teuren Kriegsgerät, das auf dem Werkparkplatz für jeden sichtbar auf die Wartung wartet. Allein in dieser Nacht parkt auf dem Betriebsgelände mindestens ein halbes Dutzend tarngrüner Trucks, darunter zwei Allrad-Zugmaschinen im Wert von jeweils 130 000 Euro. Mittlerweile ist auch Kriminalhauptkommissar Großmann im Industriegebiet angekommen. Er sieht die zwei Männer am Baumarkt vorbeilaufen. Auch er bemerkt die Rucksäcke.[12] Am MAN-Gelände verschwinden Rast und der Schwede aus seinem Blickfeld. Nach einer Weile jedoch erscheinen die zwei wieder auf der Bildfläche, laufen zurück zum Wagen. Großmann schaut auf die Uhr. 1.55 Uhr. »Die zwei Personen sind aufgetaucht«, meldet er seinen Kollegen.[13]

Jetzt sieht auch Polizeikommissar Schauer die Verdächtigen. Die waren auf dem MAN-Gelände. Mit Großmann läuft er Richtung Werkseingang. Sie sehen einen Bauzaunabschnitt, der an den regulären Zaun gelehnt wurde, und steigen darüber hinweg. Schauer blickt sich um. Leuchtet da etwas unter einem der LKW? »Dort brennt etwas«, sagt er. Als Schauer näher kommt, sieht er, dass er richtiglag. Zwei 1,5-Liter-Plastikflaschen mit Klebeband umwickelt, unmittelbar daneben zwei Joghurtbecher, in deren Aludeckeln glimmende Grillanzünder stecken. Auch unter zwei anderen Bundeswehrfahrzeugen finden die Beamten solche Brandsätze. Polizisten kennen die Konstruktion. »Nobelkarossentod«, nennen militante Linke die Vorrichtung. Denn damit können sie in Kreuzberg oder Friedrichshain relativ gefahrlos die Audi, BMW und Mercedes wohlhabender Neuberliner in Altmetall verwandeln. Erst wenn der Grillkohleanzünder heruntergebrannt ist, entzünden sich die mit Benzin gefüllten PET-Flaschen. Bis dahin sind die Gentrifizierungsgegner über alle Berge. Schauer weiß nicht, wann die Brandsätze aufflammen werden. Aber ihm ist klar, dass er schnell handeln muss. Sonst besitzt die Bundeswehr ab heute Nacht ein paar Fahrzeuge weniger. Schnell greift er die Becher und stellt sie fünf Meter neben die Trucks. Kurz darauf erhellen hohe Stichflammen das Areal.[14]

Während sich Großmann und Schauer auf dem Gelände umschauen, versteckt sich ihr Kollege Kraulmann noch immer in der Nähe des Renault Clio. Deshalb sieht er, dass Oliver Rast und der Schwede zurückkehren. Der Clio startet und verschwindet auf der Brielower Landstraße. Polizeihauptmeister Kraulmann steigt in den Wagen von Kriminaloberkommissar Nick Alison, der neben ihm hält und anschließend die Verfolgung aufnimmt.[15] Mehrere MEK-Fahrzeuge schließen sich an.

Fünf Minuten vor dem Ende seines bisherigen Lebens sieht Oliver Rast im Beifahrerspiegel, wie sich ihnen von hinten ein Fahrzeug mit hoher Geschwindigkeit nähert, ihren Clio überholt und vor ihnen in Schlangenlinien durch die Brandenburger Nacht kurvt. »Sind die betrunken?«, fragt sich Oliver Rast. Trotz Dunkelheit sieht er die Insassen. Kräftige Kerle mit kurzen Haaren. »Die sehen aus wie zweitklassige Hooligans«, sagt er. Der Lange nickt. »Oder Partygänger auf Koks«, mutmaßt der Schwede. Plötzlich taucht auch neben ihnen ein Wagen auf. Ein dritter ist hinter ihnen. Vier Autos, die in halsbrecherischem Tempo eine dunkle Straße entlangbrettern. »Da vorne kommt eine Kreuzung, bieg ab«, ruft Rast. Sein Puls rast jetzt mindestens so sehr wie der Clio, in dem er hockt. Mit quietschenden Reifen steuert der Lange in eine Gasse. Die Männer haben keine Ahnung, wo sie gerade sind. Vor ihnen taucht eine kleine Siedlung auf. Anscheinend haben sie ihre Verfolger abgehängt. Doch die Ruhe währt nur eine halbe Minute. Dann sind die irren Raser erneut da und nehmen den Clio in die Zange. Einer der Wagen überholt und macht eine Vollbremsung. Der Lange tritt ebenfalls in die Eisen. Im letzten Moment kann er einen Crash verhindern. Nun geht alles ganz schnell.

Oliver Rast sieht, wie aus allen Richtungen Vermummte mit Pistolen und gezogenen Schlagstöcken heranstürmen. MEK-Mann Kraulmann ist einer der Ersten am Clio. Er entglast die hintere Scheibe auf der Fahrerseite, will sich den Typen auf der Rückbank greifen. Doch gegenüber hält schon ein Kollege Oliver Rast in Schach. Also zerschlägt Kraulmann die vordere Seitenscheibe, zerrt den Langen am linken Arm hinterm Steuer hervor, bugsiert ihn nach draußen und legt ihm am Boden fixiert Handschellen an. Dann streift er ihm eine Schlafbrille über. Auf keinen Fall sollen die Terrorverdächtigen die Gesichter der Polizisten sehen. Kriminaloberkommissar Alison befördert den Schweden vom Beifahrersitz unsanft ins Freie und bringt ihn mit einem Tritt zu Boden.[16] Der Schwede trägt dabei Hämatome am Kopf, Prellungen des Kiefers und Verletzungen im Rippenbereich davon, wie später ein Arzt diagnostiziert. »Einfache körperliche Gewalt«, sagt Alison.[17] Sein Kollege Gerd Brieselang, der mit ihm und Kraulmann in einem der Verfolgerfahrzeuge gesessen hatte, sichert die Festnahme ab.[18] Wie in Zeitlupe nimmt Oliver Rast das Tohuwabohu um sich herum wahr. Erst als seine Freunde schon bewegungsunfähig auf der Erde liegen, bemerkt er die Pistole vor seinem Gesicht. Ein Finger des MEK-Mannes ist gefährlich nah am Abzug. »Scheiße, der zittert ja«, schießt es Oliver Rast durch den Kopf. Sein Körper ist völlig erstarrt, das Gehirn wie eingefroren, alle Gefühle zusammengeschmolzen zu einem einzigen Gedanken: Nur nicht bewegen. Wie Kaugummi dehnt sich die Zeit vor seinen Augen. Nach einer Ewigkeit kommt eine Polizistin ums Auto gesprintet. »Aussteigen«, befiehlt sie. Nun liegt auch Oliver Rast gefesselt im märkischen Sand. Innerhalb von Sekunden hat das Mobile Einsatzkommando die Situation unter Kontrolle.

Es ist 2.15 Uhr[19], als auf der Brielower Landstraße, nahe des Örtchens Radewege, das bisherige Leben von Oliver Rast endet. »Die sind wirklich gut«, denkt er noch, dann packt ihn Polizeikommissar Thomas Graupel, wirft ihn zu Boden und stülpt auch ihm eine Schlafbrille über.[20] Später fährt Graupel den Clio zur Polizeiwache nach Brandenburg an der Havel.[21]

Gleichzeitig bricht anderswo hektische Betriebsamkeit aus. Auf dem MAN-Gelände im Industriegebiet treffen zunächst Brandenburger Polizisten ein, später stoßen Feldjäger der Bundeswehr dazu, noch später ein Team der Kriminaltechnik, das Spuren sichern soll.[22] Einer von ihnen ist Kriminalhauptkommissar Kai Kelsen vom Bundeskriminalamt. Kelsen hat Bereitschaft in dieser Woche und muss deshalb an den Tatort. Er untersucht den Maschendrahtzaun, nimmt DNA-Abriebspuren, sichert die Brandsätze der Marke »Nobelkarossentod« und lässt sie zum BKA nach Wiesbaden transportieren.[23] Sein Kollege sucht nach Faserresten, um sie später mit der Kleidung der drei Männer zu vergleichen.[24] Gegen 2.30 Uhr greift im rheinland-pfälzischen Meckenheim Kriminalhauptkommissarin Andernach zum Telefonhörer und wählt die Nummer von Staatsanwältin Vollmer. »Die drei sind festgenommen«, sagt Andernach.

Die Männer werden derweil in eine Polizeiwache in Brandenburg an der Havel verfrachtet. Als die schwere Tür hinter Oliver Rast zuschlägt, herrscht endlich Ruhe. Müde lässt er sich auf die Matratze fallen. Sein Blick huscht über weiß gekachelte Wände; er sieht die grelle Neunröhre an der Decke und daneben den Ventilator, der vergeblich versucht, gegen die abgestandene Luft anzukämpfen. Der lärmende Lüfter wird jeden Schlaf verhindern. So viel ist sicher. Außerdem haben ihm die Polizisten bis auf Unterhosen und Socken alle Kleidung abgenommen. Spurensicherung. Jetzt steckt Oliver Rast in einem viel zu engen Maleroverall. Über Hände und Unterarme haben die Beamten Alutüten gewickelt, um mögliche Schmauchspuren, die er ausschwitzt, aufzufangen. Höchstens zehn Quadratmeter misst sein Domizil. Aber die Enge der Zelle stört ihn nicht. Viele Menschen, die das erste Mal hinter Gitter müssen, leiden unter Panikattacken und Depressionen. Haftschock, nennen das die Psychologen. Oliver Rast war klar, dass sein Weg irgendwann so enden könnte. Natürlich ist er aufgewühlt. Schließlich liegt seine spektakuläre Verhaftung kaum eine Stunde zurück. Dennoch dämmert er irgendwann weg.

Plötzlich hört er einen Schlüssel im Schloss rasseln, die Tür öffnet sich, und ein Polizist betritt die Zelle. Neben ihm ein bekanntes Gesicht. Das ging aber schnell. »Hallo, Herr Herzog«, begrüßt er den Besucher. Der ist verdutzt. »Sie kennen mich?« Oliver Rast grinst. Natürlich kennt er Thomas Herzog. Jeder in der linken Szene Berlins kennt ihn. Herzog gehört zum Anwaltskollektiv im Kreuzberger Mehringhof, einem der letzten Biotope der Autonomen. Hinter der Toreinfahrt des früheren Fabrikgeländes tobt noch immer die Lust auf bessere Zeiten. An Backsteinmauern künden Plakate und Parolen von der bevorstehenden Revolution – oder erinnern zumindest an die nächste Diskussion über die bevorstehende Revolution. Zwischen den Plenen schwärmen sympathisch-schrullige Weltverbesserer am Kneipentresen von vergangenen Kämpfen gegen das Schweinesystem. Umgeben von kostspielig auf alternativ gebürsteten Schnöselschuppen, trotzt der Mehringhof als gallisches Dorf einer Übermacht aus Yuppies, die Kreuzberg seit

Jahren okkupiert haben. Im Mehringhof gibt es alle Zutaten für ein linkes Lebensgefühl: eine antiautoritäre Schule, eine Fahrradwerkstatt, einen linken Buchladen, linke Medien, linke Migrantenvereine und jede Menge anderer linker Projekte. Und weil linke Ideale manchmal mit der Staatsmacht kollidieren, gibt es im Mehringhof auch ein linkes Anwaltsbüro.

Von dort ist Thomas Herzog in den frühen Morgenstunden nach Brandenburg gefahren. Besonders optimistisch sieht er nicht aus. Herzog spart sich jede aufmunternde Vorrede, sondern fällt gleich mit der Tür ins Haus: »Die Bundesanwaltschaft glaubt, dass ihr zur ›militanten gruppe‹ gehört, und wirft euch Mitgliedschaft in einer terroristischen Vereinigung vor.« Es geht also nicht nur um den Brandanschlag heute Nacht, schlussfolgert Oliver Rast. »Die werden euch wahrscheinlich nach Karlsruhe fliegen«, legt Herzog nach. Bei solchen Aussichten bleibt nur noch die Flucht in den Sarkasmus. »Wie schön.« Oliver Rast grinst. Thomas Herzog zuckt mit den Schultern. »Hast du Hunger?«, fragt er. »Eigentlich nicht«, antwortet Rast. Herzog besteht trotzdem darauf, dass einer der Wachleute etwas zu essen besorgt. Tatsächlich schiebt sich kurze Zeit später ein leicht schwerfälliger Beamter durch die Tür und überreicht eine Mahlzeit.

Während Oliver Rast eine kalte Currywurst mit pappigen Pommes hinunterwürgt, feilen die Bundesanwälte in Karlsruhe schon am Haftbefehl. Die drei Festgenommenen wollten die »gegenwärtigen staatlichen und gesellschaftlichen Strukturen zugunsten einer kommunistischen Weltordnung beseitigen«, heißt es darin. Oliver Rast gilt nun offiziell als Terrorist. Nach sechs Jahren erfolgloser Suche sind die Militanten in die Falle getappt. Oliver Rast ist am Tiefpunkt seines Lebens angelangt. Eingequetscht in ein viel zu enges Polypropylen-Vlies, das sich an seinem Körper allmählich auflöst, gefangen in einer Brandenburger Ausnüchterungszelle.

Kapitel 2: Ausnahmezustand

Oliver Rast weiß nicht, wie lange er schon in seiner Zelle schmort. Ob seine Freundin schon davon erfahren hat? Wahrscheinlich nicht. Dafür ist es zu früh. Sorgen macht er sich um seine Mutter. Bald werden die Beamten vor ihrer Tür stehen und alles auf den Kopf stellen in ihrer Plattenbauwohnung im Märkischen Viertel. Ein halbes Leben hat Oliver Rast dort gelebt. Der Rapper Sido hat dem Quartier ein Denkmal gesetzt: »Hohe Häuser, dicke Luft, ein paar Bäume – Menschen auf Drogen, hier platzen Träume.« Der Song »Mein Block« machte Sido über Nacht berühmt. Vielleicht war es eine der besten Ideen von Paul Hartmut Würdig, wie der Mann im richtigen Leben heißt, sich als Gangster aus dem Sozialbaughetto zu inszenieren. Dank Sido flimmerte das Märkische Viertel als Videokulisse für Kleinganoven in die Kinderzimmer braver Mittelschichtsprösslinge. Die konnten sich dann unter ihren sanierten Stuckdecken wohlig gruseln.

Den miesen Ruf des Stadtbezirks im Norden Berlins hat Oliver Rast nie verstanden. Kurz nach seiner Geburt 1972 tauschten seine Eltern eine Abbruchbude in Berlin-Neukölln gegen Fahrstuhl, Warmwasser und Zentralheizung. Ein Zehngeschosser in der Quickborner Straße. Damals Luxus für eine Arbeiterfamilie. Bis er zwanzig war, hat Oliver Rast das Märkische Viertel kaum verlassen. Alles, was er brauchte, fand er hier. Freunde, Feinde und Bolzplätze. Oliver Rast gehörte zur Quickborner Gang. Die Kindercliquen hatten ihr Terrain nach Wohnblocks aufgeteilt. Wehe dem, der sich in eine Straße außerhalb seines Reviers verlief. Meist wurden die Revierkämpfe jedoch auf einem der Fußballfelder ausgetragen, die von meterhohen Metallzäunen mit abschließbaren Türen umgeben waren und die deshalb an Raubtierkäfige erinnerten. Zwischen den Gitterstäben kickten die Quickborner gegen die Kerle vom Senftenberger Ring, die sich wiederum mit den Treuenbrietzenern duellierten. Nur sonntags blieben die Raubtierkäfige geschlossen. Dann kämpften die Halbstarken in anderen Oasen der Betonwüste gegen die Langeweile. Sie streunten über die Sandberge, eine staubige Brache am Rande des Viertels, die erst der Frühling gnädig mit Grün zudeckte. Manchmal turnten sie auf dem Carola-Kahn. So hieß eine ausgemusterte Schaluppe, die ambitionierte Künstler auf einem Spielplatz stranden ließen. Im Wäldchen um den Carola-Kahn tauchte manchmal der Pullermann auf, wie die Kinder den ortsansässigen Exhibitionisten nannten. Wobei im Fall der heruntergelassenen Hosen nie klar war, wann Wahrheit endete und Mythos begann. Der wahre Wahnsinn verbarg sich für Oliver Rast sowieso anderswo, nämlich nur wenige Meter von seiner Haustür entfernt.

Dort endete die Welt an einer Mauer. Manche nannten sie Schutzwall, andere Schandmal. Viele Westberliner haderten mit der Insellage, sahen sich als bedrohte Spezies, die nur mit hohen Subventionen aus Bonn artgerecht überleben konnte. Wieder andere stilisierten sich zum letzten Bollwerk gegen den Bolschewismus. Oliver Rast wurde magisch angezogen von der Grenze, hinter der sich die DDR versteckte. Noch Jahre später, längst im schicken Altbau wohnend, war er gefangen vom Zauber im früheren Zonenrandgebiet. »Ein echter MVler«, freut er sich jedes Mal, wenn ihm jemand begegnet, der auch im Märkischen Viertel aufgewachsen ist. So als wäre »MV« ein Gütesiegel für regionale Qualität. Was jenseits der Mauer geschah, war ihm egal. Er hatte zwar Verwandtschaft im Osten, aber von den zwei Besuchen in irgendeinem thüringischen Kaff waren nur verschwommene Erinnerungen geblieben. Manchmal trat die DDR in Gestalt neuer Klassenkameraden, deren Eltern zum Klassenfeind übergelaufen waren, in sein Leben. Mit denen zog er stundenlang am Mauerstreifen entlang, der sich wie ein riesiges Reptil durch die Stadt schlängelte. Wer dem Reptil von der falschen Seite zu nahe kam, konnte dafür mit seinem Leben bezahlen. Oliver Rast lebte auf der richtigen Seite, und für ihn war dieses Revier ein einziger Abenteuerspielplatz.

Möglicherweise sind die Szenen aus dem Märkischen Viertel, die in den Stunden seiner Untersuchungshaft an ihm vorüberziehen, auch nur einer Erinnerung geschuldet, die einem Weichzeichner gleich alle Ecken und Kanten abschmirgelt, bis die Bilder im Rückspiegel milde verschwimmen. Denn unter der Oberfläche der vermeintlichen Idylle verbarg sich jede Menge Sprengstoff.

Wer wissen will, warum, muss ein paar Jahre zurückspulen. Früher begrenzten die Müllkippe Lübars und die Irrenanstalt Wittenau das Areal, auf dem sich heute das Märkische Viertel erstreckt. Dazwischen verschandelten bis in die sechziger Jahre hunderte Bretterbuden die Landschaft. »Kleingartenanlage«, nannten Menschen mit einer positiven Sicht auf das Leben dieses Sammelsurium. »Slum« sagten alle anderen. Vor allem wegen der fehlenden Kanalisation. Die Hinterlassenschaften der Bewohner landeten in Sickergruben, die ihren Inhalt großzügig im Erdreich verteilten. In die kontaminierte Krume bauten die Laubenpieper ihre Brunnen. Damit schufen sie einen biologischen Kreislauf, den ein Berliner Architekt seinerzeit so zusammenfasste: »Die Leute pumpen ihren eigenen Urin in den Kochtopf.«[1] Dem Senat schien diese Art des Recyclings anscheinend wenig nachhaltig. Außerdem suchte die Landesregierung Platz für neuen Wohnraum und beschloss, zwischen Deponie und Psychiatrie eine Armada von Hochhäusern aus dem Schlamm zu stampfen. 17 000 Wohnungen für 60 000 Menschen. Im August 1964 zogen die ersten Mieter ein, der letzte Neubau war erst 1974 fertig. Leider vergaßen die Stadtplaner anfangs Krankenhäuser, Kitas, Schulen, Spielplätze, Grünflächen und Sozialarbeiter. Als »Menschenexperiment« bezeichneten Kritiker das Märkische Viertel. »Die Hölle ist det«, zitierte der *Spiegel* einen Bewohner. »Man schämt sich, hier zu wohnen«, sagte ein anderer, und sein Nachbar glaubte: »Da hilft nur noch Dynamit.«

Der große Knall blieb aus. Aber in den ersten Jahren waberte eine explosive Mischung durch die zugigen Häuserschluchten. Stromernde Kinder, sich selbst überlassen, verwandelten Treppenhäuser in Toiletten; Jugendliche lümmelten gelangweilt vor Hauseingängen, ihre Eltern betäubten trinkend die Tristesse. Viele Mieter wohnten zuvor in den damaligen Arbeiterbezirken Kreuzberg, Wedding und Moabit. Sie wurden aus heruntergekommenen Altbauten, die abgerissen werden sollten, ins Märkische Viertel »umgesetzt«, wie Behördenmitarbeiter das nannten. Einige Bewohner hatten vorher in Notunterkünften und Obdachlosenasylen gelebt. Bald merkten sie, dass sie die steigenden Mieten nicht zahlen konnten.[2] Schnell flogen sie wieder aus ihren vier Wänden. Besserverdienende zogen freiwillig weg. Zurück blieben Arbeitslosigkeit, Armut und Aggression.

Kein Wunder, dass K-Gruppen und andere Relikte der Revolte von 1968 in der Trabantenstadt nach dem revolutionären Subjekt suchten. Meist suchten sie vergebens, und manche griffen nach erfolgloser Suche zu den Waffen. Ulrike Meinhof war so eine. Oliver Rast ist stolz darauf, dass Meinhof im Märkischen Viertel gelebt hat. Selbst jetzt, in einer Brandenburger Ausnüchterungszelle, berauscht ihn der Gedanke, dass die linke Journalistin in seinem Kiez war, bevor sie in die Illegalität abtauchte. Natürlich war er damals noch nicht einmal geboren. Aber er kennt alle Geschichten von damals. Als Antiquar kostete es ihn wenig Mühe, alte Flugblätter und Stadtteilzeitschriften aufzutreiben, in denen Meinhof und der von ihr mitinitiierte »Arbeitskreis Mieten und Wohnen im Märkischen Viertel« gegen Mieterhöhungen und für mehr Mitsprache kämpften. Oliver Rast kann stundenlang darüber reden, wie sich die damals 35-Jährige um Randgruppen-Jugendliche kümmerte, er kennt alle Details von Meinhofs »Strategiepapier zum Kampf im Märkischen Viertel« und weiß noch heute, welches leerstehende Haus Meinhof und ihre Freunde am 1. Mai 1970 besetzt hatten, um dort ein selbstverwaltetes Jugendzentrum einzurichten. Kurz nach dieser Aktion verschwand Meinhof aus dem Märkischen Viertel. Zusammen mit einer Handvoll Genossen befreite sie am 14. Mai 1970 Andreas Baader während eines Haftausgangs. Baader war zu drei Jahren Zuchthaus verurteilt worden, weil er aus Protest gegen den Vietnamkrieg der USA und das angebliche Konsumdenken vieler Deutscher Brandsätze in zwei Kaufhäusern versteckt hatte.

Nach der Befreiung tauchten Meinhof, Baader und ein halbes Dutzend Aktivisten in die Illegalität ab. Die Aktion gilt als Geburtsstunde der »Roten Armee Fraktion« (RAF). Im Untergrund verfasste Ulrike Meinhof das »Konzept Stadtguerilla«, eine Bedienungsanleitung für den bewaffneten Umsturz in der Bundesrepublik. Es blieb nicht bei der Theorie. RAF-Mitglieder überfielen Banken, um ihr Leben im Untergrund zu finanzieren. Es folgten Bombenanschläge auf das Hauptquartier der US-Armee in Frankfurt am Main, auf die Polizeidirektion Augsburg, das Landeskriminalamt München, den Wagen eines Bundesrichters, das Axel-Springer-Gebäude in Hamburg und das Hauptquartier der US-Streitkräfte in Europa in Heidelberg. Vier Menschen fielen der »Mai-Offensive« zum Opfer. Mit großem Aufwand fahndeten Polizisten bundesweit nach den Attentätern. Dabei starben zwei Polizisten durch Kugeln der RAF, Polizisten wiederum erschossen die RAF-Frau Petra Schelm. Erschossen wurde auch der völlig unbeteiligte Lehrling Richard Epple, weil eine Streife den Siebzehnjährigen für ein RAF-Mitglied hielt. Am Ende hatte die RAF keine Chance gegen den Staatsapparat. Anfang Juli saß fast die gesamte erste Generation hinter Gittern. Im Mai 1976 wurde Ulrike Meinhof erhängt in ihrer Gefängniszelle in Stuttgart-Stammheim aufgefunden. Im Oktober 1977 starben auch Andreas Baader, Gudrun Ensslin und Jan-Carl Raspe im Hochsicherheitstrakt. »Selbstmord«, sagen die Ermittler. Dagegen bestreitet die einzige Überlebende der Todesnacht von Stammheim, Irmgard Möller, dass es eine Absprache zum kollektiven Suizid gegeben habe. Möller behauptete, dass ihre Genossen im staatlichen Auftrag hingerichtet wurden.

Als Meinhof, Baader und weitere Mitglieder der ersten RAF-Generation im Knast ums Leben kamen, war Oliver Rast noch nicht einmal vier Jahre alt. Trotzdem stand die Untergrundtruppe am Anfang eines Weges, der ihn im Sommer 2007 in eine Brandenburger Polizeizelle führte. Genau genommen war es ein Buch. Das hatte ihm seine Mutter zum vierzehnten Geburtstag in die Hand gedrückt. »Lies mal.« Nur diese zwei Worte habe sie gesagt, erinnert sich Oliver Rast. *Der Baader-Meinhof-Komplex*, prangte auf dem Cover. 1985 hatte der Journalist Stefan Aust seine Recherchen zur RAF zusammengefasst. Die RAF sehe sich nicht als Terroristen, sondern als »legitime Widerstands- und Freiheitskämpfer gegen ein unmenschliches System, legitimiert durch ein geradezu religiöses Recht auf Widerstand gegen Tyrannen jeglicher Organisationsform«, schreibt Aust. Obwohl eine eher düstere Lektüre – junge Intellektuelle verabschieden sich aus dem bürgerlichen Leben, erklären der Bundesrepublik den Krieg und landen schließlich im Gefängnis oder auf dem Friedhof –, beeindruckt das Buch den Heranwachsenden. »Wer den Staat bekämpft, darf sich nicht wundern, wenn ihn der Staat einsperrt«, versucht sich Oliver Rast Jahre später in seiner Zelle Mut zu machen.

Die quietschende Stahltür reißt ihn aus seinen Gedanken. Zwei Beamte in Zivil treten an seine Pritsche. »Bundeskriminalamt«, sagt einer von ihnen. Die Polizisten wollen ihn zu einer Aussage bewegen. Ihre Worte fluten den engen Raum, verdrängen die Stille. Satzfetzen aus einer entfernten Welt rauschen an ihm vorbei. Satzfetzen, die sich weigern, einen Sinn zu ergeben. »Jetzt besichtigen sie ihre Beute«, denkt Oliver Rast und schweigt. Er glaubt den Triumph in den Augen der Polizisten zu erkennen. Verständlich. Jahre mussten sie auf diesen Moment warten. Endlich haben sie drei Terroristen dingfest gemacht. Aus deren Sicht ist das ein gutes Ende. Doch seine Verhaftung war kein Abschluss, sondern Auftakt zu weiteren Polizeiaktionen. Ermittlungsführerin Ute Andernach möchte das gesamte Netzwerk ausheben. Vordenker, Attentäter, Unterstützer. Keiner soll entkommen.

Bereits eine Stunde nach Festnahme der drei Männer hatte Staatsanwältin Vollmer von der Bundesanwaltschaft diverse Razzien angeordnet.[3] Auch im Bundeskriminalamt in Meckenheim herrscht in den frühen Morgenstunden des 31. Juli 2007 Betriebsamkeit. Die Beamten versuchen, den Staatsschutzleiter der Polizeidirektion Leipzig zu erreichen. Doch um 4.45 Uhr meldet sich nur der Anrufbeantworter. Der dringend erwartete Rückruf erfolgt zehn Minuten später. »Wir haben heute Nacht drei Personen auf frischer Tat ertappt, die stehen im Verdacht der ›militanten gruppe‹ anzugehören«, erklären die BKA-Leute ihrem sächsischen Kollegen. Ein weiterer Verdächtiger lebe in Leipzig. Dabei handle es sich um den Sozialwissenschaftler Matthias B. Dessen Wohnung müsse nach Beweisen durchsucht werden. Die Leipziger sollen sofort ihre Dienststelle besetzen, eine Einsatzgruppe bilden und die Wohnung von B. sichern. Auf keinen Fall sollen sie die Wohnung eigenständig durchsuchen. Kriminaloberkommissar Schubert und der Kommissaranwärter Koslitza seien schon unterwegs nach Leipzig.

Dort sitzen Kriminalhauptkommissar Neubert und zwei weitere Beamte seit 5.40 Uhr in ihrem Büro. Sie haben das Landeskriminalamt darüber informiert, dass aus Dresden Verstärkung anrückt, darunter ein Computerspezialist, der Datenträger fachgerecht sicherstellen soll. Um 7.03 Uhr trifft das offizielle Unterstützungsersuchen aus Meckenheim ein, 7.10 Uhr starten von der Polizeidirektion Leipzig mehrere Einsatzfahrzeuge. Ihr Ziel: die Bornaische Straße im linken Szeneviertel Connewitz. Zu diesem Zeitpunkt sind Schubert und Koslitza 350 Kilometer von Leipzig entfernt.

Während Matthias B. noch nicht ahnt, was ihm bevorsteht, liegt Andrej Holm bereits gefesselt auf dem Fußboden seines Wohnzimmers. Wie B. ist auch er Soziologe. Die Wissenschaftler kennen sich seit Jahren. Beide stammen aus der DDR, beide wurden 1970 geboren. Der gefährlichere Gegner ist aber augenscheinlich Holm. Darauf deutet zumindest das Polizeiaufgebot hin.

Punkt 6.45 Uhr parken mehrere Fahrzeuge vor dem Haus Nummer 19 in der Schönholzer Straße.[4] Elf Spezialisten des BKA und sieben Kollegen vom LKA[5] laufen ins Treppenhaus und hämmern gegen Holms Wohnungstür. Der ist schon wach. In wenigen Stunden ist er an der Uni mit einer Kollegin verabredet. Mit ihr will er über soziale Umstrukturierungsprozesse in deutschen Städten sprechen. Doch die Wissenschaftlerin wird umsonst auf den sonst so pünktlichen Holm warten.[6] »Polizei, Polizei«, dröhnt es von draußen.[7] Holm öffnet sofort, und die Kriminalisten stürmen in seine Wohnung. »Raum eins gesichert«, sagt ein Polizist. »Raum zwei gesichert«, sagt sein Kollege.[8] Ein LKA-Mann drückt Holm zu Boden, kniet sich auf ihn und legt ihm Handschellen an.[9] Der Soziologe leistet keinen Widerstand. Was wollen die von mir?[10], fragt sich Holm. Erst nach einer Weile erklärt ein BKA-Beamter den Grund für den morgendlichen Überfall: »Die Bundesanwaltschaft ermittelt gegen Sie wegen des Vorwurfs, Mitglied der terroristischen Vereinigung ›militante gruppe‹ zu sein«[11], sagt der Polizist.[12] Holm wird zum LKA nach Berlin-Tempelhof gebracht. Zurück bleiben seine Lebensgefährtin und zwei kleine Kinder.

Kurze Zeit später in Leipzig: Mehrere Polizeiwagen biegen in die Bornaische Straße. Kriminalhauptkommissar Neubert und die anderen Beamten steuern B.s Dachgeschosswohnung an. Die Polizisten klingeln. Niemand öffnet. Immerhin lockt der Lärm einen Nachbarn an. »Herr B. ist vermutlich im Urlaub«, sagt der Nachbar. Neubert schaut auf die Uhr. 7.35 Uhr. Er wählt die Nummer des BKA. »Er ist nicht da«, sagt Neubert dem Kollegen Höhmann, der in Meckenheim die Stellung hält. Höhmann überlegt kurz. »Informieren Sie einen Schlüsselnotdienst, der soll die Tür öffnen.« Neubert gehorcht. Doch die Handwerker lassen auf sich warten. Erst 9.15 Uhr kann Neubert dem BKA Vollzug melden: »Wir sind in der Wohnung, keine Person anwesend, der Personalausweis liegt offen auf dem Tisch.« Man solle nichts unternehmen, warnen nochmals die BKA-Kollegen. 10.25 Uhr treffen fünf Polizisten vom Landeskriminalamt ein, zwanzig Minuten danach haben auch Schubert und Koslitza die Wohnung von B. erreicht. Nach einer kurzen Lagebesprechung beginnen die sieben Polizisten mit der Durchsuchung.[13] Zwei Mitarbeiter des Leipziger Ordnungsamts sind als Zeugen dabei.[14] Drei Stunden brauchen die Staatsschützer, bis jeder Fleck untersucht ist. Dann verschwinden die Polizisten, der Schlüsseldienstschlosser baut ein neues Schloss ein und pinnt einen Zettel an die Tür: »Neuer Schlüssel kann bei der Polizeidirektion Leipzig abgeholt werden.«

Die Razzien in den Wohnungen von Holm und B. bleiben nicht die einzigen Polizeieinsätze gegen die »militante gruppe«

an diesem Tag. Polizisten durchsuchen Holms Büro an der Humboldt-Universität und B.s Berliner WG-Zimmer. Sie durchsuchen die Wohnungen und Arbeitsstellen vom Langen, vom Schweden, von Oliver Rast.[15] Sie kontrollieren das Nachbarschaftsheim Schöneberg, eine Außenstelle der Arbeiterwohlfahrt und das Rote Antiquariat.[16] Sie überraschen den Taxifahrer Herbert Mißlitz in seiner Wohnung und fesseln ihn. Später besetzen Beamte einer Einsatzhundertschaft das Gartengrundstück von Mißlitz. Ein Zufallsfund auf seiner Parzelle durch eine Streife einige Jahre zuvor hatte den Ermittlungen gegen die »militante gruppe« eine entscheidende Wendung gegeben. Polizisten dringen in die Wohnung des Studenten Malte D. ein und erschrecken seine schlafende Freundin. Polizisten brechen mit Rammen Wohnungstüren auf, beschlagnahmen Bücher, Computer, Kameras und Terminplaner.[17] Alles, was auf irgendeine Verbindung zur »militanten gruppe« hinweisen könnte, landet in den Kofferräumen der Polizeifahrzeuge. Teilweise hinterlassen sie »durchsuchungsbedingte Unordnung«, wie es in einem Einsatzbericht heißt.[18] Nicht immer sind Zeugen zugegen. Dies sei der »Eilbedürftigkeit« geschuldet gewesen, beteuern die Beamten später vor Gericht.[19] Gegen 13.15 Uhr erreicht ein Beamter Matthias B. Da weiß der Soziologe bereits, dass Polizisten seine Wohnungen gerade auf den Kopf stellen. Eine Nachbarin hatte ihn informiert. Dem Polizisten erklärt B., dass er im Ausland sei und nicht nach Deutschland kommen könne.[20] Erst am späten Abend enden die Razzien.

Die beschlagnahmten Gegenstände fahren die Polizisten zum BKA nach Treptow. Unter den Asservaten sind einige, für die sich die Polizisten brennend interessieren. Für den Kassenbon aus der Wohnung von Oliver Rast beispielsweise. Demnach hat er Gefrierbeutel und Haushaltshandschuhe gekauft. Gefrierbeutel werden für den »Nobelkarossentod« benötigt, und mit Handschuhen vermeidet man Fingerabdrücke.[21] Auf der gespiegelten Festplatte des Computers im Roten Antiquariat finden sich Ordner mit den Titeln *Der kleine Sprengmeister*, *Polizeihandbuch* und *Die große Geldscheinwerkstatt*. Indizien, die auf terroristische Aktionen hindeuten.

Für Oliver Rast deutet am Morgen des 1. August 2007 alles auf ein Ende des zermürbenden Wartens hin. Zwei Uniformierte legen ihm Handschellen an und führen ihn zu einem Gefangenentransporter vor der Polizeiwache. Dort schieben sie ihn in eine der fensterlosen Stahlboxen. ›Ob die zwei anderen auch hier sind?‹, fragt sich Oliver Rast. Einen Versuch ist es wert. »Alles in Ordnung bei euch?«, ruft er laut, nachdem er sich alleine wähnt. »Den Umständen entsprechend«, tönt es aus der benachbarten Box. Es ist der Lange. »Alles okay«, sagt der Schwede Sekunden später. Immerhin ein Lebenszeichen. Die Genossen klingen bedrückt, aber nicht verzweifelt. Dann rumpelt der Bus los. Nach nicht mal einer halben Stunde erreichen sie den Sonderlandeplatz in Briest. Bis zum April 1945 starteten hier Jagdflieger der Nazis. Nach dem Krieg nutzten die Sowjetischen Streitkräfte das Gelände für ihre Kampfflugzeuge, später stationierte die Nationale Volksarmee der DDR ein Hubschraubergeschwader. 1990 übernahm die Bundeswehr das Kommando.

Schon von weitem erkennt Oliver Rast den Transporthubschrauber der Bundespolizei. »Altes sowjetisches Modell«, vermutet er. Sieben BKA-Beamte, darunter Kriminaloberkommissar Schubert und sein Kollege Koslitza, werden die Linksradikalen bewachen. Als Oliver Rast in den Hubschrauber steigt, sieht er, dass darin schon jemand hockt. Ebenfalls gefesselt. Wer ist dieser pummelige Kerl?, fragt sich Rast. Irgendwo hat er ihn schon mal gesehen. Doch ausgerechnet jetzt kann er das Gesicht von Andrej Holm nicht zuordnen. Dass Holm als mutmaßlicher Terrorist verhaftet wurde, ist auf den ersten Blick eine besondere Ironie dieser Geschichte.

Denn der Soziologe ist gesegnet mit einer Mischung aus Staatstreue und ideologischer Flexibilität. Als Achtzehnjähriger wird Holm Offiziersschüler im DDR-Ministerium für Staatssicherheit (MfS). Nach der Ausbildung soll er als Journalist in die Redaktion der FDJ-Zeitung *Junge Welt* eingeschleust werden.[22] Schon Holms Vater arbeitete für das MfS. Sein Auftrag: kritische Künstler kontrollieren. Die Germanistin Beate Müller von der Universität Newcastle, die hunderte Stasiakten ausgewertet hat, beschreibt, wie Johann Holm in den siebziger Jahren versuchte, den Schriftsteller Jurek Becker, Autor des Romans *Jakob der Lügner*, in ein schlechtes Licht zu rücken: »Holm hat nach Straftatbeständen gesucht, die Becker schaden könnten, und lieferte, was man von ihm verlangte«, sagte Müller dem *Spiegel*.[23] Sohn Andrej folgt der Familientradition. Noch im Herbst 1989 beginnt er seinen Dienst bei der Stasi – zu einer Zeit, als bereits tausende Menschen gegen Spitzelei und Staatspartei demonstrieren. »Die Realität war brüchiger als vielfach wahrgenommen«, rechtfertigt sich Holm Jahre später. Die gewöhnlich gut informierte Stasi bemerkte anscheinend nichts von Holms brüchiger Realität. Sie attestierte ihm einen »gefestigten Klassenstandpunkt«. [24]

Mit der DDR endet auch Holms Geheimdienstkarriere. Nach der Wiedervereinigung versucht er, als Wissenschaftler zu reüssieren, schafft es immerhin bis in den universitären Mittelbau. Sein geschmeidiger Umgang mit der eigenen Vita dürfte dabei nicht geschadet haben. So beantwortete Holm die Personalbogenfrage der Humboldt-Uni, ob er hauptamtlich für das MfS gearbeitet habe, mit »nein«.[25] Tatsächlich war Holm hauptamtlich beim MfS beschäftigt und erhielt dafür monatlich 675 Mark – viel Geld in der DDR.[26] Hätte sich Holm bei seiner Selbstauskunft als ehemaliger hauptamtlicher MfS-Mitarbeiter offenbart, wäre es vielleicht nichts geworden mit dem Job an der Uni. Auf die Widersprüche angesprochen, sagt Holm in der *taz*:»Ich habe keine falschen Angaben gemacht, sondern nicht wissentlich und vielleicht aus fehlender Detailkenntnis, falsche Angaben gemacht.«[27] Jahre später wird er sich mit dem früheren Klassenfeind arrangieren und dem Land Berlin kurzzeitig als Staatssekretär dienen. Menschen, die in der DDR aufgrund ihrer politischen Einstellung schikaniert wurden, protestieren gegen seinen Aufstieg in die Landesregierung.

An diesem 1. August 2007 plagt Holm ein anderes Problem: Ihm droht ein längerer Knastaufenthalt. Gegen acht Uhr hatten ihn Schubert und Koslitza aus seiner Zelle im LKA Berlin abgeholt und zum Flugplatz der Bundespolizei nach Ahrensfelde gefahren. Von dort flogen sie nach Briest. Nun schraubt sich die Militärmaschine erneut lautstark in den Himmel und schwebt Richtung Karlsruhe. »Keine Kontaktaufnahme untereinander«, hatten die BKA-Beamten befohlen. Oliver Rast bemerkt, dass ihn die Polizisten ununterbrochen fixieren. »Die wollen sehen, wie ich auf den vierten Verdächtigen reagiere«, vermutet er.

Neben Holm sitzt die Erste Kriminalhauptkommissarin Angela Berger, eine erfahrene Beamtin, 52 Jahre alt, seit 1975 beim BKA.[28] Stunden zuvor, im Polizeirevier, wollte sie die Festgenommenen vernehmen. Oliver Rast hatte keine Lust, mit der Beamtin zu plaudern.[29]

Einige Wochen nach ihrem erfolglosen Auftritt vor den drei mutmaßlichen Mitgliedern der »militanten gruppe« ist Berger an einem Großeinsatz gegen Neonazis beteiligt, der sie noch Jahre später beschäftigen wird. Um zu verstehen, mit wie viel Beflissenheit das BKA die »militante gruppe« verfolgte, lohnt ein Blick auf das kriminalistische Engagement gegenüber den Staatsfeinden von der anderen Seite des politischen Spektrums. Denn Zufall oder nicht: Manche BKA-Beamte, aber auch

Bundesanwälte und ein Strafverteidiger, hatten beruflich sowohl mit der linksradikalen »militanten gruppe« als auch mit dem rechtsterroristischen »Nationalsozialistischen Untergrund« zu tun. Angela Berger beispielsweise.

Am Morgen des 30. Oktober 2007 durchkämmen mehr als einhundert Polizisten das Grundstück von Thorsten Heise im thüringischen Fretterode. Heise, damals im Bundesvorstand der NPD und einer der Köpfe der militanten Neonaziszene, wurde verdächtigt, CDs mit volksverhetzenden Liedern zu vertreiben. Bei ihrer Razzia finden die Beamten drei Kassetten für ein Diktiergerät. Darauf sind von Heise heimlich gemachte Aufnahmen, unter anderem von einem Gespräch mit Tino Brandt. Brandt war Chef des rechtsextremen »Thüringer Heimatschutzes«, später wurde er als gut bezahlter V-Mann des Verfassungsschutzes enttarnt, noch später wegen Kindesmissbrauchs zu fünfeinhalb Jahren Gefängnis verurteilt. Auf dem Tonband ist zu hören, wie Brandt spekuliert, ob die Behörden ein Trio aus Jena als terroristischen Arm des »Thüringer Heimatschutzes« einstufen. Auch Namen fallen: Uwe Mundlos, Uwe Böhnhardt und Beate Zschäpe – jene 1998 abgetauchten Neonazis, die als »Nationalsozialistischer Untergrund« (NSU) neun Menschen mit ausländischen Wurzeln und eine Polizistin ermorden haben sollen. Die Kassetten werden konfisziert, asserviert und dann: ignoriert. Anderthalb Jahre liegen die Aufnahmen beim BKA in Meckenheim. In dieser Zeit leben Böhnhardt, Mundlos und Zschäpe unbehelligt im sächsischen Zwickau.

Erst im Mai 2009 wird eine BKA-Mitarbeiterin – eine Hilfskraft, keine ausgebildete Kriminalistin – beauftragt, die Aufnahmen aus der Asservatenkammer zu holen und die Gespräche abzuschreiben. So erfahren die Fahnder von Heises Wortwechsel mit Brandt über die drei Kameraden in der Illegalität. Brandt berichtet, dass sich Verjährungsfristen verlängert hätten, weil die drei neue Straftaten begangen hätten. Kriminalkommissarin Berger will die Brisanz dieser Mitschnitte nicht erkannt haben. Für ihre Ermittlungen wegen Verbreitung volksverhetzender Musik seien die Tonbänder irrelevant gewesen. Von drei untergetauchten Neonazis habe sie zu der Zeit nichts gehört. Erst Jahre später stößt ein Mitarbeiter des NSU-Untersuchungsausschusses des Bundestags auf die Heise-Bänder.

Im Juli 2013, anderthalb Jahre, nachdem Böhnhardt und Mundlos erschossen in einem Wohnmobil in Eisenach gefunden wurden und sich Zschäpe der Polizei stellte, wird Kriminalhauptkommissarin Berger vor dem Berliner NSU-Untersuchungsausschuss mit Fragen bombardiert. Vor allem der Ausschussvorsitzende Sebastian Edathy (SPD) wirkt zeitweise fassungslos, wie aus dem Protokoll des Untersuchungsausschusses hervorgeht:

»Sie stellen im Oktober 2007 drei Tonbänder sicher, bei einem der führenden Neonazis und NPD-Aktivisten in Deutschland, und erst im Mai 2009 kommt man erstmals auf die Idee, obwohl diese Maßnahme vielleicht zwei Stunden gedauert hätte, sich diese Bänder anzuhören?«, fragt Edathy.

»Ja, weil da erst die Zeit war, das zu tun«, antwortet Berger.

»Finden Sie das im Rückblick angemessen?«

»Ich hätte gern mehr Leute gehabt, die das machen könnten. Dann wäre es wahrscheinlich etwas schneller gegangen.« (...)

»Im Mai 2009 werden die Aufnahmen verschriftlicht. Sie haben das zur Kenntnis genommen?«

»Ja.«

»Haben Sie sich das auch komplett durchgelesen?«

»Ich werde es überflogen haben.«

»Frau Berger, haben Sie sich das komplett durchgelesen?«

»Ich habe es gelesen, ja.«

»Oder haben sie es überflogen?«

»Ja.« (...)
»Ich bin etwas überrascht, dass das die Arbeitsweise der zentralen kriminalistischen Behörde des Bundes sein soll«, staunt Edathy. (...)
»Ich hatte andere Verfahren, die höherwertiger, also aktueller waren«, entgegnet Berger.

Nach Edathy fragt der CDU-Abgeordnete Clemens Binninger, früher selbst Polizeikommissar. Ob es nicht das Einfachste von der Welt gewesen wäre, zumindest das LKA Thüringen zu informieren, wenn zwei führende Neonazis über abgetauchte Gesinnungsgenossen aus Jena sprechen. »Hat man das mal gemacht?«

»Nein«, sagt Berger.

Am Ende der Zeugenvernehmung fällt der Bundestagsabgeordnete Stephan Stracke von der CSU ein vernichtendes Urteil. Er habe nicht den Eindruck, erklärt Stracke, dass beim BKA die Dinge so abgearbeitet werden, wie man sich das vorstellt.[30]

Aber an diesem Mittwochvormittag im Hubschrauber nach Karlsruhe sind Heise, Brandt und der NSU-Untersuchungsausschuss kein Thema. »Es kam während des Transportablaufes zu keinerlei Zwischenfällen«[31], wird Berger später in ihrem Bericht notieren. Exakt 12.10 Uhr landet die Maschine auf dem Gelände der Bundesanwaltschaft. Als Oliver Rast aus dem Fenster schaut, sieht er, dass sich neben dem Landeplatz Journalisten und Kameraleute postiert haben. Beim BKA verstehen sie was von Öffentlichkeitsarbeit, denkt er. In ihren mittlerweile völlig zerlumpten Maleroveralls[32] warten Oliver Rast, der Lange und der Schwede darauf, dem Haftrichter vorgeführt zu werden. Dabei scheint einem BKA-Beamten aufzufallen, dass ein Auftritt in diesem Outfit unpassend wäre. Also fahren zwei Polizisten in die Karlsruher Innenstadt und kaufen Jeans und Shirts für die Männer.

Neu eingekleidet wird Oliver Rast am Mittag dem Haftrichter Ulrich Hebestreit vorgeführt. Hebestreit hat sich hinter einem Rondell verschanzt, das mit umfangreichen Gesetzbüchern und juristischen Kommentaren bestückt ist. Bundesanwalt Diemer ist im Raum, ebenso wie Staatsanwältin Vollmer und zwei Justizangestellte. Rasts Bewacher, Kriminalkommissarin Andernach und Kommissaranwärter Koslitza, setzen sich auf Stühle nahe der Tür. Erleichtert erkennt Oliver Rast, dass es Thomas Herzog rechtzeitig nach Karlsruhe geschafft hat. Sein Anwalt sorgt gleich für Aufregung. »Ich beantrage, die Ermittlungsbeamten von der Sitzung auszuschließen«, sagt Herzog. »Bitte verlassen Sie den Verhandlungsraum«, fordert Richter Hebestreit die Polizisten auf. Als die BKA-Beamten verschwunden sind, verlesen die Bundesanwälte ihre Anklageschrift: Mitgliedschaft in der »militanten gruppe«, Brandanschläge auf Fahrzeuge und Gebäude, zuletzt eine versuchte Attacke auf drei Bundeswehr-LKWs. »Wollen Sie dazu etwas sagen?«, fragt Hebestreit. Oliver Rast will nichts dazu sagen. Sein Anwalt Thomas Herzog versucht noch, die drohende Untersuchungshaft abzuwenden. »Hinsichtlich der Mitgliedschaft in einer terroristischen Vereinigung sehe ich keinen hinreichenden Tatverdacht und für eine mögliche Beteiligung an einer versuchten Brandstiftung ist eine Untersuchungshaft unverhältnismäßig.« Die Bundesanwälte widersprechen, Argumente und Gegenargumente fliegen durch den Raum, ein ermüdendes Wortgeplänkel zwischen Ankläger und Verteidiger. Erst am frühen Abend verkündet Hebestreit seine Entscheidung: Oliver Rast muss ins Gefängnis. Bei Holm, dem Langen und dem Schweden wiederholt sich diese Prozedur. Nach sieben Stunden in Karlsruhe startet der Hubschrauber mit den vier Gefangenen und ihren acht Aufpassern und nimmt Kurs auf Berlin.[33]

Als Oliver Rast über den Wolken in den Abend gleitet, wird ihm bewusst, dass seine Bewegungsfreiheit künftig von Mauern, Gittern und Stahltüren begrenzt sein wird. Eine neue Erfahrung. Im Gegensatz zu vielen seiner Genossen hat er noch nie einen Knast von innen gesehen. Nicht einmal Gefangenensammelstellen, wo sich viele linke Aktivisten vor, während oder nach Großdemonstrationen wiederfinden, sind ihm vertraut. Klar: Er hat einige Bekannte, die wegen politischer Aktionen einsaßen, und er weiß, dass die RAF-Häftlinge von der Außenwelt streng isoliert wurden. Aber das ist abstrakt. Konkret sind dagegen die feixenden Gesichter seiner Bewacher. Oliver Rast ahnt den Grund für ihre Fröhlichkeit, nachdem sie auf dem Gelände der Bundespolizei in Ahrensfelde gelandet sind und er Zeuge eines schaurig-schönen Schauspiels wird, das die Fahnder für ihn und seine Genossen inszeniert haben.

Vor der Ausstiegsluke des Hubschraubers bilden dutzende Polizisten mit Maschinenpistolen im Anschlag ein Spalier. Uniformen und Waffen verschmelzen zu Schatten, die sich durch eine von Scheinwerfern hell erleuchtete Nacht bohren. Schatten, die einen Tunnel bilden, durch den die Jäger ihre Trophäen führen. Schatten, die Oliver Rast verschlucken wie ein Raubtier seine Beute. Erst am Rande des Rollfelds, vor einer langen Schlange wartender Limousinen, spuckt ihn das Raubtier wieder aus. Von der Rückbank aus blickt Oliver Rast noch einmal auf den vom Flutlicht ästhetisch arrangierten Schlussakt. Der Staat hat gesiegt, und die Staatsschützer machen die Besiegten zu Statisten ihrer eigenen Niederlage. Im TV-Tatort würde nun der Abspann folgen.

In der Wirklichkeit knallt eine Autotür zu, und der Konvoi setzt sich in Bewegung, rollt Richtung Innenstadt, flankiert von Blaulicht, das dem Abendhimmel den letzten Rest Dunkelheit entreißt. Während der Fahrt versucht Oliver Rast jedes Motiv zu speichern, das hinter der Seitenscheibe auftaucht. Straßenkreuzungen, Leuchtreklame und Fußgänger, die aufgeschreckt vom flackernden Schein der Streifenwagen zu ihm herüberschauen, bekommen einen Platz in seinem Gedächtnis. Noch Jahre später kann er diese Momentaufnahmen vom nächtlichen Berlin abrufen.

Gegen 22.30 Uhr[34] erreicht die Kolonne die Justizvollzugsanstalt Moabit. Nach der üblichen Prozedur, Personalienfeststellung und Abnahme von Uhr, Portemonnaie und Schnürsenkel bringt ein Schließer Oliver Rast in eine Zelle der Erstaufnahmestelle. In diesen Trakt kommen alle Häftlinge, bis ihr endgültiger Haftraum bezugsfertig ist. Oliver Rast lässt sich aufs Bett fallen und schaut zum Fernseher, der in die Wand gegenüber eingelassen ist. »Kannst du nutzen, Fernbedienung gibt es auch«, sagt jovial der Schließer, bevor er die Tür ins Schloss krachen lässt. Oliver Rast lässt die Glotze lieber aus. Der Lärm um ihn herum dürfte sowieso jedes Wort übertönen. Offenbar ist er nicht der einzige Neuankömmling in dieser Nacht. Durch graue Wände frisst sich Gewimmer und Geschrei in seine Zelle. Monotones Stöhnen und rhythmische Schläge gegen Stahltüren verbinden sich zu einer Sinfonie des Elends, gespielt von bedauernswerten Geschöpfen, die ihre Freiheit verloren, lange bevor sie eingesperrt wurden. Draußen von Drogen betrogen, rebellieren ihre Körper im Knast gegen den Entzug von Giften, ohne die sie kaum leben können. Mit den Geräuschen der suchtkranken Menschen im Ohr schläft Oliver Rast schließlich doch noch ein.

Auch außerhalb der Mauern von Moabit verläuft die Verhaftung der vier mutmaßlichen Mitglieder der »militanten gruppe« alles andere als geräuschlos. Vor allem hinter der Verhaftung von Holm wittern Politiker, Juristen und Journalisten einen Skandal. Bundeskriminalamt und Bundesanwaltschaft, eben noch Garanten des Rechtsstaats im Kampf gegen Staatsfeinde, geraten nun in die Schusslinie von jenen, die ebenfalls beanspruchen, den Rechtsstaat zu verteidigen.

Kapitel 3: Jagdbeginn

In der ersten Augustwoche des Jahres 2007 tauchen an der Bremer Universität seltsame Fahndungsplakate auf. Eine Sonderkommission Linksterrorismus des Landeskriminalamtes bittet darum, Menschen zu melden, die intellektuell in der Lage sind, anspruchsvolle Texte zu verfassen. Hinweise würden auch vertraulich entgegengenommen. Ausgerechnet an einer Uni. Es dürfte wenige Orte auf der Welt geben, an denen mehr Leute mit genügend Grips für anspruchsvolle Texte anzutreffen sind. Wer sich über die eigenwillige Ermittlungsmethode wundert und im Internet nach einer Sonderkommission Linksterrorismus sucht, der sucht umsonst. Die Bremer Kripo kann sich den Aufruf nicht erklären, ein Polizeisprecher reagiert irritiert. Man werde prüfen, ob ein Straftatbestand vorliegt, sagt er.[1] Womöglich wollte jemand die Institutionen des Staates ärgern. »Die Motive der Künstler bleiben im Dunkeln«, bedauert der Polizeisprecher. Ein Blick über seine Stadtgrenze hinaus hätte dem Mann helfen können.

Denn bundesweit ist ein Streit darüber entbrannt, ob Sachverstand verdächtig macht. »Der Terror aus der Bibliothek«, titelt die *Berliner Zeitung*. Die Hamburger *Zeit* berichtet vom »Tatvorwurf: Forschung«, die *Süddeutsche Zeitung* aus München warnt vor »Beihilfe durch Wissenschaft«, und die *Frankfurter Allgemeine Zeitung* fragt: »Phrasen als Indizien?« Auslöser der Aufregung sind einige Formulierungen im Haftbefehl gegen Holm, die an die Öffentlichkeit durchgesickert sind. Der Soziologe sei intellektuell in der Lage, die anspruchsvollen Texte der »militanten gruppe« zu verfassen, behaupten die Ermittler. Holm verfüge zudem über Zugang zu Bibliotheken für unauffällige Recherchen, die dann in Texte der »militanten gruppe« einflössen. Eine Vermutung, gespeist aus der Erkenntnis, dass Holm in seinen Uni-Traktaten teilweise dieselben Schlagwörter verwendet wie die »militante gruppe« in ihren Bekennerschreiben. »Gentrifizierung« beispielsweise. So bezeichnen Soziologen die Verdrängung der alteingesessenen Bevölkerung durch zahlungskräftige Zuzügler. Dass es ungewöhnlich wäre, wenn jemand ohne das Wort »Gentrifizierung« auskäme, der sich dem Thema Gentrifizierung widmet, scheint die Ermittler nicht an ihrer Theorie zweifeln zu lassen. Auch nicht, dass »Gentrifizierung« längst vom Fachterminus aus dem soziologischen Elfenbeinturm zum populären Schlagwort von Parteien, Bürgerinitiativen und anderen Aktivistengruppen avanciert ist.

Es dauert nicht lang, bis Bundesanwaltschaft und Bundeskriminalamt ins Kreuzfeuer geraten. Von »grotesken Vorwürfen«, spricht die Fraktionschefin der Linkspartei im Abgeordnetenhaus. »Jahrelange Misserfolge bei den Ermittlungen setzen offenbar rechtsstaatliche Grundsätze außer Kraft«, moniert die Politikerin.[2] Der Fraktionsvorsitzende der Grünen kritisiert: »Ich gehe davon aus, dass das Konstrukt, das die Bundesanwaltschaft da zusammengezimmert hat, einer Überprüfung nicht standhält.«[3] Ein Professor der Humboldt-Uni, Holms Chef, sagt: »Wenn das Schule macht, muss sich jeder Wissenschaftler bedroht fühlen.«[4] Holms Anwältin erklärt empört, dass die Festnahme ihres Mandanten auf eine Google-Recherche zurückgehe.[5] Die Nachricht von Holms Inhaftierung schwappt bis nach New York. Dort tagt gerade die American Sociological Association. Die versammelten Forscher verabschieden einen Aufruf, in dem es heißt: »Wir verwahren uns aufs Schärfste gegen den unglaublichen Vorwurf, die wissenschaftliche Tätigkeit und das politische Engagement seien als intellektuelle Mittäterschaft zu bewerten.«[6] Sogar Richard Sennet hat unterschrieben, Professor an der Londons School of Economics. Sennet warnt vor einem »Vorgehen der Polizei nach Guantanamo-Art«.[7] In Deutschland bleibt es nicht bei verbalen Protestnoten. In Fulda demonstrieren vierhundert Menschen für Holms Freilassung, und in Bremen kleben Spaßvögel die täuschend echt aussehenden Fahndungsplakate an Wände.

Derweil hocken Holm, der Lange, der Schwede und Oliver Rast in ihren Zellen, die sie nur eine Stunde täglich verlassen dürfen. Die wenigen Besuche werden von BKA-Beamten überwacht und finden unter verschärften Sicherheitsbedingungen statt.[8] Immerhin scheint die Haftanstalt im Vergleich zum Hörsaal ein Hort der Höflichkeit zu sein. Er sei im Knast öfter mit »Herr Doktor Holm« angesprochen worden als an der Universität, erzählt Holm der *taz*.[9] Während Holm vom titelverliebten Gentrifizierungsgegner zum Säulenheiligen der Stadtsoziologie aufsteigt, ist es um die drei in Brandenburg verhafteten Männer still geworden. Der Gelehrtenbonus bleibt ihnen verwehrt. Sie sind die Brandstifter.

Schon an seinem zweiten Tag in Moabit versucht Oliver Rast zu fliehen. Nicht aus seiner Zelle. Das wäre aussichtslos. Auch die Freistunde im Gefängnishof, wo er ständig mehrere Wärter an seiner Seite hat, eignet sich nicht für einen Ausbruchsversuch. Er hat »Hand zu Hand«. Das heißt, er darf keinen Schritt ohne Aufpasser machen. Entkommen will Oliver Rast der Monotonie. Die Enge und das Eingesperrtsein machen ihm kaum zu schaffen. Sondern die reizarme Umgebung. Ein Bett, ein Tisch, zwei Stühle, Waschbecken und Klo – eine kleine Welt, zum Stillleben erstarrt, wie ein Film, den eine seelenlose Stopptaste als Standbild sterben lässt. Gift für Gemüt und Augen. Augen brauchen Abwechslung. Schon ein kurzer

Spaziergang durch die Kreuzberger Oranienstraße, mit ihren von vielen Zwängen der Straßenverkehrsordnung befreiten Taxifahrern, den halsbrecherisch radelnden Radlern und den die Gehsteige blockierenden Touristenkohorten, lässt unsere Pupillen tanzen. Dreiundzwanzig Stunden täglich in einem kleinen Loch lässt die Augen ermatten. Vielleicht kann ein Fernseher Wandel und Weite simulieren. Aber bis der genehmigt, versiegelt und geliefert wird, können Wochen vergehen. Bliebe nur das Fenster als Fluchtweg aus der Ödnis. Doch ein Fliegennetz zwischen den Gitterstäben bremst den Blick nach draußen, lässt nur ein Surrogat von Leben in die Zelle.

Wenn sich Oliver Rast vor seinem Fenster auf die Zehenspitzen stellt, erkennt er einen kümmerlichen Tupfer Grün, den nur chronische Frohnaturen Rasen nennen würden. Die übrige Aussicht wird beherrscht von der Rückseite des Berliner Kriminalgerichts, das den Himmel verdeckt, und die dahinterliegende Rathenower Straße. Von dort sind es nur wenige Schritte bis zu dem kleinen Moabiter Buchladen, der Neuerscheinungen liebevoll in einem Schaukasten am U-Bahnhof Turmstraße präsentiert. An die gegenüberliegende Seite der Justizvollzugsanstalt grenzt das »Oberstufenzentrum Banken und Versicherungen«. Dort hat Oliver Rast vor Jahren sein Abitur nachgeholt. Aus den oberen Klassenzimmern genoss er einen wunderbaren Blick auf den Knastkomplex. Manch eintönige Unterrichtsstunde musterte er Fenster, Mauern und Innenhöfe der Haftanstalt. Deshalb weiß Oliver Rast, in welchem Teil er sich gerade befindet und welche Läden, Straßen und Plätze ihn umgeben. Mit der Vogelperspektive im Kopf nach Orientierung suchend, verbringt er die ersten Stunden. Am Morgen, nach einer unruhigen Nacht in der Erstaufnahmestelle, hat er sein Quartier für die kommenden Monate bezogen. Zelle 240, Flügel G. Ein muffiges Loch in einem Gemäuer aus dem 19. Jahrhundert. Gegen Mittag bekommt Oliver

Rast endlich einen ersten Draht nach draußen. Ein freundlicher Justizvollzugsbeamter drückt ihm bei der Essensausgabe eine Tageszeitung in die Hand. Der Schlag gegen die »militante gruppe« ist der Aufmacher auf den Lokalseiten. In den folgenden Tagen lässt ihm der Beamte immer wieder Zeitungen zukommen. Deshalb erfährt Oliver Rast von der großen Welle der Solidarität, die Holm aus dem Knast spülen soll. Es beeindruckt ihn, wie schnell Holms Unterstützer die Ermittler durch eine Empörungsmaschine aus Presseerklärungen und Interviews drehen. Gleichzeitig ist er genervt. Genervt davon, dass Medien, Anwälte und Aktivisten Holm als verfolgten Sozialwissenschaftler inszenieren. »Niemand jagt Holm, weil er versucht, kritische Wissenschaft zu betreiben«, denkt Oliver Rast. Von seinem Anwalt weiß er mittlerweile, dass ihnen das BKA über Holm auf die Spur gekommen ist. Die müssen mehr gegen ihn in der Hand haben. Damit liegt er richtig. Einerseits. Andererseits begann die Jagd auf die »militante gruppe« tatsächlich mit Textvergleichen. Nicht beim BKA, sondern beim Bundesamt für Verfassungsschutz.

In der Kölner Zentrale des deutschen Inlandsgeheimdienstes arbeiten Ganser, Ochsenbrücher und Guido Eggebrecht. Selbstverständlich heißen die Männer anders. Aber auch Verfassungsschützer wollen geschützt werden. Deshalb vergibt der Verfassungsschutz Tarnnamen für seine Angestellten. Gansers, Ochsenbrüchers und Eggebrechts Aufgabe ist es, Texte von Staatsfeinden zu analysieren, Muster aufzuspüren und wenn möglich die Verfasser zu identifizieren. Zu ihrer Lektüre zählen linksradikale Debattenbeiträge und linksradikale Bekennerschreiben, die in linksradikalen Untergrundzeitschriften wie *radikal* oder *interim* veröffentlicht werden. Wer diese Art politischer Prosa kennt, weiß, dass der Job nicht immer ein Vergnügen sein kann. Leser müssen sich manchmal durch ein

Labyrinth aus kryptischen Schachtelsätzen kämpfen, um am Ende hinter gewaltigen Wortgebirgen überschaubare Gedankengebäude zu entdecken. Einige stehen auf wackligem Fundament. Flammende Aufrufe zum Aufruhr sind selten. Stattdessen ziehen Kleinkollektive mit semantischen Scharmützeln ideologische Grenzen zu anderen Kleinkollektiven – oft ergänzt um Arbeitsnachweise über absolvierte Anschläge. Es ist eine unübersichtliche Welt, die Ganser, Ochsenbrücher und Eggebrecht von ihren Schreibtischen aus beobachten.[10] Es ist auch eine abgeschottete Welt. Militante Linksradikale achten darauf, dass nur vertrauenswürdige Personen in die engsten Zirkel gelangen. Neue Mitstreiter werden durchleuchtet, um mögliche Widersprüche in Biografien zu erkennen. In Hamburg und Heidelberg enttarnten Aktivisten Zivilermittler des Landeskriminalamtes, die sich unter falscher Identität in autonome Zusammenhänge eingeschlichen hatten.

Wenn einer diese verschlossene Szene von innen kennt, dann ist es Bernhard Falk. Er war in den neunziger Jahren Kopf einer Untergrundtruppe, die späteren militanten Gruppen in mancher Hinsicht als Vorbild diente. Falk und seine »Antiimperialistische Zelle« sahen sich als Nachfolger der »Roten Armee Fraktion« (RAF), und sie waren gleichzeitig die ersten Linksradikalen, die vom »RAF«-Prinzip »Stadtguerilla« zur Methode »Feierabendterrorismus« wechselten.

Bernhard Falk hatte gute Chancen, auf einer Kanzel, einem Lehrstuhl oder bei der CDU zu landen. Er entschied sich für den Terrorismus. Vielleicht aus purer Rebellion gegen seine Eltern. Vielleicht weil sein Ego zu groß war für das Korsett eines Pfarrers, Professors oder Politikers. Falks Eltern waren streng katholisch, lebten gut situiert im Hamburger Speckgürtel und schickten ihn und seinen Bruder jahrelang als Messdiener in die Kirche. Ansgar Falk sah in eine Zukunft als Priester. Bernhard Falk sah nur Scheinheiligkeit. Ihm würde der Weihrauch nicht die Sinne vernebeln. Das schwor er sich. Schon als Zwölfjähriger blickte er mit Verachtung auf religiöse Rituale, die in seinen Augen zu faden Spektakeln verkommen waren, vergleichbar mit mittelmäßigen Inszenierungen mittelmäßiger Theaterregisseure. Aber ganz ohne Religion wollte er auch nicht leben. Sein Geschichtslehrer hatte ihm die Tür in eine neue Heilslehre geöffnet: den Marxismus. Der Pädagoge, politisch links, wissend um Falks konservatives Zuhause und wohl im Glauben, ein Gegengift verabreichen zu müssen, versorgte ihn mit üppigem Lesestoff. Falk verschlang alles, was in die Hände bekam. Lenins Imperialismustheorie, die Worte des Vorsitzenden Mao Zedong und das Kommunistische Manifest. Seine Eltern schmissen die Elaborate in den Müll, wenn sie welche fanden. Sein Faible für bewaffnete Aufstände ließ sich so nicht entsorgen. Als Falk genug Theorie gepaukt hatte, interessierte er sich für jene, die wirklich die Knarre in die Hand nahmen. Andreas Baader und Ulrike Meinhof waren tot. Aber ihre Nachfolger zogen schießend durch Deutschland. Falk malte das Logo der RAF – einen fünfzackigen Stern mit Maschinenpistole – an die Schultafel.

Seine mit Kreide kundgetane Kriegserklärung hinderte ihn nicht daran, als Jahrgangsbester in Schleswig-Holstein sein Abitur abzuschließen und für ein Physikstudium nach Aachen zu ziehen. Falk saß im Hörsaal, einige seiner Genossen der zweiten RAF-Generation saßen hinter Gittern. Wenn Falk nicht in der Uni paukte, demonstrierte er vor den Knästen für die Freilassung seiner Genossen. Vielleicht wäre er Sympathisant geblieben, hätte vielleicht nie selbst zur Waffe gegriffen. Doch dann zerbarst Anfang der neunziger Jahre der Ostblock, und die Nachbeben waren auch in Aachen zu spüren.

Viele von Falks Freunden, westdeutsche Autonome und eigentlich unverdächtig der Sympathie für die Staaten jenseits des Eisernen Vorhangs, zogen sich desillusioniert von Wende

und Wiedervereinigung ins Privatleben zurück. Aus Freiheits-
kämpfern wurden Familienväter, aus Hausbesetzern Heimwer-
ker, und radikale Feministinnen gründeten Krabbelgruppen.
Manche Aktivisten siedelten in den Osten über, nach Leip-
zig-Connewitz, Dresden-Neustadt oder Berlin-Friedrichshain,
wo Altbauviertel Freiräume boten, wie Kreuzberg in den achtziger Jahren. Falk, der im Gegensatz zu seinen Genossen eine
gewisse Affinität zu autoritären Systemen pflegte und dies nie
verleugnet hat, verlor nicht nur sein politisches Umfeld, sondern auch seine Illusion vom besseren Deutschland hinter der
Mauer. Er war frustriert, dass sich die Ostdeutschen von der
Sozialistischen Einheitspartei abwandten und stattdessen den
Verheißungen von Pluralismus, Reisefreiheit und Dosenbier
erlagen. Das Ende der DDR und der Zerfall der Sowjetunion
sollten nicht die letzten schlechten Nachrichten für ihn bleiben.

Im April 1992 kündigte die RAF an, ihre Angriffe auf Repräsentanten aus Wirtschaft und Staat einzustellen. »Jetzt
wickeln die sich auch noch ab«, war Falks erste Reaktion. Falk
verkannte, dass seine Helden längst zu Getriebenen der Geschichte geworden waren. Die RAF litt unter Sympathisan-
tenschwund, Nachwuchsmangel und Perspektivlosigkeit. Außerdem hofften die Staatsfeinde, mit Deeskalation ihren
gefangenen Genossen einen Weg in die Freiheit zu ebnen. Anfang 1992 hatte Bundesjustizminister Klaus Kinkel erklärt, der
Staat müsse »dort, wo es angebracht ist, zur Versöhnung bereit
sein«. Der FDP-Politiker stellte vorzeitige Haftentlassungen
in Aussicht, falls die RAF künftig auf Anschläge verzichte. Ein
Teil der Inhaftierten und einige ihrer Sympathisanten lehnten
das ab. Doch die im Untergrund lebenden Mitglieder blieben
bei ihrer Deeskalationsstrategie. Zwar sprengte im März 1993
ein Kommando große Teile der leerstehenden Justizvollzugsanstalt Weiterstadt in die Luft. Doch Menschen wurden dabei

nicht verletzt. Im Juni desselben Jahres starben der RAF-Mann Wolfgang Grams und der GSG-9-Beamte Michael Newrzella bei einem Polizeieinsatz in Bad Kleinen. Newrzella war das letzte Opfer der RAF.

Deren Nachfolger hatten zu dieser Zeit bereits die Bühne betreten. Die »Antiimperialistische Zelle« (AIZ) drohte, die »BRD-Eliten« an ihren Arbeitsplätzen und Wohnsitzen anzugreifen. Der Verfassungsschutz vermutete anfangs, dass fünfundzwanzig bis fünfzig Mitglieder zur »AIZ« gehören, und hielt sie für gefährlicher als die frühe RAF.[11] Falk hatte sich mit dem Gewaltverzicht der RAF nicht abfinden können. Auf der Suche nach neuen Mitstreitern war er durch Deutschland gereist, hatte von Aachen aus Kontakte in Hamburg, Berlin und Frankfurt am Main gesucht. »Wir wollten die weltweiten Kriege, die von den USA und der BRD mitverursacht wurden, zurück nach Deutschland tragen, nicht auf einer militärischen Ebene, aber durch militante, symbolische Aktionen«, sagt Falk. Von »Terrorfanatikern« sprach ein Verfassungsschützer.[12] Natürlich wusste Falk, dass die RAF gescheitert war. Trotzdem überfiel ihn regelmäßig ein Phantomschmerz, wenn er an seine Helden dachte. Wie ein Kind, das von den Eltern im Stich gelassen worden war.

Die Zeit aufwendig geplanter Attentate, verübt von Terroristen, die in der Illegalität lebten, war vorbei. Das war auch Falk klar. Deshalb wählte die »AIZ« eine Taktik, für die keine größere Unterstützerszene, keine gefälschten Pässe, keine gestohlenen Fahrzeuge, keine schwer zu beschaffenden Waffen und keine unter falschen Namen gemieteten Wohnungen nötig waren. Falk studierte, lebte ein nahezu bürgerliches Leben, das er nur manchmal, nach Feierabend oder am Wochenende verließ, um Anschläge durchzuführen. »Wochenendterrorismus« nennen das die Ermittler. Vier Jahre lang zerbombte die »AIZ« Büros von Parteien und Wirtschaftsverbänden, zündete Sprengladungen vor Wohnhäusern von Politikern. Am 25. Februar 1996 verhafteten Polizisten Bernhard Falk und seinen Kommilitonen Michael Steinau, nachdem diese in einem Wald bei Berlin eines ihrer Schwarzpulverdepots geleert hatten. Das BKA hatte die beiden schon einige Monate in Verdacht und deshalb in Falks VW Passat einen GPS-Sender versteckt. Der Rest war Routine. Nach einem fast zweijährigen Prozess verurteilte das Oberlandesgericht Düsseldorf Bernhard Falk wegen vierfachen Mordversuches zu dreizehn Jahren Gefängnis. Die »AIZ« war erledigt. Einige Ermittler vermuteten, dass die Gruppe nicht mehr als ein Zwei-Mann-Unternehmen mit kleinem Unterstützerumfeld war.[13] Der *Spiegel* kritisierte, dass Verfassungsschutz, Polizei und Justiz die »AIZ« zu »Top-Terroristen hochgeschrieben« hätten. »Selten haben sich deutsche Sicherheitsbehörden offenbar so verschätzt wie in diesem Fall«, schreibt das Nachrichtenmagazin. Überschaubar blieb auch die Solidarität der linksradikalen Szene mit den Inhaftierten. Falks Begeisterung für den politischen Islam wollten sie nicht teilen.

Bernhard Falk war umstritten und damit zugleich typischer Vertreter einer zersplitterten Szene. Ideologisch war die »AIZ« mit ihrer Mischung aus Antiimperialismus und Scharia-Schwärmerei isoliert. Aber ihre Methode – aus Kleinstgruppen heraus unkompliziert zu realisierende Anschläge mit symbolischer Sprengkraft zu verüben – wurde zur Blaupause für andere Staatsfeinde. Manche agierten wie die »AIZ« unter einem einheitlichen Markenzeichen. Sie nannten sich »Klasse gegen Klasse« oder »Das Komitee«, Sie fackelten Luxuskarossen ab, um die »Yuppisierung«, wie Gentrifizierung damals noch genannt wurde, zu stoppen. Oder sie griffen Bundeswehrgebäude an. Die Klassenkämpfer beendeten irgendwann ihre Anschlagsserie, und das Komitee setzte sich nach einem gescheiterten Sprengstoffanschlag auf einen Berliner Abschiebeknast nach Venezuela ab, wo zumindest einer der drei Attentäter bis heute lebt.

Oliver Rast, der Anfang August 2007 im Knast sitzt, weil er der »militanten gruppe« angehören soll, kann wenig anfangen mit den meisten militanten Gruppen. Er ist Antiimperialist, hat aber ein ambivalentes Verhältnis zur »Antiimperialistischen Zelle«. Auch wenn er das so nie sagen würde. Oliver Rast sagt: »Zweifellos nimmt die ›AIZ‹ innerhalb der radikalen Linken eine Sonderrolle ein.« Zweifellos beherrscht Oliver Rast die Kunst, Kritik in einem Kokon aus Euphemismen zu verpacken. Niemals würde er öffentlich behaupten, die »AIZ« sei ein Rettungsanker für orientierungslose RAF-Sympathisanten gewesen, die sich hoffnungslos zwischen Morddrohungen und religiöser Inbrunst verheddert hatten. Bei Oliver Rast klingt das so: »Mit Angstszenarien zu operieren, die den Tod von Menschen einschließen, ist ebenso wenig überzeugend wie eine inhaltliche Orientierung auf den politischen Islam.« So sprechen Diplomaten über Diktatoren. Vielleicht verständlich. Denn selbst die Nonkonformität der Autonomen endet irgendwann in einem Minenfeld aus Konventionen, und wer vom Pfad der reinen Lehre abweicht, wird nicht selten exkommuniziert. Für einen Linksradikalen im Gefängnis ist das keine berauschende Vorstellung.

Tag vier in Moabit verspricht Abwechslung. Von seinem Anwalt hat Oliver Rast erfahren, dass Aktivisten am Abend eine Kundgebung vor den Knasttoren planen. Also klebt er nach dem Abendessen am Fliegengitter seines Fensters. Kurz nach achtzehn Uhr haben sich über zweihundert Menschen an der Südseite der Justizvollzugsanstalt versammelt. Polizisten kontrollieren Taschen und durchsuchen Demonstranten. Schwarz gekleidete Jugendliche halten Transparente in den Himmel, und Redner fordern die Freilassung der vier Männer. Zwischendurch dröhnt Musik aus dem Lautsprecher. Eine Bundestagsabgeordnete ist auch dabei. Einige hundert Meter weiter ist Oliver Rast hochkonzentriert. Jedes Wort, jeden Akkord will er aufsaugen. Doch seine Zelle ist zu weit entfernt, und nur ab und zu pustet der Wind Silben und Töne durch sein Fenster. Zu einem Bild lassen sich die Schnipsel nicht zusammenfügen. Dennoch fühlt er sich beflügelt. »Völlig isoliert bin ich hier nicht«, denkt er. Auch Wärter und Mithäftlinge haben die Kundgebung registriert. Menschen hinter Gittern sind dankbar für jede Abwechslung, und sei es nur der Lärm, der durch die Mauern dringt. Außerdem kennen die wenigsten Insassen eine solche Unterstützung von außen. Wem sie vergönnt ist, der gilt als besonderer Sträfling und steigt in der Knasthierarchie.

Am nächsten Tag sieht Oliver Rast seine Mutter. Die Besuchserlaubnis hat sie jede Menge Telefonate gekostet. Für mutmaßliche Terroristen gelten besondere Regeln. So soll verhindert werden, dass sich die Männer über Dritte absprechen und belastende Fakten vertuschen. Angelika Rast hat sich nicht abwimmeln lassen. Schließlich willigte die Bundesanwaltschaft ein. Oliver Rast sitzt schon im Besucherraum, als seine Mutter hinter ihrem Rollator hereinschleicht und am Holztisch auf der anderen Seite der Trennscheibe Platz nimmt. Zwei BKA-Beamte bleiben im Hintergrund, bereit, jedes Wort zu notieren, das sie mit ihrem Sohn über die Gegensprechanlage wechselt. Zwei weitere Beamte, ebenfalls mit Stift und Zettel bewaffnet, beobachten Oliver Rast. Die wollen sehen, wie ich reagiere, oder meine Mutter unter Druck setzen, um mich zu einer Aussage zu bewegen, vermutet er. Damit seid ihr bei mir an der falschen Adresse. Er nickt ihr aufmunternd zu und versucht, möglichst unbefangen zu wirken, um den Polizisten zu demonstrieren, dass sie für ihn gar nicht existieren. Aber völlig kalt lässt ihn die Situation nicht. Es stellt sich heraus, dass seine Mutter erstaunlich gut informiert ist, was die nächtlichen Ereignisse in Brandenburg betrifft. Vor allem ist er dankbar, dass kein vorwurfsvolles Wort über ihre Lippen kommt. Nicht einmal einen Anflug von Ärger entdeckt er in ihrem Gesicht.

Denkt Oliver Rast zurück, dann wurde in seiner Familie nie viel über Politik gesprochen. Sicher: Im Fernsehen liefen manchmal *Monitor* und *Scheibenwischer*. Das eine ist ein Politikmagazin, das andere eine Kabarettsendung. Außerdem erklärten die Eltern ihrem Sohn und seiner jüngeren Schwester schon früh die drei Gebote: Ein Rast hasst Krieg, ein Rast hasst Nazis, und ein Rast wählt SPD. Für mehr ideologisches Inventar war kein Platz in der Plattenbauwohnung im Märkischen Viertel. Herbert Rast, gelernter Werkzeugmacher, arbeitete als Kraftfahrer bei den Berliner Wasserbetrieben. Angelika Rast kümmerte sich um die Buchhaltung einer Wohnungsverwaltung. Nach Feierabend stand beiden nicht der Sinn danach, am Abendbrottisch die weltpolitische Großwetterlage zu erörtern oder schwer verdauliche Schinken zu konsumieren. Sie mussten zwei Kinder mit kleinen Gehältern großziehen. Das kostete genug Kreativität. Und an Samstagen, wenn die Woche und der Nachwuchs versorgt waren, holten sie sich die Hitparade mit Dieter Thomas Heck oder die Bundesliga ins Haus.

Fußball war lange das Einzige, das Oliver Rast interessierte. Sein Vater nahm ihn mit zu den Spielen von Herta BSC Berlin, später begeisterte er sich für den SC Charlottenburg und Blau-Weiß 90, die es Anfang der achtziger Jahre bis in die Bundesliga schafften. Er las das Fachblatt *Fußballwoche*, studierte Spielaufstellungen und Tabellenstände und litt, wenn seine Helden abstiegen. Seinen eigenen sportlichen Gipfel erklomm er 1984, als er im Pokalendspiel der D-Jugend das Siegtor für die Reinickendorfer Füchse vorbereitete. Als Oliver Rast sechzehn Jahre alt war, erklärte ihm seine Mutter, dass es nun Zeit sei, in die SPD einzutreten. Eine Karriere als RAF-Mitglied schien ihm eigentlich attraktiver, seit er zwei Jahre zuvor den *Baader-Meinhof-Komplex* gelesen hatte. Aber weil er seine Mutter nicht unnötig provozieren wollte, wurde er Jungsozialist. Als Juso in der Ortsgruppe Märkisches Viertel Ost bestand seine Hauptaufgabe darin, Plätze für Recyclingtonnen ausfindig zu machen. Also zog Oliver Rast um die Häuser, fahndete nach geeigneten Standorten und markierte die Ergebnisse seiner Recherchen in einem Stadtplan. Seine Begeisterung für Lokalpolitik bekam schon nach kurzer Zeit einen empfindlichen Dämpfer. Am Ende seiner dritten Tonnen-Tour durch das Märkische Viertel beschloss Oliver Rast, die Mannschaft zu wechseln, und trat der »Alternativen Jugend Westberlins« bei. Der Nachwuchsverband der »Alternativen Liste« (AL), wie sich die Grünen in der Mauerstadt nannten, versprach einen deutlich höheren Erlebnisfaktor. Berührungsängste gegenüber militanten Autonomen waren den Alternativen fremd. Als hunderte Linksradikale randalierend gegen eine Veranstaltung der rechtsextremen »Republikaner« protestierten, war Oliver Rast fasziniert. Nur mühsam, mit Wasserwerfern und Knüppeln, konnten Polizisten verhindern, dass Autonome die Absperrungen durchbrachen. Blaulicht, Sirenen, Tränengas auf der einen, Steine und Fluchtgedanken auf der anderen Seite. Oliver Rast war mittendrin, gefangen zwischen Angst und Euphorie. »Es ist möglich, Neonazis einzuheizen und denen, die sie beschützen, Paroli zu bieten«, resümierte er an jenem Abend. Seit dieser Straßenschlacht an der Hasenheide war Oliver Rast Dauergast bei Demonstrationen, die in Ausschreitungen endeten.

Wenige Wochen nach der Verhaftung von Bernhard Falk und dem Auffliegen der »Antiimperialistischen Zelle« treffen sich mehrere Männer in einer Berliner Wohnung. Es ist keine gewöhnliche Zusammenkunft. Niemand der Anwesenden würde öffentlich zugeben, dabei gewesen zu sein. Nur so viel sei verraten: Es war ein kleiner Kreis. Die Männer kennen sich schon einige Jahre. Sie frequentieren die gleichen Kneipen und Konzerte. Man sieht sich, grüßt sich, unterhält sich.

Irgendwann vertraut man sich. In verrauchten Hinterzimmern schmiedeten sie Bündnisse, organisierten Demonstrationen oder Kongresse – und irgendwann erreichte sie die bittere Erkenntnis, damit so gut wie gar nichts bewirkt zu haben. Die Welt hatte sich verändert und aus ihrer Sicht nicht zum Guten.

Ihr Sehnsuchtsziel, der Kommunismus, wurde von der Wirklichkeit eingeholt. In dieser Wirklichkeit wählen Menschen Helmut Kohl zum Bundeskanzler, einen massigen, Stillstand symbolisierenden Felsen, bis ihn unverhofft eine patriotische Welle ins neue Deutschland trägt, während im Kielwasser des schwarz-rot-goldenen Fahnenmeers jede Menge braune Brühe durch das Land schwappt. Ein Mob verwandelt Städtenamen in Metaphern für Ausländerfeindlichkeit. In Hoyerswerda, Hünxe, Rostock, Mölln und Solingen suchen leere Seelen, nur noch Wut ausdünstend, eine Heimat für ihre traurige Existenz und finden sie im Hass auf Fremde.

Ausgerechnet in dieses Land, wo Herrenmenschen in eingenässten Jogginghosen von einem Deutschland nur für Deutsche halluzinieren, flüchten hunderttausende Menschen aus den Krisenregionen der Welt. Im ehemaligen Jugoslawien herrscht Bürgerkrieg – genauso wie in Burundi, Senegal, Simbabwe und im Kongo. Durch Deutschland geistert die Angst vor Überfremdung, ein Bundesinnenmister warnt vor Asylmissbrauch, und eine christlich-liberale Regierung baut mit Hilfe von Sozialdemokraten das Grundgesetz zu einem Bollwerk gegen Flüchtlinge um. »Wir werden das nicht länger hinnehmen«, sagt einer der Männer an diesem Abend. »Wenn legale politische Proteste wirkungslos bleiben, dann müssen wir unser Repertoire erweitern.« Wörter wie Sabotage und Brandanschläge fallen nicht in der Runde. Aber jeder weiß, dass genau das gemeint ist. Die Männer, die der Bundesrepublik den Krieg erklären, wissen, dass sie nicht gewinnen werden. Sie sind keine Revolutionsromantiker. Sie sind Realisten. Sie wollen Sand ins bürokratische Getriebe streuen, den Apparat für einen Augenblick ins Stocken bringen und vielleicht, wenn alles gut läuft, den Menschen zeigen, wie die Mechanik der Macht funktioniert. Und sie wollen sich wie bisher in legalen Bürgerinitiativen engagieren.

»Wir können gegen Abschiebeknäste demonstrieren, und wir können Anschläge auf Abschiebeknäste verüben – beides zusammen garantiert Aufmerksamkeit«, sagt einer der Männer. In den nächsten Monaten beginnen sie mit den Vorbereitungen. In Wäldern um Berlin testen sie verschiedene Arten von Brandsätzen, sie trainieren, wie man unauffällig observiert und woran man geeignete Fluchtwege erkennt. Nicht immer läuft alles reibungslos. Der normale Alltag muss bewältigt werden, und nicht mal engste Vertraute sollten merken, wenn die Männer in ihrer Parallelwelt verschwinden. Freunde und Familien dürfen nicht vernachlässigt, Liebesbeziehungen wollen gepflegt werden. Für ihr zweites Leben bleibt meist nur die Nacht.

Vor allem eine Frage beschäftigt sie: »Wollen wir unter einem einheitlichen Gruppennamen auftreten, so wie die RAF und die ›AIZ‹?« Keine einfache Entscheidung. »Nur wenn wir als Marke wahrgenommen werden, gewinnen wir politische Aufmerksamkeit«, sagt einer der Männer. »Als Marke stehen wir viel stärker im Fokus der Bullen«, antwortet sein Gegenüber. »Diesem Druck würden wir nicht lange standhalten.« Ein Dritter in der Runde sagt: »Wir wollen politische Inhalte transportieren und nicht ein linksradikales Label etablieren.« Die Männer entscheiden sich für das No-name-Konzept.

Nachdem alle Beschlüsse gefasst sind, formulieren sie ihr Konzept auf fünfzehn eng beschriebenen DIN-A4-Seiten, stecken diese in einen Briefumschlag und schicken alles anonym an die Szenezeitschrift *interim*. Die veröffentlicht den Text am 13. September 1996. Die Überschrift lautet: »Selbstporträt einer Militanten Gruppe – Anfangen, aber nicht um jeden Preis.« Wann genau der Text auf dem Schreibtisch von Verfassungsschützer Guido Eggebrecht landet, lässt sich heute nicht mehr genau sagen. Sicher ist, dass er ihn eines Tages in den Händen hält. »Eine Männercombo mit großem Schreibeifer«, denkt Eggebrecht, nachdem er alles gelesen hat. Er ist damals Anfang vierzig und Sachbearbeiter im höheren Dienst des Bundesamts für Verfassungsschutz.[14] Kein Neuling. Er und seine Kollegen nennen die Truppe Selbstporträtgruppe – und sie halten die Männer für brandgefährlich. Die Selbstporträtgruppe kopiert das Prinzip der »AIZ«, kleine, abgeschottete Zellen zu bilden, deren Mitglieder unerwartet zuschlagen, bevor sie wieder in ihrem Alltag verschwinden.[15]

Noch etwas anderes beunruhigt ihn. Wenn die Männer der Selbstporträtgruppe tatsächlich in ganz normalen linken Initiativen mitarbeiten und gleichzeitig Anschläge verüben, dann könne diese neue Organisation zu einem Bindeglied zwischen legalen Initiativen und einer vollständig im Untergrund agierenden Metropolenguerilla à la RAF werden, die Vertreter des Staates töten will.[16]

Ende 1997 stoßen die Verfassungsschützer auf eine erste vielversprechende Spur. Am Morgen des 13. Dezember, kurz vor fünf Uhr,[17] schleichen sich mehrere Männer auf das Gelände eines Seat-Autohauses in Berlin-Reinickendorf. Minuten später stehen zwei Neuwagen der spanischen Volkswagen-Tochter in Flammen. Die Brandstifter entkommen unerkannt. Zurück bleibt nur ein Haufen Schrott. Zwei Tage später bekennen sich »autonom-internationalistische Gruppen« zu dieser Tat. »Unsere Aktion ist einerseits eine Reaktion auf die Verurteilung der Mitglieder des gesamten Vorstandes der linken baskischen Partei Herri Batasuna zu langjährigen Haftstrafen durch den Obersten Gerichtshof in Madrid, und andererseits steht sie im direkten Zusammenhang mit dem Internationalen Kampftag für die Freiheit der politischen Gefangenen weltweit«[18], heißt es im Selbstbezichtigungsschreiben. Ein harmlos wirkender Halbsatz, einige Absätze später, lässt die Verfassungsschützer aufhorchen. Mit »solidarischen Grüßen an Benjamin Ramos Vega« steht da.

Der Mann ist beim Geheimdienst kein Unbekannter. Benjamin Ramos Vega war vier Jahre zuvor aus Barcelona geflohen und in Berlin untergetaucht, um den spanischen Behörden zu entgehen. Bevor Vega sich versteckte, hatte er Waffen für die baskische Terrororganisation »ETA« versteckt. Fast ein Jahr lebte Vega unbehelligt in Deutschland, bis ihn Zielfahnder aufspürten und auf offener Straße verhafteten.[19] Um zu verhindern, dass Vega an Spanien ausgeliefert wird, gründete eine Handvoll Aktivisten das »Solidaritätskomitee Benjamin Ramos Vega«.

Deutsche Linke, die baskische Separatisten unterstützen, sind ein Fall für die Verfassungsschützer. Eggebrecht und seine Kollegen finden schnell heraus, dass im Solikomitee drei Männer den Ton angeben: Jochen U., Markus H. und Thorben J. U. und H. gehören schon seit Jahren zur linksradikalen Szene Berlins. J. taucht zum ersten Mal auf dem Schirm des Verfassungsschutzes auf. Eggebrecht, Ganser und Ochsenbrücher sind sicher, dass die drei zur Selbstporträtgruppe gehören. Alles passt perfekt. Den Brandanschlag auf das Seat-Autohaus rechtfertigen die Attentäter mit der Verhaftung von Benjamin Ramos Vega und den Mitgliedern einer baskischen Partei. U., H. und J. sind Mitglieder im Solikomitee für Vega, alle drei engagieren sich außerdem in der Initiative »Libertad!«, die sich mit gefangenen baskischen Separatisten solidarisiert. Die Verfassungsschützer notieren: »Das passt zum Konzept der Selbstporträtgruppe, dass man in legalen Basisinitiativen mitwirkt.« Sie durchforsten die Texte nach sprachlichen Parallelen und werden fündig. Mit einem speziellen Computerprogramm finden sie weitere Übereinstimmungen. Verfassungsschützer Ochsenbrücher schreibt in eine vertrauliche Analyse: »Der eigene Stil der Verfasser wird nahezu durchgängig offenbar.«[20] Für Ganser, Ochsenbrücher und Eggebrecht sind das genug Indizien. Von nun an werden sie die Männer umfassend überwachen. So lange, bis sie beweisen können, dass sich hinter der Fassade von harmlosen Aktivisten gefährliche Terroristen verstecken. Die Jagd beginnt.

Kapitel 4: Lauschangriff

Das neue Jahrtausend ist erst wenige Wochen alt, als Ochsenbrücher glaubt, eine neue Verbindung zwischen seinen drei Verdächtigen und der ominösen Selbstporträtgruppe gefunden zu haben. Bislang führten die Bemühungen zu nichts. Der Anschlag auf ein Seat-Autohaus liegt schon zwei Jahre zurück. Damals waren Ochsenbrücher und seine Kollegen vom Verfassungsschutz auf die Männer gestoßen. Aus ihrer Sicht gleichen die öffentlichen Äußerungen der linken Polit-Aktivisten den Formulierungen der Selbstporträtgruppe. Auch die Mitglieder der G-10-Kommission des Bundestags glauben, dass der Verdacht nicht aus der Luft gegriffen ist. Das Gremium, das die Arbeit der deutschen Geheimdienste überwacht, genehmigt, Telefonate, E-Mails und Postsendungen von H., J. und U. zu überwachen. Deshalb hören die Verfassungsschützer auch einen Anruf von Anfang März 2000 mit.

Es ist Montag, 17.43 Uhr, und bei Jochen U. klingelt das Telefon. Weil der 52-Jährige gerade unterwegs ist, greift seine WG-Mitbewohnerin zum Hörer.

»Ist Jochen da?«, fragt der Anrufer
»Nein«, sagt die Mitbewohnerin
»Erinnere ihn bitte an das Treffen am 15. März. Wir wollen um achtzehn Uhr beginnen.«[1]
»Alles klar«, sagt die Mitbewohnerin und legt auf.[2]

Für Außenstehende mag das ein harmloses Gespräch gewesen sein. Im Bundesamt für Verfassungsschutz vermuten sie, dass zu einem konspirativen Treffen eingeladen wurde. Den Geheimdienstmitarbeitern gelingt es, den Ort herauszufinden – eine Wohnung in einem Kreuzberger Mietshaus. Also postieren sich Beamte am 15. März 2000 in der Nähe und beobachten den Eingang.

Jochen U. taucht mit knapp zwanzig Minuten Verspätung auf. Telefonisch hatte er seinen Genossen bereits angekündigt, wenig Zeit zu haben. Mit schnellen Schritten steuert er die Haustür an, ist kaum zu übersehen. Die blonden Haare, wallend und lang, die hohe Stirn, die markant große Nase und ein leicht nach vorne gebogenes Kinn. Kurz bevor U. im Eingang verschwindet, schaut er sich misstrauisch um. In diesem Moment drückt ein Verfassungsschützer auf den Kameraauslöser. Später landen die Fotos in den Geheimdienstakten.

Jochen U. ist ein »Alt-68er«. Er demonstrierte gegen den Vietnamkrieg der USA, war eigentlich immer dabei, wenn Ungerechtigkeiten nach Widerstand verlangten. Während viele seiner Mitstreiter von früher heute Professorenstühle, Richtertische und Chefetagen besetzen, backt U. kleine Brötchen. Er hat Physik studiert, experimentiert aber vor allem mit Teig. Mit Freunden betreibt er im Tommy-Weisbecker-Haus, einem selbstverwalteten Wohnprojekt, die Bäckerei »Ciabatoni & Crossini«.

Das Tommyhaus, mit seiner graffitibunten Altbaufassade scheint aus der Vergangenheit in den hässlichsten Zipfel Kreuzbergs katapultiert worden zu sein, wo es vergeblich versucht, die Zumutungen misanthropischer Stadtplaner zu sabotieren. Dabei war das Haus schon immer hier. Im Frühjahr 1973 von obdachlosen Jugendlichen und ausgebüxten Heimkindern besetzt, benannt nach einem von der Polizei erschossenen Anarchisten, wachte es jahrzehntelang als Solitär über eine Brache im Schatten der Mauer, bot Zuflucht für jene, die lieber kiffen statt kuschen wollten. Als Berlin zusammenwuchs, rückte das Tommyhaus vom Rand ins Zentrum der Stadt. Ringsherum schossen Mietskasernen und Bürolandschaften aus dem Boden. Heute versteckt sich schräg gegenüber die SPD-Zentrale hinter einer Glasfassade. Nicht weit entfernt thront das Regierungsviertel, rund um die Uhr versorgt von der Wilhelmstraße, die am Tommyhaus vorbei Blechlawinen nach Berlin-Mitte und zurück schleust.

Im Erdgeschoss liegt die Kneipe »Linie 1«, benannt nach der U-Bahn, die einige hundert Meter weiter als Hochbahn durch Kreuzberg rumpelt. Die »Linie 1« ist Durchgangsbahnhof und Endstation zugleich. Manche legen hinter den von Straßenstaub erblindeten Fenstern einen Zwischenstopp ein, um bei Billigbier und Billard die Reste des wilden Westberliner Hausbesetzerflairs zu inhalieren. Meist sind es Pulks schnatternder Studenten oder Touristen. Von Stammgästen werden sie milde belächelt. Die Hocker vor dem Tresen gehören traditionell Tommyhaus-Bewohnern, die auf einen neuen Tag oder die nächste Runde Schnaps warten. Für einige von ihnen ist der Zug in ein bürgerliches Leben längst abgefahren. Vielleicht wollten sie ihn nie erreichen. Aus den Boxen dröhnt Geschrammel von Bands, deren Namen meist origineller sind als ihr Sound, die aber ihre mangelnde Musikalität mit großer Leidenschaft ausgleichen. An warmen Sommerabenden sorgen im Innenhof mit Nietenjacken bestückte Jungmänner für Folklore. Sie führen die neueste Modekollektion aus dem Punkrock-Fachhandel spazieren oder grölen ihren Weltschmerz ins Universum, während über Menschen, Hunden und Sternburg-Flaschen die Sonne untergeht.

Ruhig wird es, wenn das erste blasse Licht das Schwarz vom Himmel wischt. Dann schiebt Jochen U. frischen Teig in den Ofen, und ein köstliches Aroma zieht durch das Haus, legt sich wie ein duftendes Laken über den Geruch von abgestandenem Bier und kaltem Zigarettenrauch. An guten Tagen locken die Brötchen irgendeinen verkaterten Bewohner vom Hochbett in den Hof, wo er dann im Halbschlaf die Scherben der vergangenen Nacht auffegt. Wenn nicht getrunken, gefeiert oder geschlafen wird, findet ein Plenum statt. Es gibt das Hausplenum, das Etagenplenum, das Kneipenplenum und das Saalplenum. Das Tommyhaus ist ein Tummelplatz für Menschen, die ihre Tage gern mit langen Debatten füllen. Revolutionen plant hier keiner. Das Tommyhaus ist Punkrock mit Putzplan. Nur von der Backstube scheint eine Gefahr für die Sicherheit der Bundesrepublik auszugehen. Deshalb hört das Bundesamt für Verfassungsschutz mit, wenn Jochen U. von dort telefoniert. Viele Gespräche führt er mit seiner Freundin. Mit ihr bespricht U., was er nach seiner Schicht macht. Meist besucht er sie dann.

Ähnlich unspektakulär ist die Ausbeute bei den anderen überwachten Telefonen. Deshalb beantragen die Verfassungsschützer alle drei Monate, die Schnüffelei zu verlängern. »Von den Betroffenen geht weiterhin eine Gefahr für die Sicherheit der Bundesrepublik Deutschland aus«, heißt es jedes Mal in den Begründungen. Worin die Gefahr konkret besteht, bleibt offen. Dafür erfährt man, dass die Verfassungsschützer fürchten, von ihren Zielpersonen entdeckt zu werden, und dass ihre Informanten in der Szene weitgehend ahnungslos sind. Im O-Ton liest sich das so: »Es ist unmöglich, einschlägige Aktivitäten allein durch Observation aufzudecken. Da bei einer ständigen Observation die Enttarnungsgefahr zu groß wäre, können Observationen nur gezielt auf Grundlage von Erkenntnissen, die aus der Post- und Telefonüberwachung stammen, durchgeführt werden. Quellen der Verfassungsschutzbehörden haben nur sporadisch Zugang zu den mutmaßlichen Mitgliedern der Selbstporträtgruppe. Auch ermöglichen die Gewährspersonen keinen umfassenden Einblick in die einschlägigen Tätigkeiten der Verdächtigen.«[3]

Genehmigen muss die Ausspähung die G-10-Kommission des Bundestages. Das Gremium besteht aus vier Mitgliedern und vier Stellvertretern, die Sitzungen sind geheim und offenbar ziemlich kurz. Noch am selben Tag, an dem der Antrag, die drei Männer zu überwachen, bei der Kommission landet, entscheidet die ihn positiv. Das ist erstaunlich. Denn immerhin beurteilen die Kontrolleure – in der Regel Juristen – als einzige Instanz, ob der Geheimdienst das im Grundgesetz garantierte Recht auf ein Brief-, Post- und Fernmeldegeheimnis, einschränken darf. Manche Juristen bezweifeln, dass das in so kurzer Zeit sorgfältig geprüft werden kann.

Doch an diesem 15. März 2000 lauschen einige Verfassungsschützer nicht in der Leitung, sondern warten vor einem Haus, in dem sich Linksradikale zu einem Geheimtreffen versammelt haben sollen. Sie warten gut anderthalb Stunden lang. Kurz nach zwanzig Uhr sehen sie, wie U. das Gebäude wieder verlässt. Wochen später erst erfahren sie Details aus einem Meeting, das als »Runder Tisch der Militanten« aktenkundig wird.

Anfang 2000 verabreden sich zwei Frauen und drei Männer zu einer ungewöhnlichen Gesprächsrunde. Weil sie ahnen, dass sich der Geheimdienst für sie interessiert, vereinbaren sie, ihren richtigen Namen hinter Pseudonymen zu verbergen. »Stellt euch doch erst einmal vor«, bittet der Moderator die Teilnehmer. Alle erklären, dass sie zur autonomen Szene gehören, manche sind schon seit Jahrzehnten dabei. Ihre Aktionen richteten sich bislang gegen Castortransporte oder Neonazis. Atomkraft, Antifaschismus, Antirassismus – die klassischen Anliegen von Autonomen. Das Thema Sexismus zählt ebenfalls dazu. Für linksradikale Feministen beginnt der Kampf gegen die Diskriminierung von Frauen mit einer Sprache, in der sich alle Geschlechter wiederfinden, und endet manchmal bei Brandanschlägen auf Pornoläden. Gleich zu Beginn diskutiert die Runde auch über Erfahrungen mit gewaltsamen Aktionen gegen Frauenfeinde. Dabei geraten zwei Männer aneinander, die sich Antonio und Johnny nennen. Antonio gesteht: »Außer ein paar gesmashten Sexshops innerhalb von Demos –

was auch schon ein wenig zurückliegt – gab es bei uns leider keine antipatriarchale militante Praxis.« Bei Johnny kommt das Statement nicht gut an: »Ich finde es bemerkenswert, dass in deiner Vorstellung der Teil, den du nicht machst, nämlich antipatriarchale Aktionen, mehr umfasst als der Teil, den du machst. Das klingt so superkorrekt, als wäre es direkt aus einem Autonomen-Knigge abgeschrieben«, lästert er. Er habe für sich entschieden, lieber etwas weniger zu reden und dafür mehr »im antipatriarchalen Sinne« zu tun. »Grundsätzlich hast du recht«, erwidert Antonio, »zwischen Anspruchsdenken und Wirklichkeit klafft oft ein riesiges Loch, und sicher sollten wir nicht an unserer Worten, sondern an unseren Taten gemessen werden.« Trotzdem sei es nicht falsch, solche Ansprüche zu formulieren. Antonio, Johnny und der übrige Stuhlkreis ahnen nicht, dass der Verfassungsschutz glaubt, in diesen Plattitüden wichtige Informationen zu erkennen.

Am 30. März 2000, zwei Wochen nach der Observation von Jochen U., erscheint die Szenezeitschrift *interim* mit einer Sonderausgabe. Unter dem Titel: »Runder Tisch der Militanten« veröffentlicht das Blatt eine schriftliche Version der autonomen Plauderstunde. Verfassungsschützer Ochsenbrücher ist nach der Lektüre überzeugt: Antonio gehört zur Selbstporträtgruppe, wahrscheinlich ist er sogar ihr Wortführer. Er notiert: »In beiden Fällen – bei Antonio und der Selbstporträtgruppe – hat das Eingeständnis, keine antipatriarchale Praxis vorweisen zu können, Entschuldigungscharakter. Insofern ist Johnnys Bemerkung in Richtung ›Knigge‹ zutreffend.«[4] Ochsenbrücher entdeckt noch mehr Übereinstimmungen: Antonios Vorliebe für einfache Brandsätze, die problemlos nachzubauen sind, teilt auch die Selbstporträtgruppe. Ebenso seine Warnung vor einem einheitlichen Markenzeichen. Antonio erklärt: »Aus Gründen der Repression haben wir uns entschieden, jedes Mal unter einem anderen Namen aufzulaufen. Im Falle einer Verhaftung wirst du nur für eine Aktion haftbar gemacht und nicht für alle Aktionen, die im Namen der Gruppe stattgefunden haben.« Im Konzept der Selbstporträtgruppe heißt es: »Wir denken, dass ein nach außen hin erkennbarer, kontinuierlicher Zusammenhang allzu leicht ins Fadenkreuz des Repressionsapparates gerät. Deshalb sprechen wir uns gegen eine kontinuierliche Namensgebung aus.« Ochsenbrücher glaubt sogar zu wissen, wer sich hinter Antonio verbirgt: niemand anderes als Jochen U. Wie er darauf kommt, bleibt im Dunkeln. Möglicherweise hat ein Spitzel diese Behauptung gestreut. Sicher ist: Es ist nur eine von mehreren Fehleinschätzungen, die Ochsenbrücher und seinen Kollegen in den kommenden Monaten unterlaufen werden.

Als Jochen U. am 15. März 2000, von Verfassungsschützern beobachtet, das Haus in Kreuzberg betritt, ist er nicht zu einem Terroristennest unterwegs, sondern zu einer Veteranenversammlung. Am Tisch sitzen keine sechs Militanten. Am Tisch sitzen sieben ehemalige Mitarbeiter der *taz*. Die haben alle Anfang der achtziger Jahre bei der linksalternativen Tageszeitung gearbeitet und das Blatt verlassen, weil ihnen die politische Ausrichtung nicht mehr gepasst hat. Einmal im Jahr finden sie wieder zusammen, reden über Gott und die Welt.[5] Offenbar haben die Verfassungsschützer das falsche Treffen beobachtet. Spätestens, nachdem sie die Druckfassung vom »Runden Tisch der Militanten« gelesen hatten, hätten ihnen Zweifel kommen müssen, ob sie bei der richtigen Veranstaltung gewesen sind. Die Verfassungsschützer hätten sich fragen können, ob ein zweistündiges Stelldichein nicht zu kurz ist, um daraus ein Interview von über zwanzig Seiten zu destillieren. Oder warum sich die Militanten ohne ersichtlichen Grund einem extrem hohen Zeitdruck unterwerfen, indem sie innerhalb von vierzehn Tagen ein umfangreiches Protokoll verschriften, redigieren, autorisieren, drucken und an Abonnenten und Buchläden ausliefern.[6]

Am eigentlichen »Runden Tisch der Militanten« fragt der Moderator: »Was sind für euch die Themen der Zukunft?« Antonio antwortet: »Wir könnten deutsche Firmen angreifen, die sich weigern, ehemaligen Zwangsarbeitern minimale Entschädigungen zu zahlen, und wir könnten die Verwicklung dieser Firmen in den Faschismus thematisieren.« Ein Jahr später wird Antonios Vision Wirklichkeit.

Am 14. Juni 2001 bekommt Otto Graf Lambsdorff einen Brief. Lambsdorff erhält andauernd Post, aber dieser Brief unterscheidet sich von den sonstigen Sendungen. Der FDP-Politiker ist Regierungsbeauftragter der Stiftungsinitiative der deutschen Wirtschaft zur Entschädigung der Zwangsarbeiter im Zweiten Weltkrieg. Er verhandelt mit Opferverbänden darüber, in welcher Form Industrie und Bundesregierung die Leiden der meist hochbetagten Überlebenden kompensieren, die zwischen 1933 und 1945 als Arbeitssklaven für deutsche Unternehmen schuften mussten. Es geht um Wiedergutmachung, 56 Jahre nach Kriegsende. Schließlich bekommen die früheren Zwangsarbeiter zwischen 2500 und 7500 Euro. Lambsdorff ist sich der moralischen Verantwortung bewusst, die selbst nach den Zahlungen nicht endet. Aber er spricht auch von einem »finanziellen Schlussstrich«.[7] Dass er sich mit dieser Formulierung nicht nur Freunde gemacht hat, weiß Lambsdorff, als er den Inhalt des Umschlags kennt. Er enthält eine scharfe Kleinkaliber-Patrone und ein kurzes Schreiben: »Auch Kugeln markieren einen Schlussstrich«, drohen die Verfasser, und weiter heißt es: »Das mörderische System der Zwangsarbeit vernichtete zehntausende Menschen. In Rüstungsfabriken und anderen Betrieben, bei der Ernte in landwirtschaftlichen Betrieben oder als Haushaltshilfen wurde den Zwangsarbeitern Arbeitskraft im Wert von 180 Milliarden DM abgepresst – ganz zu schweigen von den erlittenen psychischen und physischen Leiden. Kein Schlussstrich unter Nazi-Verbrechen.« Unterzeichnet hat die Drohung eine »militante gruppe«. Eine Woche später erhalten zwei weitere Repräsentanten der Stiftungsinitiative, darunter ein Vorstandsmitglied von Daimler-Chrysler, gleichlautende Schreiben – ebenfalls mit Patrone, ebenfalls von der »militanten gruppe«. Weitere vier Wochen später brennt es in einer Niederlassung von Daimler-Chrysler im Berliner Stadtteil Marienfelde.[8] Im Bekennerschreiben erklären die Brandstifter: »Daimler-Chrysler ist die treibende Kraft dieses zynischen Entschädigungsspektakels des deutschen Kapitals. Der maßgebliche Profiteur des deutschen Faschismus bestimmt nun die Konditionen der Tilgung seiner Verbrechen.« Darunter erneut: »militante gruppe«.

Für den Verfassungsschutz ist eine neue Eskalationsstufe erreicht. In der Kölner Zentrale ist man überzeugt, dass dahinter nur die Selbstporträtgruppe stecken könne, die nun – warum auch immer – unter dem Markenzeichen »militante gruppe« auftritt. Schließlich hatte Antonio am Runden Tisch der Militanten genau solche Aktionen angekündigt. Und es werden nicht die ersten Straftaten der Linksradikalen gewesen sein. Da sind sich die Verfassungsschützer sicher. Deshalb untersuchen sie mit Hilfe eines Computerprogramms diverse Bekennerschreiben früherer Anschläge, vergleichen diese mit den Veröffentlichungen der Selbstporträtgruppe und den Drohbriefen der »militanten gruppe«. Die Geheimdienstmitarbeiter kommen zu dem Ergebnis, dass zahlreiche Attacken auf Autohäuser, Supermärkte und Fahrzeuge des Bundesgrenzschutzes seit Mitte der neunziger Jahre auf das Konto des gleichen Personenkreises gehen. Ochsenbrücher glaubt sogar, eine »frühe, möglicherweise auch die erste High-Level-Aktion der Selbstporträtgruppe« identifiziert zu haben – ein Sprengstoffanschlag auf eine Volksbank in Berlin-Steglitz in der Silvesternacht 1993/94.[9] Der vermeintliche Beweis: Bestimmte Wörter tauchen in mehreren Texten auf. »Wechselbeziehung« oder »dezidiert« beispielsweise. Auch die Wortfolge »inhaltlich, praktisch, organisatorisch« findet sich in verschiedenen Pamphleten.[10] In einen vertraulichen Bericht schreiben die Verfassungsschützer: »Der Inhalt der Selbstbezichtigungen deutet auf Autonome mit besonders ausgeprägter antiimperialistischer Ausrichtung hin und orientiert sich ideologisch und organisatorisch am Konzept der ›Antiimperialistischen Zelle‹, allerdings nicht am Konzept potentiell tödlicher Aktionen.«[11]

Die Drohungen der »militanten gruppe« gegen drei hochrangige Vertreter aus Politik und Wirtschaft markieren eine Wende in dieser Geschichte. Bislang war nur der Verfassungsschutz den Linksradikalen auf der Spur. Jetzt übernimmt die Bundesanwaltschaft – und dort befürchtet man das Schlimmste: »Die den Drohschreiben beigelegten Patronen sind als Hinweis zu werten, dass die Vereinigung neben Brandanschlägen auch Anschläge auf Personen als Mittel militanter Politik einsetzen will«[12], heißt es in einem Bericht der Bundesanwaltschaft, die kurz danach das Bundeskriminalamt einschaltet.

Im Bundeskriminalamt arbeitet Oskar Damelshausen, Kriminaloberkommissar, Anfang dreißig. Er ist einer der Beamten, die von Anfang an gegen die »militante gruppe« ermitteln. Aufgrund der schon drei Jahre währenden Nachforschungen des Verfassungsschutzes in diesem Fall muss Damelshausen nicht bei null beginnen. Zumindest sieht es so aus. Am 3. Juli 2001 schickt ihm der Geheimdienst ein Dossier, in dem der bisherige Erkenntnisstand zusammengefasst ist.[13] Damelshausen erfährt vom Positionspapier der Selbstporträtgruppe, von der Initiative »Libertad!«, von Benjamin Ramos Vega und der Autofirma Seat. Er macht sich vertraut mit dem »Runden Tisch der Militanten«, studiert die Aussagen von Antonio und liest, wie alle diese Ereignisse und Personen zusammenhängen sollen. Sogar die Namen von drei Verdächtigen liefert der Verfassungsschutz. Einen Schönheitsfehler hat die gesamte Theorie: Sie lässt sich nicht beweisen. Stattdessen berufen sich die Verfassungsschützer auf »ein Bündel operativer Maßnahmen« und eine »an Sicherheit grenzende Wahrscheinlichkeit«.[14] Formulierungen, so verschwommen wie der Blick eines Trinkers kurz vor Ausschankschluss. Nüchtern betrachtet besteht gegen die drei Männer nicht einmal ein Anfangsverdacht.[15] Was bleibt, sind die Textvergleiche. Nicht, dass die irgendwen überführen würden. Aber sie sind zumindest eine Klammer, die das Konglomerat aus Fakten und Vermutungen notdürftig zusammenhält. Dass dieses Konstrukt zusammenzubrechen droht, hat eine Mitarbeiterin des Kriminaltechnischen Instituts des Bundeskriminalamts zu verantworten.

In jenen Tagen, in denen der Verfassungsschutz den BKA-Ermittlern seine Recherchen präsentiert, untersucht die Expertin für forensische Linguistik dieselben Bekennerschreiben und Diskussionspapiere, die laut Geheimdienst Übereinstimmungen aufweisen. Die Linguistin fahndet in Wortschatz, Satzbau, Rechtschreibung und Grammatik nach Hinweisen auf die Verfasser, und sie macht das nicht zum ersten Mal. Zusammen mit ihren Kollegen analysiert sie jedes Jahr hunderte Schriftstücke, darunter Erpresserbriefe, Schmähschriften oder eben Bekennerschreiben.[16] Sie ist stolz auf eine hohe Trefferquote, »richtig danebengelegen habe sie noch nie«, sagt sie in einem Interview.[17] Mit ihrem Gutachten widerspricht sie den Verfassungsschützern in fast allen Punkten. So stammten die Tatbekennungen und die Texte der Selbstporträtgruppe nicht von denselben Autoren. Eine Urheberidentität bestehe nicht einmal mit einem geringen Wahrscheinlichkeitsgrad, schreibt die Linguistin.[18] Antonios Äußerungen am »Runden Tisch der Militanten« hat sie erst gar nicht in ihre Untersuchung einbezogen. Es sei wenig sinnvoll, schriftliche Texte mit mündlichen Aussagen zu vergleichen, die möglicherweise später von jemand anderem als dem Sprecher verschriftet wurden, kritisiert sie die Methode des Geheimdienstes. Eine mündliche Rede sei spontan, meist kurz, sie weise Abbrüche und Korrekturen auf und basiere auf einer wechselseitigen Beeinflussung von Redner und Hörer. Werde eine solche Rede später aufgeschrieben, sei kaum noch nachvollziehbar, wer was und in welcher Form gesagt hat. Damit scheinen den Verfassungsschützern die einzigen Verdächtigen abhandengekommen zu sein, und im Bundeskriminalamt muss Oskar Damelshausen einen neuen Ermittlungsansatz finden. Doch dazu kommt es nicht. Überraschenderweise finden beide Behörden eine Möglichkeit, den eingeschlagenen Weg fortzusetzen.

Bundeskriminalamt und Verfassungsschutz behaupten, dass sich ihre widersprechenden Analysen gar nicht widersprechen. Zwar habe man dieselben Texte untersucht, aber unter völlig verschiedenen Blickwinkeln. Dem Verfassungsschutz sei es nie darum gegangen, einzelne Personen als Texturheber zu identifizieren. Vielmehr hätten die Geheimdienstmitarbeiter die Texte als gedankliches Produkt einer Gruppe aufgefasst, deren Mitglieder der gleichen Ideologie folgen. Die Linguistin wiederum habe analysiert, ob die Texte vom selben Autor stammen. Wären sie von verschiedenen Verfassern geschrieben, die zu einer Gruppe gehören, dann ließen sich die unterschiedlichen Gutachten erklären.[19] Eine abenteuerliche Argumentation. Schließlich ist aktenkundig, dass der Verfassungsschutz mit den Äußerungen Antonios eine einzelne Person unter die Lupe genommen hat. Doch selbst wenn man den Erklärungen beider Behörden folgt, lässt sich daraus kein Anfangsverdacht gegen die drei Männer begründen. Das wird später der Bundesgerichtshof feststellen.[20] Es gibt keinen Grund, ein Ermittlungsverfahren gegen Jochen U., Thorben J. und Markus H. einzuleiten.

Doch am 16. Juli 2001 tut die Generalbundesanwaltschaft

genau das. Ab sofort dürfen auch BKA-Beamte Mails der Männer mitlesen, sie heimlich filmen, verfolgen und ihre Telefonate aufzeichnen, die sie von zu Hause, vom »Libertad!«-Büro und vom Handy führen.

Manchmal, wenn Thorben J. in dieser Zeit durch Kreuzberg läuft, fühlt er sich verfolgt. Er sieht Männer, die auffällig unauffällig auf der Straße herumstehen oder ihn scheinbar vom gegenüberliegenden Fußweg aus beobachten. Bisweilen glaubt er, die Gesichter schon einmal gesehen zu haben. Die sind vom Landeskriminalamt, denkt er in solchen Momenten. Beschwören kann er das nicht. J. weiß, dass Polizei und Geheimdienst die Szene im Auge behalten. Vielleicht interessieren die sich auch für ›Libertad!‹, mutmaßt er, wenn ihn wieder einmal das ungute Gefühl beschleicht, von Polizisten in Zivil observiert zu werden. Er ahnt nicht, wie tief Kriminalpolizisten und Verfassungsschützer bereits in sein Leben eingedrungen sind.

Am 20. November 2001, kurz vor halb sieben, sitzt Thorben J. im Büro von »Libertad!« in der Kreuzberger Yorckstraße, als Markus H. anruft.

»Wo bist du gerade?«, fragt H.

»Im Büro«, antwortet J.

»Kannst du dich loseisen?«

»Klar.«

»Wollen wir uns Yorckstraße oder Gleispark treffen?«

»Oder geht es auch morgen?«

»Geht auch, nur nicht gerade abends.«

»Du kannst mich ja gegen sechzehn Uhr von der Schule abholen.«

»Okay. Oder soll ich doch noch schnell ins Büro kommen?«, fragt H.

»Nein, ich muss auch gleich los und etwas essen«, antwortet J. und legt auf.

Vielleicht muss man beim Geheimdienst arbeiten, um hinter jeder Banalität Böses zu vermuten. Vielleicht hatte ein Mitarbeiter im Kölner Bundesamt für Verfassungsschutz einfach nur einen schlechten Tag, als er das Telefonat so bewertete: »Den Beginn des Gespräches kann man als seltsam bis konspirativ ansehen, was aber an den beiden Hauptdarstellern liegen kann, die hin und wieder schon mal so seltsam bis konspirativ drauf sind.«[21] Der Zirkelschluss gelangt in die Akten, die mit »Geheim – amtlich geheimgehalten« gestempelt werden. Es ist die zweithöchste Geheimhaltungsstufe. Sollte die Gesprächsanalyse des Verfassungsschützers Unbefugten bekannt werden, kann dies den Interessen der Bundesrepublik schweren Schaden zufügen. Die Abhörprotokolle führen in eine fremde Welt, und es ist nicht immer klar, ob man gerade durch ein Stasidrama oder eine Seifenoper blättert. Zeitweise erinnert der Furor des Verfassungsschutzes an *Das Leben der Anderen*, dann wiederum scheinen die Akteure dem Drehbuch von *Berlin Tag & Nacht* zu folgen. Manchmal schrumpft diese Welt auf wenige Sätze, in denen sich fast die gesamte Geschichte spiegelt. Solche Sätze zum Beispiel: »Mäx spricht mit seiner Schwester. Hauptsächlich geht es mal wieder um das Klavier. Mäx und seine Schwester nuscheln derart vor sich hin, dass sie nur schwer zu verstehen sind.« Ein Geheimdienstmitarbeiter hat das aufgeschrieben. Mäx ist Markus H., der den Verfassungsschützern anscheinend schon so vertraut ist, dass sie seinen Spitznamen übernehmen.

Drei Tage nach dem Telefonat zwischen Thorben J. und Markus H. sendet die »militante gruppe« erneut ein Lebenszeichen. Diesmal zielt sie nicht auf Fahrzeuge von verhassten Konzernen, sondern auf die Köpfe möglicher Sympathisanten. In der *interim* erscheint ein Beitrag unter der Überschrift: »Ein Debattenversuch der militanten gruppe«. Darin verkündet die »militante gruppe« eine Strategiewende. Künftig wolle man nur noch unter einem Namen – nämlich »militante gruppe« agieren. So sei nachvollziehbar, wer wann wo und warum zuschlage.

Natürlich registrieren auch die Verfassungsschützer die Neuorientierung. In einer Analyse des Geheimdienstes heißt es: »Die ›militante gruppe‹ setzt mit ihrem jüngsten Papier Eckpunkte, hinter die sie nach ihrer eigenen Logik nicht zurückkann. Es ist in gewisser Weise ein Bruch mit der Vergangenheit als Selbstporträtgruppe.«[22] Besonders zu beunruhigen scheint die Verfassungsschützer eine Passage, in der es heißt: »Wir haben mit der Verschickung von scharfen Patronen an Exponenten der Stiftungsinitiative auf mehrere Punkte hinweisen wollen: Wir können gesellschaftliche Zustände, die wir aus ganzem Herzen bekämpfen wollen, nicht allein an anonymen Strukturen festmachen, wir müssen die maßgeblichen AkteurInnen identifizierbar und angreifbar machen. Hinter Ausbeutungs- und Unterdrückungsmechanismen stehen reale Personen, die die herrschenden kapitalistischen, rassistischen, patriarchalen und imperialistischen Strukturen als Verantwortliche produzieren, und die dann – soweit nicht dagegen effektiv opponiert wird – gesamtgesellschaftlich reproduziert werden.«[23] Im Kölner Bundesamt ist man alarmiert: »Die militante gruppe hält den Übergang zu personenbezogenen Anschlägen für legitim«[24], warnen die Verfassungsschützer. Es gebe derzeit keine andere militante linksextremistische Gruppe mit diesem Konfrontationsniveau.[25] Vorerst scheinen sich die Befürchtungen nicht zu bestätigen, wie die nächste Aktion der Linksradikalen zeigt.

Um zwanzig Minuten nach vier startet Horst Hugo zu seinem ersten Außenrundgang am frühen Morgen des 5. Februar 2002. Hugo ist 45 Jahre alt und Hausmeister im Rathaus Reinickendorf. Vor fünf Stunden hatte seine Kollegin zuletzt das Gelände kontrolliert. Keine besonderen Vorkommnisse. Jetzt ist Hugo unterwegs zu einem Nebengebäude, doch plötzlich stutzt er, nimmt einen leichten Brandgeruch wahr. Er folgt dem Geruch, der immer stärker wird, und gelangt schließlich zu einer doppelflügeligen Metalltür. Es ist ein Nebeneingang, der sich während der Sprechzeiten automatisch öffnet und schließt – gedacht für Menschen mit Rollstuhl oder Kinderwagen. Hier hat es tatsächlich gebrannt. Die vier Isolierglasfüllungen sind gesprungen, ein paar Aluleisten im unteren Türbereich verbogen, und eine Scheibe ist geplatzt. Das Feuer muss schon vor einer Weile erloschen sein, denn die Tür ist kalt, der Schaden überschaubar. Rund zweitausend Euro, schätzt später ein Gutachter. Als die Polizisten eintreffen und den Tatort untersuchen, finden sie im Brandschutt Reste eines gelben Postpakets, Überbleibsel einer PET-Flasche und Benzinspuren – Bestandteile eines Brandsatzes der Marke »Nobelkarossentod«.

Eine Stunde nachdem Hausmeister Hugo die angekokelte Tür bemerkt, klingelt bei Florian Schmidt das Telefon. Der Radioredakteur hat an diesem Tag die Frühschicht beim Inforadio.[26] Als Schmidt abnimmt, quäkt ihm aus dem Hörer eine Stimme entgegen: »Achtung, Achtung, wir haben einen Anschlag auf das Sozialamt Reinickendorf verübt.« Die Stimme wiederholt den Satz zweimal, dann ist wieder Ruhe. »Die Stimme war computergeneriert«, vermutet der Radiomann.

Am nächsten Morgen in der Poststelle des Bezirksamtes Reinickendorf: Ein Mitarbeiter bemerkt einen verdächtigen Umschlag. Der Absender: »TU Berlin, Institut für Extremismusforschung, 10625 Berlin«. Es gibt kein Institut für Extremismusforschung an der Technischen Universität. Adressiert ist der Brief an Frank Balzer. Der 38-Jährige ist CDU-Mitglied und Sozialstadtrat von Reinickendorf. Im Kuvert stecken ein Bekennerschreiben zum Anschlag der vergangenen Nacht, eine Diskette mit Texten der »militanten gruppe« und ein weiterer Umschlag mit einem Messer und einer Kleinkaliberpatrone.[27] »Unser Angriff zielte auf die arbeitstechnische Infrastruktur des Sozialamtes innerhalb des Bezirksamts Reinickendorf und deren Stadtrat Frank Balzer«, erklärt die »militante gruppe«. Balzer gilt berlinweit als harter Hund, weil er Sozialhilfeempfänger rigoros kontrolliert. Er stellt neue Prüfer ein, lässt diese die Wohnungen auf Hinweise von Leistungsmissbrauch inspizieren[28] und spart seitdem einige hunderttausend Euro jährlich. Aus Kostengründen streicht der Christdemokrat auch der einzigen Tagesstätte für Wohnungslose in Reinickendorf die Zuschüsse, worauf die Einrichtung schließen muss. Flüchtlingen, die in ihre Heimatländer zurückkehren sollen, verweigert er eine Barauszahlung von Sozialhilfe und lässt stattdessen Lebensmittelgutscheine verteilen.[29] Politiker anderer Parteien attestieren ihm »mangelndes Mitgefühl«, eine Boulevardzeitung würdigt dagegen sein »schonungsloses Engagement gegen Asylbetrüger«.[30] Für die »militante gruppe« ist Balzer die »Personifizierung des alltäglichen Sozialamtsterrors«. Er betreibe die »Existenzvernichtung« von Asylbewerbern und Sozialhilfeempfängern. Dem Klassenkampf von oben müsse deshalb ein militanter Klassenkampf von unten entgegengesetzt werden, schreiben die Linksradikalen. Eine »Logik der etappenweisen Eskalation«, diagnostizieren die Verfassungsschützer. Wer eskaliert, wissen die Verfassungsschützer nicht.

Auch das Bundeskriminalamt in Meckenheim hat drei Tage nach der Brandstiftung noch keine Spur zu den Tätern. Die Ermittler wissen, dass der Anruf beim Inforadio von einem öffentlichen Fernsprecher in Berlin-Neukölln erfolgte. Sie begutachten die Telefonzelle auf Spuren, suchen nach möglichen Zeugen. Beides ohne Erfolg. Die Kriminaltechnik analysiert die Überreste des Brandsatzes und stellt fest, dass ähnliche Konstruktionen bei Brandanschlägen auf ein Seat-Autohaus, ein Polizeigebäude und auf Fahrzeuge des Bundesgrenzschutzes verwendet wurden. Doch das war schon Ende der neunziger Jahre. Experten prüfen die Disketten, ermitteln, wann die Textdateien abgespeichert wurden und dass die Linksradikalen ein spezielles Grafikprogramm verwendet haben. Vielleicht ist das ein Hinweis. Bei einem abgehörten Telefonat hatten die Polizisten erlauscht, dass Thorben J. kurz zuvor eine Umschulung zum Online-Redakteur abgeschlossen hat. Wirklich weiter bringt sie diese Information nicht. Um herauszufinden, wo die Verdächtigen um die Tatzeit herum waren, werten die Beamten alle Aufzeichnungen der überwachten Telefonanschlüsse und die Standortdaten der Handys aus. Danach wissen sie, wann und auf welchem Weg Thorben J. von seiner Wohngemeinschaft ins »Libertad!«-Büro gefahren, um wie viel Uhr er von dort zu seiner Freundin aufgebrochen, wann er bei ihr angekommen und wieder in seine Wohnung zurückgekehrt ist. Das Rathaus Reinickendorf lag nicht auf seiner Route. Sie schreiben in ihren Bericht: »Die Auswertung der Standorte des Mobiltelefons von F. zeigt keine Widersprüche zu den Aussagen, die er am Telefon zu seinen Aufenthaltsorten gemacht hat.« F. war nicht in der Nähe des Briefzentrums, von dem die Bekennerschreiben abgesendet wurden, er kann nicht von einer Neuköllner Telefonzelle beim Inforadio angerufen haben, und er saß nicht an seinem Computer, als die Dateien auf der Diskette gespeichert wurden. Ähnlich verlaufen die Ermittlungen gegen U. und H. Die Überwachung durch Bundeskriminalamt und Verfassungsschutz verhilft den drei Männern, ohne, dass sie es merken, zu einem nahezu lückenlosen Alibi.[31] Doch dann stoßen die Ermittler auf ein Telefonat, das J. fünf Tage vor der Tat geführt hat – und zwar mit Benjamin B., dem Sohn von Jochen U.

>*Du brauchst doch irgendwelche Hilfe bei Marx, oder?«, fragt J.*
>*»Ich kann dir dazu etwas erzählen, dafür könntest du mir ein Vorlesungsverzeichnis von der Uni mitbringen.«*
>*»Wozu brauchst du das?«, fragt B.*
>*»Weil ich jetzt auch studieren will.«*

Die Männer verabreden sich für den kommenden Sonntag, also genau zwei Tage vor dem Anschlag. Die BKA-Beamten halten das Gespräch für bedeutsam, weil die »militante gruppe« im Bekennerschreiben Karl Marx zitiert hat. Die Kriminalisten entwickeln zwei Szenarien: Entweder habe B. für sein Studium tatsächlich Informationen zu Marx gesucht. Dann muss er gewusst haben, dass J. über eine gute Sachkenntnis zu diesem Thema verfügt. Variante zwei: Das Gespräch war eine verklausulierte Anspielung auf das Zitat im Bekennerschreiben. »Das würde allerdings bedeuten, dass sowohl J., als auch B. diese Anspielung verstehen und somit die Hintergründe des Anschlags kennen, der vier Tage später durch die ›militante gruppe‹ verübt wurde«, schreiben die Ermittler in ihren Bericht.

Zehn Tage nach der Brandstiftung erhält J. eine SMS: »KEIN GELBES PAKET ERHALTEN. WARTE IN BRENNENDER UNGEDULD ... M«. Hinter »M« verbirgt sich Martin G. Er wohnt in Frankfurt am Main, gehört ebenfalls zur Initiative »Libertad!« und hat regelmäßigen Kontakt zu J. Dieser tippt in sein Handy: »Post aus Berlin kommt erst später, heute fliegen j+j nach Mallorca. Saluti t.« Die Ermittler im Bundeskriminalamt stufen die SMS als »bemerkenswert« ein. Bei mehreren Anschlägen verwendete die »militante gruppe« gelbe Postnormpakete zum Bau der Brandsätze. Auch an der Tür im Reinickendorfer Rathaus hatten Polizisten gelbe Pappe gefunden. Die Formulierung »in brennender Ungeduld« könnte ebenfalls einen Zusammenhang zum Brandanschlag nahelegen. Doch ob G. auf einen Anschlag anspielt, finden die Kriminalisten nicht heraus. Erfolglos bleibt auch die Auswertung der Videoüberwachung. Auf den Bändern der Kameras, die Verfassungsschützer gegenüber den Hauseingängen der Wohngemeinschaft von J. und U. in der Möckernstraße und dem Büro von »Libertad!« in der Yorckstraße versteckt haben, findet sich kein belastendes Material. Teilweise sind die Aufnahmen von so schlechter Qualität, dass die Beamten nicht mit Sicherheit sagen können, wer die Häuser verlassen oder betreten hat. Ausgeschöpft haben die Kriminalisten ihr Überwachungsarsenal damit noch nicht. Die Ermittlungen in diesem Fall sind im Sande verlaufen, aber vielleicht können die Ermittler den Männern künftige Anschläge nachweisen.

In der Nacht zum 9. März 2002[32] schleppen Polizisten heimlich den alten VW Passat von Jochen U. ab. An einem unbekannten Ort installieren sie im Wagen einen Sender, mit dem sie das Fahrzeug rund um die Uhr orten können. Damit U. die Aktion nicht bemerkt, haben die Kriminalisten einen zum Verwechseln ähnlichen Passat besorgt. Während die Techniker U.'s Wagen präparieren, parkt das Duplikat vor seinem Haus.[33] Anschließend tauschen die Kriminalisten die Wagen wieder aus. Zwei Monate später bauen die Ermittler die bisherigen Komponenten aus und ein kombiniertes Gerät wieder ein. Mit dem können zusätzlich zur Positionsbestimmung alle Gespräche im Fahrzeuginnenraum aufgezeichnet und übertragen werden.[34] Als die Polizisten einen Wortwechsel zwischen U. und seiner Freundin belauschen, glauben sie die Wortfolge »Arbeit bei mg« zu hören. Deshalb versuchen Fachleute die Störgeräusche herauszufiltern, was die Qualität aber nur unwesentlich verbessert. Die Beamten schreiben in ihren Bericht: »In den wenigen verständlichen Passagen der Gespräche geht es um die Bäckerei, in der U. arbeitet, und um einen Lagerraum, der möglicherweise als Ladenlokal angemietet werden soll. Es gibt keinen Anhaltspunkt dafür, dass der Ausdruck ›mg‹ im Sinne von ›militanter gruppe‹ verwendet worden ist.«[35] Irgendwann finden Kriminalisten heraus, dass eine Firma »MG Backwaren-Vertrieb« existiert.[36] Gut möglich, dass U. davon geredet hat. Es bleibt eine weitere Spur ins Nichts. Doch das ist zu verkraften, gegenüber dem Fehlschlag, den Bundeskriminalamt und Verfassungsschutz acht Monate später hinnehmen müssen.

Kapitel 5: Enttarnung

Die Männer, die sich seit einigen Wochen »militante gruppe« nennen, die Politiker und Manager bedrohen und deshalb von Polizei und Geheimdienst gejagt werden, diese Männer sind in jenen Sommertagen 2001 sehr zufrieden. Sie wollten gleich zu Beginn ihrer Anschlagsserie ein lautes Echo in den Zeitungen des Landes erzeugen. Die Öffentlichkeit sollte wissen, dass Militanz eine Option ist. Der Plan hat funktioniert. »Chaoten drohen mit Mord«, titelt eine Boulevardzeitung, nachdem die Männer einem CDU-Lokalpolitiker auf dem Postweg ein Messer und eine scharfe Patrone zukommen ließen.[1] Das dazugehörige Bekennerschreiben enthalte »sechs Seiten Hass«, so das Blatt. Der *Tagesspiegel* schreibt: »Sozialstadtrat wird von ›militanter gruppe‹ bedroht«[2], und zitiert den Leiter der Berliner Staatsschutzabteilung mit dem Satz: »Es wäre leichtfertig, die Drohung nicht ernst zu nehmen.«[3] Für die Männer waren die Patronen vor allem eine Metapher für den Schlussstrich von Regierung und Wirtschaft unter der Zwangsarbeiterdebatte und für die harte Linie eines Stadtrats gegenüber Arbeitslosen und Asylbewerbern.

Ihre Idee, unter dem Label »militante gruppe« aufzutreten, scheint ebenfalls richtig gewesen zu sein. Nur wenn sie namentlich wiederzuerkennen sind, so ihr Plan, können sie einen längerfristigen Organisierungsprozess anstoßen. An dessen Ende sollen bis zu sechs Gruppen existieren, die koordiniert zuschlagen. Dass die Polizei bei gewaltsamen Aktionen unter wechselnden Gruppennamen weniger intensiv ermittelt, glauben die Männer sowieso nicht. Schwieriger als das Militanz-Marketing ist es, Anschläge und Alltag unter einen Hut zu bringen. Sie haben normale Jobs, treffen nach Feierabend Freunde und Familie. Nebenbei schreiben sie lange Texte und kundschaften mögliche Ziele für Anschläge aus. Manchmal vergehen Monate von der ersten Idee bis zur Attacke. Das Doppelleben verschlingt viel Phantasie und Kreativität, birgt aber auch einen gewissen Reiz.

Verglichen damit ist das Leben von Oliver Rast im Spätsommer 2007 einigermaßen trist. Er verbringt seine Tage auf knapp acht Quadratmetern in der Justizvollzugsanstalt Berlin-Moabit. Der Tagesablauf ist minutiös geregelt. Zusätzlich hat er sich eine eigene Ordnung geschaffen, die ihm zumindest ein wenig die Kontrolle über die zähen Stunden zurückgibt. Meist ist Rast schon vor fünf Uhr hellwach, noch bevor ein Wärter zur morgendlichen Lebendkontrolle vorbeikommt und prüft, ob er die Nacht unversehrt überstanden hat. Nach dem Frühstück antwortet er auf die Briefe seiner Unterstützer draußen, unterbrochen nur vom obligatorischen Hofgang oder vom Schließer, der das meist ungenießbare Mittagessen bringt. Ein echter Gefängnisfraß, den Oliver Rast regelmäßig ins Klo kippt. Wenn nachmittags ein Beamter die Post bringt, ist der Höhepunkt des Tages erreicht. Er liest dann stundenlang Briefe und Zeitungen, die der Ermittlungsrichter durch die Postzensur gelassen hat. Kurz nach acht Uhr gibt es nichts mehr zu tun, deshalb geht er ins Bett. Eine lange Nacht verkürzt den Tag hinter Gittern, lautet sein Credo.

In der Zeit bis zum Einschlafen lässt Oliver Rast die Gedanken kreisen. Er reist in die Vergangenheit, vergegenwärtigt sich Ereignisse, die längst vergessen schienen. Manchmal spielt er Szenen immer wieder durch, verfremdet Bilder, ändert Dialoge, so wie ein ewig unzufriedener Regisseur, der seine Darsteller ständig dieselbe Einstellung spielen lässt. Regelmäßig führen diese Reisen in seine Zeit an der Universität.

Nach dem Abitur studierte Oliver Rast am Otto-Suhr-Institut für Politikwissenschaft der Freien Universität Berlin, das von allen nur OSI genannt wird. Das OSI galt seit der 68er-Revolte als linke Ideenschmiede. Selbst Mitte der neunziger Jahre noch, als Oliver Rast über den Campus spazierte. Mittlerweile ist der Mythos verblasst. Am OSI will man die Welt nicht mehr verändern, es genügt, sie zu erklären. Oft anhand von Theorien, die mit der Wirklichkeit so viel zu tun haben wie die Zehn Gebote mit der Vatikanbank. Zu den letzten Weltverbesserern zählen die Professoren Hajo Funke und Peter Grottian. Funke warnt unermüdlich vor einem zunehmenden Rechtsextremismus, und Grottian kümmert sich um alle anderen gesellschaftlichen Missstände. Er beteiligte sich an der Aufklärung des Berliner Bankenskandals, beriet Globalisierungsgegner, und als der Senat das Sozialticket für Busse und Bahnen streichen wollte, rief er öffentlich zum massenhaften Schwarzfahren auf. Die CDU forderte, Grottian von der Uni zu schmeißen, der Verfassungsschutz bespitzelte ihn, weil er Kontakte zu linksradikalen Autonomen gepflegt haben soll.[4] Linksradikale Autonome wiederum zündeten sein Auto an, nachdem er zu einem gewaltfreien 1. Mai in Berlin-Kreuzberg aufgerufen hatte. Der öffentlich-rechtliche Deutschlandfunk nannte Grottian eine Legende, die Generationen von Studierenden die Theorie und Praxis des zivilen Ungehorsams gelehrt habe.[5] Oliver Rast mochte die linken Professoren. Manchmal besuchte er sogar ihre Seminare. Die meiste Zeit jedoch widmete er sich der Kunst, Koalitionen zu schmieden oder zu verhindern. So etwas lernt man nicht im Hörsaal, sondern im Allgemeinen Studierendenausschuss (AStA). Der AStA galt an vielen Universitäten als Parallelwelt, in der das Chaos regierte. In einigen Fällen ermittelten Landesrechnungshöfe wegen schlampigen Abrechnungen und Verschwendung von Studentenbeiträgen. Denn der AStA ist das Tor zu einem Topf voll Geld. Hochschulgruppen, die dort die Mehrheit hatten, standen Räume, Computer, Kopierer und enorme finanzielle Mittel zur Verfügung – nicht unwichtig, wenn man Flugblätter drucken, Konferenzen oder die Weltrevolution organisieren wollte. Oliver Rast war über die Unabhängige Antifa-Liste in den AStA gelangt, wo er mehrere Jahre erfolgreich dafür sorgte, den Einfluss parteinaher Hochschulgruppen, wie dem Ring Christlich Demokratischer Studenten oder den Jusos, zu beschränken. Viele seiner linksradikalen Weggefährten aus dem AStA haben Karriere gemacht. Einige wurden Allgemeinmediziner, Strafverteidiger oder Fernsehjournalisten. Oliver Rast sitzt im Knast.

Etwa eine Woche nach seiner Einlieferung betritt ein Wärter seine Zelle. »Anwaltsbesuch«, sagt der Justizvollzugsbeamte. »Anwaltsbesuch? Jetzt?« Oliver Rast wundert sich. Es ist Mittag, und um diese Zeit ist Thomas Herzog noch nie bei ihm aufgetaucht, sondern immer nachmittags. »Vielleicht gibt es Neuigkeiten«, denkt er und folgt dem Beamten die Stahltreppe hinunter ins Erdgeschoss, wo sich die Räume für Anwaltsbesuche befinden. Eine Tür steht offen, deshalb sieht Oliver Rast, dass nicht Herzog auf ihn wartet, sondern der Erste Kriminalhauptkommissar Rainer B. vom Bundeskriminalamt. B. wird Jahre später von der *Süddeutschen Zeitung* als vermutlich bester Vernehmer des BKA gefeiert. Im Sommer 2012 begleitete er Beate Zschäpe von der Haftanstalt in Köln nach Thüringen, wo die mutmaßliche Rechtsterroristin des »Nationalsozialistischen Untergrunds« ihre Mutter und ihre Oma besuchen durfte. Obwohl ihm Zschäpes Anwalt untersagt hatte, seine Mandantin während der Fahrt zu vernehmen oder auch nur informell zu befragen, verwickelte Binz Zschäpe in ein Gespräch, das er später in einem zwölfseitigen Vermerk zusammenfasste.[6] Zschäpes Verteidiger war empört: B. habe verbotene Vernehmungsmethoden angewandt, seine Mandantin sei getäuscht worden.

»Guten Tag«, sagt B., »wollen Sie sich ein paar Fotos anschauen und etwas dazu sagen?« Oliver Rast bleibt am Türrahmen gelehnt stehen. »Nein, ich habe keine Zeit«, sagt er.

»Aber Ihre Genossen haben auch Anmerkungen zu den Ablichtungen gemacht«, sagt B.

Oliver Rast glaubt, dass der Polizist lügt. »Ich möchte zurück in mein Appartement«, sagt er zum Wärter, der ihn schließlich wieder zurückbringt. Dass Oliver Rast nicht reden wollte, dürfte zu den kleineren Problemen gehören, mit denen das Bundeskriminalamt im Laufe der Ermittlungen konfrontiert war. Im Herbst 2002 sorgte ein Computerfehler dafür, dass ein Teil der geheimen Überwachungsmaßnahmen gegen die Hauptverdächtigen U., H. und J. aufflog.

Einmal im Monat findet Thorben J. einen Umschlag mit blauem Logo in seinem Briefkasten. Es ist die Telefonrechnung, und wenn sie ins Haus flattert, erwartet ihn eine ungeliebte Aufgabe. Weil er sein Handy dienstlich und privat nutzt, muss er im Einzelgesprächsnachweis jede Nummer prüfen und entscheiden, ob der Anruf privater Natur war oder er im Auftrag seines Arbeitgebers telefoniert hat. Auch an diesem Tag Anfang Oktober 2002 wird sich J. durch Ziffernfolgen kämpfen, Euro und Cent addieren und hoffen, sich dabei nicht zu verrechnen. Als er das Kuvert öffnet, stutzt er zum ersten Mal. »Fünf Seiten? Seltsam«, denkt Thorben J. So lang war die Rechnung noch nie. Ihm ist nicht bewusst, mehr als sonst telefoniert zu haben. Doch am Ende stehen rund achtzig Euro, und das ist happig. Thorben J. studiert die Aufstellung und stutzt zum zweiten Mal. Auf anderthalb Seiten sind Nummern aufgelistet, die alle als »abgehende Mailboxverbindungen« eingestuft sind. Er hat keine Ahnung, was das bedeutet. Insgesamt

44 Euro soll er dafür zahlen. Thorben J. schaut auf die Vorwahlen und stutzt zum dritten Mal: Köln und Meckenheim. Immer abwechselnd. In diesem Moment weiß J., dass sein Handy abgehört wird. In Köln sitzt das Bundesamt für Verfassungsschutz und in Meckenheim das Bundeskriminalamt. »Warum nicht anrufen?«, denkt er und wählt eine der Nummern. Am anderen Ende plärrt eine Computerstimme: »Dies ist ein geschlossenes System. Sie haben keine Zugriffsberechtigung. Bitte wenden Sie sich an den Administrator.« Thorben J. legt auf.

Er hatte befürchtet, dass ihn die Staatsschützer im Visier haben. Aber es war eher ein diffuses Gefühl. Nun ist es konkret. Alleine ist er damit nicht. Nach einem Bericht des Max-Planck-Instituts für ausländisches und internationales Strafrecht hörten Ermittler im Jahr 2002 genau 25 538 Telefonanschlüsse ab.[7] Drei Jahre später sind es über 42 000.[8] Richter dürfen diesen Eingriff in die Privatsphäre nur bei Verdacht auf schwere Straftaten genehmigen. Dazu zählen Drogenhandel, Waffenhandel, Menschenhandel, Kindesmissbrauch, Mord – und Terrorismus. Im Fall von Thorben J. basiert der Terrorverdacht auf fragwürdigen Textvergleichen und seinem öffentlichen Engagement in einer linken Initiative.

Dass er an den Überwachungskosten beteiligt werden soll, traut J. aber nicht mal Polizei und Geheimdienst zu. »Da muss jemand ziemlichen Mist gebaut haben.« Tatsächlich verursachte ein Softwarefehler im Abrechnungsprogramm seines Telefonanbieters die Panne. Die Firma erstattet ihm schließlich den Betrag. Thorben J. nutzt das Handy weiter, wie bisher. Deshalb weiß auch bald das BKA, dass J. weiß, dass er abgehört wird.[9]

Die Überwachung setzen die Kriminalisten dennoch fort. Neuerdings konzentrieren sie sich verstärkt auf das Umfeld der drei Männer. Besonders Benjamin B., der Sohn von Jochen U., scheint ihnen auffällig. So belauschen die Beamten eine Unterhaltung, in der B. seinen Vater nach Lötkolben und Sekundenkleber fragt. Ein Ermittler schreibt dazu in seinen Bericht: »Es ist anzumerken, dass man gemäß dem ›Basteltipp‹ aus der ›radikal Nr. 156‹ einen Lötkolben und Pattex zum Bau eines Brandsatzes ›Nobelkarossentod‹ benötigt.«[10] Später bittet B. seinen Vater um Hilfe bei einer Uni-Hausarbeit über Antisemitismus. Ein BKA-Beamter erinnert sich, dass die »militante gruppe« in einem Bekennerschreiben nach einem Brandanschlag auf eine Daimler-Chrysler-Niederlassung in Brandenburg dem Autokonzern einen »aggressiven Antisemitismus« während des Zweiten Weltkriegs vorgeworfen hatte.[11] Fast ein Jahr später, am 25. August 2003, leitet die Generalbundesanwaltschaft gegen Benjamin B. ein Ermittlungsverfahren wegen Mitgliedschaft in einer terroristischen Vereinigung ein.[12]

Die Mitglieder der »militanten gruppe« geben sich unterdessen unbeeindruckt. In der Silvesternacht zum 1. Januar 2003 brennt es im Finanzamt Berlin-Neukölln. Die »militante gruppe« begründet das mit dem Vorgehen der Finanzämter gegen Schwarzarbeiter. Sieben Wochen später brennen zwei Bundeswehr-Geländewagen im brandenburgischen Petershagen. Sachschaden: 100 000 Euro.[13] Anschließend gerät das Berliner Entsorgungsunternehmen Alba ins Visier. Wegen »Lohndumping«, wie die Linksradikalen behaupten. Das Ergebnis: zwei abgefackelte Müllautos. Am Oberlandesgericht Naumburg geht eine Eingangstür in Flammen auf, in der gleichen Nacht verwandelt ein Brandsatz einen Dienstwagen der Staatsanwaltschaft in Schrott.

Die Kriminalisten um Oskar Damelshausen finden keinen Anhaltspunkt dafür, dass sich auch nur einer der Verdächtigen in der Nähe eines Tatorts aufgehalten hat. Bestenfalls lassen Lücken in ihren Überwachungsmaßnahmen Raum für Spekulationen. So ist die Bildqualität der Videos von den Hauseingängen noch immer oft so schlecht, dass die Ermittler nicht sicher sagen können, ob sich nachts jemand aus dem Haus geschlichen hat.«[14] Aus Mangel an Beweisen, folgen sie kleinsten Hinweisen. Als die BKA-Beamten wieder einmal Sprachaufzeichnungen aus dem Innenraum des VW Passat von Jochen U. auswerten, hören sie, dass U. Radio hört. Akribisch protokollieren sie:»Um 19.59 Uhr wurde das Radio im PKW eingeschaltet und um 20.02 Uhr wieder aus. Anschließend ist das Schlagen einer Tür zu hören. Bei der zu hörenden Radiosendung handelt es sich um die Nachrichtensendung ›Radio 1 – Der Tag, die Welt um acht‹ des Radiosenders ›Radio 1‹. Die Nachrichten wurden nicht zu Ende gehört. ›Radio 1‹ war einer der Adressaten des per E-Mail verschickten Selbstbezichtigungsschreibens.«[15]Doch die Radiospur führt nicht zu neuen Ermittlungsansätzen. Ebenso wenig wie die Sache mit dem Zucker. In einen Sachstandsbericht des Bundeskriminalamts schreibt ein Ermittler:»Um 19.52 Uhr meldete sich Barbara Jung vom Anschluss des Berliner Büros der Ortsgruppe ›Libertad!‹ und teilte U. auf dem Anrufbeantworter der WG Möckernstraße mit, dass er Zucker mitbringen soll.«[16] Nach dem Verfassungsschutz ist nun auch das Bundeskriminalamt in den Alltagsniederungen der Zielpersonen angekommen. Ein anderes Ereignis entgeht den Kriminalisten.[17]

An einem Tag im Herbst 2002 verlässt Thorben J. die Wohngemeinschaft in der Möckernstraße. Seine Frau ist dabei, sie schiebt das gemeinsame Baby im Kinderwagen, mit von der Partie sind auch ihre Eltern, die gerade Berlin besuchen. Ihr Ziel, ein Restaurant in der Kreuzbergstraße, ist nur 400 Meter entfernt. Es ist der erste gemeinsame Ausflug seit der Geburt der Tochter vor sechs Wochen. Wahrscheinlich wird F. an diesem Abend von einem Observationsteam des BKA verfolgt. Ein Journalist, der sich auf Ermittlerkreise beruft, wird später schreiben, dass J.s Überwacher nicht bemerkt hätten, was sich in dem Lokal abgespielt hat. Die Osteria war bis zum Mauerfall Treffpunkt linker Studenten, mittlerweile gilt sie als Nobel-Italiener. Nicht dass Thorben J. Wert auf Schickimicki legt. Es ist einfach das nächstgelegene Lokal.

Während Thorben J. die Speisekarte studiert, beginnen die Gäste an den Tischen um ihn herum zu applaudieren. Als er aufblickt, sieht er, dass Gerhard Schröder mit Gattin Doris und mehreren Personenschützern im Schlepptau durch die Tür spaziert. Irgendwie schräg, dass die Leute klatschen, denkt Thorben J. Es ist wohl Schröders Nein zum Irakkrieg, das die Leute derart begeistert, vermutet er. Wenige Wochen zuvor hatte der Sozialdemokrat angekündigt, dass sich die Bundesrepublik an keinem Angriff auf den Irak beteiligen wird. Schröder glaubte im Gegensatz zu den USA nicht an irakische Massenvernichtungswaffen.[18] Er sollte recht behalten. An diesem Abend platzieren sich Schröder und seine Entourage am Nachbartisch. Irgendwann entdeckt der Regierungschef das Baby und scherzt über die ungewöhnlich vollen und schwarzen Haare des Mädchens. »Bei mir haben die gesagt, die sind gefärbt«, sagt er und lacht. Schröders eigene Haare waren zu dieser Zeit in aller Munde. Eine Imageberaterin hatte behauptet, er färbe seine grauen Schläfen, eine Nachrichtenagentur verbreitete die vermeintliche Sensation. Schröder zog dagegen vor Gericht, ein Friseur avancierte zum Kronzeugen, später wurde die Echtheit der Kanzlerhaare höchstrichterlich bestätigt. Als Schröder beim Italiener sitzt, gibt er sich leutselig, trinkt, lacht, witzelt. Irgendwann kommt er an J.s Tisch und lässt sich mit dem Baby knipsen. Ein Jahr später wird das Foto zum Politikum.

Am 8. November 2003, um 12.35 Uhr veröffentlicht der *Focus* auf seiner Internetseite eine Vorabmeldung. Unter der Überschrift: »BKA entlarvt Feierabendterroristen«, verkündet das Magazin, das Bundeskriminalamt habe Mitglieder der »militanten gruppe« identifiziert. Die Männer arbeiteten unter anderem als Bäcker, Taxifahrer und Berater von Menschenrechtsorganisationen und seien für ein Dutzend Brandanschläge verantwortlich. Der *Focus* nennt auch die Vornamen und den ersten Buchstaben des Nachnamens der angeblichen Terroristen. Einer von ihnen, Thorben J., habe unbemerkt von einem Observationsteam direkten Kontakt zu Bundeskanzler Gerhard Schröder und dessen Frau gehabt. Der *Focus* schildert die Ereignisse im Lokal und erklärt, dass das BKA erst hinterher, durch abgehörte Telefonate, davon erfahren habe.[19]

Eine halbe Stunde nachdem die Meldung online ist, sorgt sie für Betriebsamkeit auf höchster Ebene. Gegen dreizehn Uhr telefoniert der Staatsanwalt der Generalbundesanwaltschaft mit dem Chef des Polizeilichen Staatsschutzes. Es geht um die Frage, ob Polizisten die Wohnungen der Verdächtigen durchsuchen sollen. Doch dazu fehlt die Handhabe. Der Staatsanwalt stellt klar, dass er in dieser Situation keine Anordnung wegen »Gefahr in Verzug« begründen könne.[20]

Noch am selben Tag kennt auch Thorben J. die *Focus*-Story. Er ist fassungslos. Dass Staatsschützer sein Handy abhören, konnte ihn nur kurzzeitig erschüttern. Linke Initiativen wie »Libertad!« werden nun mal bespitzelt, das weiß er. Aber öffentlich als Terrorist gebrandmarkt zu werden, das ist starker Tobak. Und dann noch die Geschichte mit Gerhard Schröder. Als hätte er seine Verfolger, von denen er noch nicht einmal wusste, abgeschüttelt, um sich in finsterer Absicht dem Bundeskanzler zu nähern. Dabei war die Begegnung reiner Zufall. »So ein Bullshit«, denkt Thorben J. »Was ist mit meiner Tochter, wenn Polizisten eines Morgens die Tür eintreten?« Doch nach einer Weile beruhigt er sich wieder. »Wenn die uns verhaften wollten, hätten sie es längst getan.« Später telefoniert er mit Jochen U., der zu dieser Zeit in der Bäckerei arbeitet. »Abwarten, was passiert«[21], gibt sich U. betont gelassen. Einen

Grund, seinen Ofen vorzeitig zu verlassen, sieht er nicht. Er informiert seinen Sohn Benjamin B. Der findet das alles lustig.

Auf die Ermittler beim BKA, die wie immer die Gespräche mitgehört haben, wirkt die Gelassenheit verdächtig. Sie finden es bemerkenswert, dass – bis auf Thorben J. – keiner der Männer ernsthaft empört ist über den *Focus* und keiner die Behauptungen des Magazins von sich weist.[22]

Zwei Tage später ist die »militante gruppe« auch Thema in der gedruckten Ausgabe. F.s zufälliges Zusammentreffen mit dem Kanzler adelt der *Focus* nun sogar mit einer Titelzeile: »Familienfoto mit Kanzler«. Der Artikel darunter birgt einige Überraschungen. Hieß es in der Online-Version, die Männer wären identifiziert, zitiert der Autor nun eine anonyme Quelle, nach der noch einige »hieb- und stichfeste Beweise« fehlen. Das würde erklären, warum bislang niemand verhaftet wurde. Laut *Focus* können BKA und Bundesanwaltschaft nicht ausschließen, dass es sich bei dem Quartett um die ideologischen Schreibtischtäter handelt, während die Brandsätze von unbekannten Komplizen platziert würden. Eine BKA-Sprecherin spricht nebulös von einer »Verdachtslage« und weiter laufenden Ermittlungen.[23] Es scheint, als hätte der *Focus* Spekulationen zu einer Staatskrise aufgeblasen.

Dass von den vier Männern keine Gefahr ausgeht, scheint man nun auch im Bundeskriminalamt verstanden zu haben. Wenige Wochen nach der *Focus*-Geschichte entfernen Beamte, morgens gegen drei Uhr, die Bauteile zur Ortung und Sprachaufzeichnung aus dem Fahrzeug von Jochen U.[24] Die Kriminalisten sind sicher, dass die Komponenten nicht entdeckt wurden, und auch den Ausbau dürfte niemand bemerkt haben.[25]

In der Zwischenzeit überlegen die Männer, ob sie gegen den *Focus* vorgehen. Thorben J. ist dafür. Man dürfe sich nicht vorführen lassen, eine Gegendarstellung sei eine gute Möglichkeit, den *Focus* an seine journalistische Sorgfaltspflicht zu

erinnern. Einige Monate später muss der *Focus* die Gegendarstellung drucken. Jahre später, April 2007, enthüllt das Fern-
sehmagazin *Panorama*, dass der Autor der *Focus*-Story, Josef
Hufelschulte, zwischen 2002 und 2003 mit geheimen Ermittlungsakten gehandelt habe und dabei auch viertausend Euro
an Hufelschulte geflossen seien.[26] Der damalige Präsident des
Bundeskriminalamts, Jörg Ziercke, sagt in dem Beitrag: »Ich
rede hier heute über wenige korrupte BKA-Beamte, schwarze
Schafe dieser Behörde, leider füge ich hinzu, und zumindest
über einen oder mehre involvierte Journalisten, ebenfalls
schwarze Schafe einer Branche in einer Dimension, wie ich es
nicht für möglich gehalten habe.«[27] Hufelschulte erwirkt zwar
einen Gegendarstellung beim NDR, aber dabei geht es nur um
die Behauptung, er habe einen Geheimagenten erpresst. Den
Aktenhandel leugnet der *Focus*-Reporter nicht.

In der linksradikalen Szene ist die Gegendarstellung umstritten. Eine »Militante Antiimperialistische Gruppe – Aktionszelle Pierre Overney« kritisiert, dass sich die Betroffenen
»individuell presserechtlich wehren«. Damit beteilige man sich
ungewollt an einem Ausschlussverfahren. So könne die Polizei
bestimmte Personen als unschuldig abhaken und sich verstärkt
anderen Verdächtigen zuwenden, schreibt die Truppe im Sze-
neblatt *interim*.

Spätestens seit der Gegendarstellung ist Ermittlungsführer
Oskar Damelshausen klar, dass alles gegen eine Mitgliedschaft
der vier Männer in der »militanten gruppe« spricht. Die Kritik
der »Aktionszelle Pierre Overney« an den »Libertad!«-Leuten
und J. und U. bestärkt ihn in dieser Sichtweise. Die Kriminalisten sind sicher, dass es personelle Überschneidungen zwischen
der »militanten gruppe« und der »Aktionszelle Pierre Overney« gibt, die sich nach einem vom Renault-Werkschutz erschossenen Arbeiter benannt hat. Als Beleg dafür dienten auch
diesmal Textvergleiche.[28] »Wenn aber hinter der ›Aktionszelle

Pierre Overney‹ und der ›militanten gruppe‹ zum Teil dieselben Täter stecken, dann kann man ausschießen, dass J., U. und die anderen dazugehören. Es wäre schließlich seltsam, wenn sich die Beschuldigten selbst kritisieren würden.«[29]

Am 27. Februar 2004 räumen die Ermittler des Bundeskriminalamtes ganz offen ein, dass sie jahrelang die Falschen überwacht haben. Sie schreiben: »Seit Beginn des Verfahrens werden umfangreiche, operative Maßnahmen durchgeführt (Telekommunikationsüberwachung, E-Mail-Überwachung, Ausstattung des Fahrzeugs eines Beschuldigten mit Sprachübertragungs- und GPS-Technik, Auswertung der Videoüberwachung des Bundesamts für Verfassungsschutz). Die inhaltliche Auswertung dieser Maßnahmen konnte eine Mitgliedschaft der Beschuldigten in der ›militanten gruppe‹ bislang nicht belegen. Es zeigt sich lediglich, dass politische Themenfelder, in denen sich die Beschuldigten vorrangig engagieren, zum Teil mit den Themenschwerpunkten der ›militanten gruppe‹ übereinstimmen.«[30]

Von der Neubewertung des Bundeskriminalamts ahnt Thorben J. nichts. Doch er glaubt, dass der Verdacht gegen ihn und seine Freunde vom Tisch ist, seit der *Focus* einlenken musste.

Kapitel 6: Maskerade

Der Montag ist gerade einmal zwei Stunden alt, als sich die Männer der Baustelle nähern. Es ist eine Nacht, wie gemacht für ihr Vorhaben. Der Winter gibt sich milde an diesem 10. Januar 2005, das Thermometer zeigt sechs Grad Celsius, ein schwacher Wind weht durch die Straßen, der Himmel ist wolkenverhangen, kein Mond, keine Sterne werfen ihr Licht auf die Männer. Trotz Dunkelheit erkennen sie die Umrisse des Rohbaus am Vorarlberger Damm. Hier, wo die Berliner Stadtautobahn den Ortsteil Schöneberg durchschneidet, will der Discounter Lidl die Menschen in wenigen Wochen mit einer weiteren Filiale beglücken. Die Männer sind überzeugt davon, dass sich um diese Zeit kein Mensch auf der Baustelle aufhält. Zweimal waren sie schon da, haben die Gegend beobachtet. Ihr Ziel scheint perfekt gewählt. Ein Wohnviertel ohne Kneipen, die am frühen Morgen Nachtschwärmer ausspucken könnten. Von zwei Seiten begrenzen größere Kleingartenanlagen das Areal. Durch die Kolonien »Heiterkeit« und »Sommerheim« führen schmale Wege, die, von schützenden Hecken umgeben, wild zusammengezimmerte Lauben passieren, verwaiste Beete und schlummernde Hollywoodschaukeln hinter sich lassen, bis sie vor dem künftigen Lebensmittelparadies enden. Unwahrscheinlich, an diesem Ort gesehen zu werden. Nur ein Hochhaus auf der anderen Seite ragt drohend wie ein Wachturm in die Finsternis.

Kurz vor halb drei haben die Männer den Rohbau erreicht. Als Erstes packen sie ihre Farbdosen aus, sprayen auf eine Außenmauer »Hungerlohn + Schikane = Lidl« sowie Hammer, Sichel, Stern und die Parole »Für eine militante Plattform!«. Anschließend platzieren sie im Erdgeschoss mehrere Brandsätze. Die Männer hatten zunächst überlegt, nachts einen bereits eröffneten Lidl-Markt abzufackeln, sich dann aber doch dagegen entschieden. Als der Brandsatz nach etwa neunzig Sekunden zündet, sind die Männer längst verschwunden. Den Mann auf der Baustelle haben sie nicht bemerkt.

Gegen 2.25 Uhr hört Detlef R. einen lauten Knall. Der 48-jährige Lüftungsmonteur befindet sich im Dachstuhl des Rohbaus, um Dämmmaterial zu verlegen. R. schaut nach unten, sieht die Flammen im Erdgeschoss und sucht die Holzleiter, über die er nach oben gelangt ist. Doch die Leiter ist weg. Geistesgegenwärtig klettert er über das Baugerüst nach unten und versucht, das Feuer zu löschen. Als das misslingt, ruft er über sein Mobiltelefon die Feuerwehr. R. bleibt unverletzt, der Sachschäden beläuft sich auf über 24 000 Euro.[1]

Zwei Tage nach dem Anschlag erreicht den *Tagesspiegel* ein Bekennerschreiben der »militanten gruppe«. Sie hoffen, dass sie die Bausubstanz empfindlich getroffen hätten und sich die Eröffnung verschiebe, schreiben die Linksradikalen. Denn der Konzern zahle nur »Hungerlöhne«, schikaniere Mitarbeiter, die sich gewerkschaftlich organisieren wollen, und bespitzle seine Angestellten. Völlig falsch liegen sie damit nicht. Drei Jahre später enthüllt der *stern*, dass Lidl mit Kameras und Privatdetektiven Beschäftigte systematisch überwacht. Sogar wer wann und wie lange die Toilette aufsucht, wird protokolliert. Auf den Deutschen Gewerkschaftsbund könne man nicht bauen, so die »militante gruppe«, der sei selbst eine Stütze des kapitalistischen Systems. Deshalb hätten sie im Rahmen ihrer begrenzten Mittel selbst ins Räderwerk von Lidl eingegriffen.

Ihre Freude über den Anschlag währt nur kurz. Als die Männer erfahren, dass ein Bauarbeiter im Gebäude war, sind sie

entsetzt. Ihre Maxime war immer, keine Menschen zu gefährden. Zunächst vermuten sie, dass das BKA eine Fehlinforma-
tion verbreitet hat, um sie zu diskreditieren. Schließlich hätten sie Halogenscheinwerfer bemerken müssen, mit denen der
Monteur seinen Arbeitsplatz beleuchtet hat. Haben sie das
wirklich übersehen? Was, wenn tatsächlich jemand mitten in
der Nacht irgendwo gewerkelt hat? Die Männer beschließen,
künftig gründlicher zu recherchieren. Einen Monat nach dem
Anschlag wendet sich die »militante gruppe« über die *interim*
an den Arbeiter: »Wir wollen uns bei dem Lüftungsmonteur
aufrichtig dafür entschuldigen, dass wir durch unsere eigene
Fahrlässigkeit eine persönliche Gefährdung verursacht haben.«

Währenddessen suchen die Kriminalisten um Chefermitt-
ler Oskar Damelshausen nach einem neuen Ermittlungsansatz. Seit mehr als drei Jahren verfolgen sie vier Verdächtige.
Dass es offenbar die Falschen sind, weiß Damelshausen spätestens, seit der *Focus* behauptet hatte, die vier seien die Täter –
und nach dieser Behauptung eine Gegendarstellung abdrucken
musste. Die Telefone und E-Mails der Männer lässt Damelshausen weiter überwachen. Im August 2004 wenden sich die
Beamten an die Öffentlichkeit. Auf der Internetseite des BKA
geben sie Details zu den Anschlägen preis und bitten um Hinweise. Vielleicht glauben die Ermittler wirklich, so eine neue
Spur zu finden. Hinter den Kulissen dient der Fahndungsauf-
ruf einem anderen Zweck. Wer die Seite aufruft, den registriert
das BKA. Über die IP-Adresse können die Kriminalisten zurück-
verfolgen, von welchem Computer aus sich jemand für die »militante gruppe« interessiert hat. Doch Terroristen scheinen die
BKA-Seite zu meiden, wie Ermittlungsführer Oskar Damelshausen nach jahrelanger Homepage-Überwachung feststellen
muss. Aber zwei seiner Kollegen haben einen ungewöhnlichen
Einfall.

Sascha Narodniki und Mike Kraushaar sind seit Beginn in

die Ermittlungen involviert. Die Beamten arbeiten als Textauswerter in der Abteilung ST 11, wie die »Zentralstelle ›links‹ – Auswertung, Analyse, Früherkennung« des Bundeskriminalamts kurz genannt wird.[2] Eine linguistische Ausbildung haben sie nicht. Im BKA bekommt man Aufgaben zugeteilt, und Sascha Narodniki merkt, dass ihm diese Arbeit liegt. Eine dreistellige Anzahl an Texten hat er eigenen Angaben zufolge ausgewertet.[3] Außerdem nutzt er eine Software, die Schriftstücke nach Übereinstimmungen von Wörtern, Zitaten und ganzen Passagen vergleicht. Narodniki und Kraushaar kennen sich aus. Warum also nicht selbst – getarnt als Linksradikale – Beiträge zu der von der »militanten gruppe« initiierten »Militanzdebatte« schreiben? Man könnte die Texte an die *interim* schicken und schauen, ob das Reaktionen aus der Szene provoziert. Reaktionen, die zu neuen Spuren führen. Narodniki schlägt die Idee seinem Chef vor, der informiert die Generalbundesanwaltschaft. Die stimmt zu, will die Texte aber lesen, bevor sie veröffentlicht werden.[4]

Am 10. Februar 2005 erscheint in der *interim* der Aufsatz »Über die Waffen der Kritik und die Kritik der Waffen oder Quo vadis mg?«. Von der Redaktion ahnt niemand, dass den Text zwei kreative Kriminalisten verfasst haben. Narodniki und Kraushaar nennen sich »Die Zwei aus der Muppet Show«. Kein ungewöhnliches Pseudonym in einer Szene, in der Artikel auch schon mal unter dem Namen des Showmasters Heinz Schenk veröffentlicht werden. Narodniki und Kraushaar schwadronieren im typischen Szenejargon über »bourgeoise Bequemlichkeit« und die »Resignation des eigenen Bewegens«, um nach weiteren Worthülsen die »militante gruppe« scharf zu attackieren. Deren Mitglieder litten unter einem »Militarismustrauma«, ihre Texte seien »Mist« und der Anschlag auf den Lidl-Markt ein »Desaster«. Aber Narodniki und Kraushaar schwingen nicht nur die große Keule. Sie haben auch einen Sinn für abgründigen Humor. Erst vom Bundeskriminalamt hätten sie erfahren, dass die »militante gruppe« ein Menschenleben gefährdet hat. »Ausgerechnet auf der Homepage der BKA-Schergen (ein Tabu wird gebrochen) müssen wir uns ob der Zielgenauigkeit der Aktion eines Besseren belehren lassen, wie tief müssen wir noch sinken«, beklagen die Undercover-Cops.

Hinter der gespielten Larmoyanz verbirgt sich eine Ermittlungstaktik. Narodniki und Kraushaar hoffen, dass der Satz mutmaßliche Mitglieder der »militanten gruppe« motiviert, auf die BKA-Homepage zu klicken, wo sie dann registriert werden. Honeypot, nennen Informatiker solche Fallen, die eine bestimmte Klientel anlocken sollen. Doch nach der Muppet Show verfangen sich nur 417 Besucher[5] im Honigtopf des BKA. Die meisten IP-Adressen können keinem Computer zugeordnet werden, weil die Internetprovider die Nummern nur kurzzeitig speichern. Aber 120 Telekom-Kunden identifizieren die Ermittler. Einen Erkenntnisgewinn erzielen sie nicht.[6] 2009 untersagt das Bundesinnenministerium die Überwachung von Verbindungsdaten auf der Homepage des BKA. Es handle sich um einen schwerwiegenden Eingriff in das Grundrecht auf informationelle Selbstbestimmung.[7] Völlig folgenlos blieb die Aktion von Narodniki und Kraushaar trotzdem nicht. Ausgerechnet das Berliner Landesamt für Verfassungsschutz sorgt für die Pointe dieser Geschichte.

Wie jedes Jahr veröffentlicht der Geheimdienst einen Bericht, in dem er unter anderem die aktuelle Entwicklung im Bereich Linksextremismus beleuchtet. Im Verfassungsschutzbericht 2005 widmen sich die Verfassungsschützer ausführlich der »Militanzdebatte«. Sie schreiben, dass sich im vergangenen Jahr deutlich mehr klandestine Organisationen beteiligt haben, darunter die »bisher unbekannte Gruppe ›Die Zwei aus der Muppet Show‹«. Gleichzeitig sei »inhaltlich eine Verflachung der Diskussion« festzustellen. Ausgerechnet zwei Staatsdiener des gehobenen Dienstes senken das Niveau einer Kontroverse unter Staatsfeinden. Die BKA-Ermittler hatten es offenbar versäumt, die Verfassungsschützer über ihre Autorenschaft aufzuklären. Deshalb stufen die Geheimdienstexperten den Text des Bundeskriminalamts fälschlicherweise als »heftige szene-interne Kritik« ein.

Knapp einen Monat nach der misslungenen Muppet Show scheint ein Zufall wieder Schwung in die Ermittlungen zu bringen. Am 3. März 2005, einem Donnerstag, fahren Berliner Polizeibeamte zu einer Kleingartenanlage im Ortsteil Karlshorst. Ein Schrebergarten soll durchsucht werden, es geht um Betrug und Diebstahl.[8] Polizeiroutine. Doch den Polizisten unterläuft offenbar ein Fehler. Sie steuern nicht ihr beabsichtigtes Ziel, sondern die Laube auf dem Nachbargrundstück an.

Der Garten macht auf die Beamten einen verwahrlosten Eindruck. Überall liegt Holz verstreut, die Wege sind von Unkraut überwuchert, im hinteren Teil, von der Straße aus kaum zu sehen, duckt sich ein Holzbungalow mit Pappdach. Drinnen hängen Kabel lose von den Wänden, die Möbel erinnern an Sperrmüll. Rechts hinter dem Bungalow sehen die Polizisten einen Schuppen aus Stahlblech.[9] Hier beginnen sie mit der Kontrolle – und stoßen auf zwei Sporttaschen. Als die Polizisten die Taschen überprüfen, finden sie darin frankierte Briefumschläge, in denen die neueste Ausgabe der *radikal* verpackt wurde. Die Kuverts sind adressiert an Empfänger im gesamten Bundesgebiet, aber auch in Stockholm, Utrecht und Paris wohnen Leser der linksradikalen Untergrundzeitschrift. Die Polizisten informieren die Staatsschutzabteilung des Landeskriminalamts. Die LKA-Beamten durchkämmen die Laube und finden Umzugskartons mit weiteren Exemplaren. Sechshundert insgesamt. Sie entdecken außerdem Kondensatoren, Leerplatinen, Relais, Zeitschaltuhren und Triac-Stecker. Letztere werden in der sichergestellten *radikal* zur Herstellung von Brandsätzen empfohlen. Die Beamten fahren die Bauteile in die Polizeitechnische Untersuchungsanstalt am Tempelhofer Damm, wo Experten erkennen, dass vor ihnen Zubehör für Zündmechanismen von sogenannten Unkonventionellen Spreng- und Brandvorrichtungen liegen. Genau solche Komponenten wurden schon bei Anschlägen verwendet.[10]

Schnell ermitteln die LKA-Beamten, wem das Grundstück gehört: Es ist die 69-jährige Eveline M. Eine ältere Dame als Revoluzzerin und Bombenbauerin? Kaum vorstellbar. Die Polizisten befragen einen Gartennachbarn, der einige Meter weiter auf seiner Scholle hantiert. Der Sohn der Seniorin sei öfter im Garten, weil er die Laube ausbauen will, erzählt der Nachbar. Der Sohn ist kein Unbekannter. Herbert M., 44 Jahre alt, früher DDR-Bürgerrechtler, heute Taxifahrer und eine der schillerndsten Figuren der linksradikalen Szene Berlins.

Wer ihn traf, erlebte zwei Charaktere. Einen, der Menschen mitreißen konnte, der in einer Kneipe unbekümmert von seinen Plänen schwärmte. Auch wenn nicht immer klar wurde, wie realistisch die waren. Aber einen unterhaltsamen Abend, mit interessanten Gesprächen, den konnte man mit ihm erleben. Der andere Herbert M. blieb misstrauisch, meldete sich wochenlang nicht, ignorierte Anrufe und umgab sich mit einer geheimnisvollen Aura. In ihren Ermittlungsberichten erwägen die Kriminalisten die Möglichkeit, dass er, der von der Stasi überwacht wurde, selbst für den Spitzelapparat gearbeitet hat. Auch werden ihm Kontakte zum libyschen Geheimdienst nachgesagt. Beweise dafür scheint es keine zu geben.

Einen Tag nach der Razzia in M.s Laube berichten die LKA-Polizisten der Generalbundesanwaltschaft und dem Bundeskriminalamt von den gefundenen *radikal*-Ausgaben. Doch die obersten Ankläger haben ein Problem: Eigentlich hätten die Polizisten die Parzelle gar nicht betreten dürfen. Schließlich hatten sie keinen Durchsuchungsbefehl. Also beschließen sie, erst einmal stillzuhalten. M. wird von nun an oberserviert, sein Telefon abgehört.[11] Falls er versucht, die Laube leerzuräumen, gilt »Gefahr im Verzug«, und sie können sich auf dem Grundstück umsehen. Die Beamten haben Glück. M. verabredet sich mit seinem zwanzigjährigen Sohn zu Reparaturarbeiten in der Laube.

An einem Montag steigt Herbert M. in den blauen Opel Corsa seiner Mutter, auf dem Beifahrersitz sitzt der Sohn, gemeinsam fahren sie Richtung Karlshorst. Die ihnen folgenden Zivilfahrzeuge der Polizei bemerken sie nicht. Sie verschwinden in der Laube, ihre Verfolger postieren sich draußen. Aber die Sicht ist schlecht, und deshalb erkennen die Beamten nicht, ob die Männer irgendetwas in ihren Wagen laden. Schließlich befiehlt der Einsatzleiter, beide zu verhaften, ins Präsidium zu überführen und dort zu verhören. M. verweigert die Aussage, sein Sohn sagt, er wisse nichts von der *radikal* und den Elektronikkomponenten. Für einen Haftbefehl reicht das nicht. Vater und Sohn werden entlassen.

Am selben Montag besprechen Kriminalhauptkommissar Kraushaar und Kriminaloberkommissar Oskar Damelshausen vom Bundeskriminalamt mit den Kollegen vom Landeskriminalamt die Lage. Kraushaar und Damelshausen sichern dem LKA volle Unterstützung zu. Noch am selben Tag durchsuchen Beamte den Corsa, filzen die Wohnung von M. in Prenzlauer Berg und durchsuchen das Zimmer seines Sohnes in den mütterlichen vier Wänden in Friedrichshain. Am nächsten Morgen nehmen Polizisten die Zentrale der Kreuzberger Taxigesellschaft unter die Lupe, wo M. als Fahrer arbeitet. Und sie durchforsten das Gartengrundstück ein zweites Mal.[12] Sie finden Computer, Aktenordner, russische Pyrotechnik und jede Menge Papierkram. Am Mittwoch bitten die LKA-Ermittler das Bundeskriminalamt um Unterstützung bei der Auswertung der Asservate. Allein die Untersuchung der Rechner würde in Berlin aufgrund mangelnder Kapazitäten zwei Jahre dauern.[13] An einem Samstag, neun Tage nach dem Fund in der Laube, fahren die BKA-Kommissare Kraushaar und Narodniki von Meckenheim zu einer zweitägigen Dienstreise nach Berlin, um die beschlagnahmten Gegenstände zu sichten.[14]

In den kommenden Wochen läuft die Spurensuche auf Hochtouren. Spezialisten untersuchen Taschen, Briefmarken, Briefumschläge und Zeitschriften auf DNA-Anhaftungen und Fingerabdrücke. Experten vom Technischen Servicezentrum für Informations- und Kommunikationstechnologien des BKA analysieren die Computer und können gelöschte Dateien wiederherstellen. Sie finden Dokumente zur Stadtentwicklung Berlins und Belege dafür, dass einer von M.s Rechnern zuvor an der Humboldt-Universität gestanden hat – im Fachbereich Sozialwissenschaften, Abteilung Stadt- und Regionalsoziologie. Ein Name taucht in den Dateien immer wieder auf: Andrej Holm. Der ist Stadt- und Regionalsoziologe im Fachbereich Sozialwissenschaften der Humboldt-Universität. Die Handyauswertung ergibt, dass Holm mehrmals versucht hat, M. zu erreichen – just an jenem Tag, als M. vorläufig verhaftet wurde.[15] Wieder einmal scheinen die Staatsschützer auf einer vielversprechenden Fährte zu sein. Die Laubenfunde könnten der Schlüssel zu einem geheimen Netzwerk von Linksradikalen in der Hauptstadt sein.

Einige sichergestellte Disketten bergen die nächste Überraschung. Auf den Datenträgern finden sich Belege, die zeigen, wie sich die Macher der *radikal* abschotten. So verrät eine Kostenaufstellung, dass zu den Produktionskosten von 6500 Euro pro Ausgabe noch 1800 Euro für konspirative Wohnungen hinzukommen. Jedes Treffen findet in einem anderen Objekt statt, die Wohnungen werden so gewählt, dass sie keine Berührungspunkte mit Personen oder Projekten der linken Szene haben. Die Ermittler erfahren auch, dass sich der engste Kreis aus Sicherheitsgründen regelmäßig im Ausland versammelt. Müssen sich die Redakteure telefonisch oder per E-Mail austauschen, dann verwenden sie Codewörter, die unauffällig in die Alltagskommunikation integriert werden können. Eine entsprechende Liste mit Tarnvokabeln aus den Bereichen Universität, Musik oder Autowerkstatt entdecken die Beamten auf den Disketten.[16] Ein Text ist besonders aufschlussreich. Darin geht es um ein »Uni-Projekt«. Doch die Ermittler vermuten, dass auch das ein Tarnname ist und darin in Wirklichkeit die weitere Entwicklung der *radikal* skizziert wird. Sie leiten den Text an das Bundesamt für Verfassungsschutz weiter, wo man der Ansicht ist, dass hinter dem angeblichen »Uni-Projekt« die »militante gruppe« steckt. Ermittlungsführer Oskar Damelshausen glaubt das auch. Der Text ist höchstwahrscheinlich ein Beitrag der Linksradikalen zu einer internen Diskussion über die Zukunft der *radikal*.[17] Es scheint also eine Verbindung zwischen den beiden Gruppen zu geben. Und M. könnte das Bindeglied sein. Wenn sie M. also überwachen, dann wird der sie früher oder später zur »militanten gruppe« führen.[18] Das ist der Plan.

Die Beamten durchstöbern M.s Computer, dringen bis in intime Winkel seines Lebens vor. Sie finden einen Briefwechsel mit seiner Exfreundin. Er ist vom Herbst 2004 und sicher nicht für fremde Augen bestimmt. Es geht, so viel kann man verraten, um die üblichen Beschwernisse vieler Beziehungen. Vor allem um verlorenes Vertrauen. Eine Formulierung erregt die Aufmerksamkeit der Kriminalisten. Die frühere Freundin schreibt von »ominösen Menschen«, mit denen sich M. getroffen und von denen er ihr nie erzählt habe. M. antwortet, dass er auf dieses Thema nicht eingehen möchte. Er habe schon zu viel verraten. Gut möglich, dass M.s Heimlichtuerei der Anfang vom Ende dieser Beziehung war. Vielleicht hatte er einen guten

Grund dafür. Vielleicht sind die »ominösen Menschen« seine Genossen von der *radikal*. Die Fahnder schließen das nicht aus.[19] Den vollständigen Namen der Exfreundin zu ermitteln ist für sie kein Problem. Kriminalhauptkommissar Kraushaar schlägt vor, die Frau als Zeugin zu vernehmen. Eine Befragung könnte Staub in der Szene aufwirbeln. Möglicherweise meldet sie sich danach bei M., und der informiert die Mitglieder der »militanten gruppe«.[20] M. wird observiert und abgehört, und wenn er mit jemandem über die Befragung spricht, dann müssten die Ermittler es mitbekommen.

Am 5. Dezember 2005 besuchen Beamte die Soziologin an ihrer Arbeitsstelle in der Universität. Sie zeigen ihr Fotos von zwei Dutzend Personen, darunter Jochen U., sein Sohn Benjamin B. und Thorben J. Warum das BKA für die Leute von der Initiative »Libertad!« eine solche Obsession hegt, ist kaum nachvollziehbar. Jedenfalls führen Fotos und Vernehmung zu nichts. Die Beamten erfahren nur, dass M. finanzielle Probleme hat. Das bringt sie auf eine Idee. Eventuell gelingt es, M. als Informationsquelle anzuzapfen.

An einem Freitag, einige Tage später, lässt sich ein Ermittler mit dem Taxi vom S-Bahnhof Treptow ins 25 Kilometer entfernte Petershagen fahren. Hinter dem Steuer sitzt Herbert M., und das ist kein Zufall. Während der Fahrt versucht ihn der Polizist als Spitzel zu gewinnen und verspricht ihm eine lukrative Stelle als Russisch-Dolmetscher. M. ignoriert das Angebot.[21]

Herbert M. ist schon seit zwanzig Jahren im Visier von Staatsschützern, allerdings schützte sich anfangs ein anderer Staat vor ihm. M., 1960 in Ostberlin geboren und gelernter Stuckateur, war nie jemand, der den Weg des geringsten Widerstands wählte. Selbst ein Arbeiter und Antifaschist wollte er sich dennoch nicht mit dem antifaschistischen Arbeiterstaat arrangieren. Er war Sozialist, aber mit den sozialistischen Bürokraten in der DDR konnte er wenig anfangen. Und diese mit ihm wohl auch nicht. Sie sperrten ihn ein, weil er den Wehrdienst verweigerte. Nach vier Wochen durfte er wieder gehen. M. träumte vom Rätekommunismus, was so ziemlich das Gegenteil von der führenden Rolle der Kommunistischen Partei war, die die SED für sich beanspruchte. Spätestens seit 1985 hatte ihn das Ministerium für Staatssicherheit (MfS) auf dem Schirm. »M. gehört zu den führenden Akteuren in der Hauptstadt, die im Sinne politischer Untergrundtätigkeit wirksam sind«, schrieb ein Stasi-Hauptmann über ihn. Sie wussten auch, dass er Kontakte zu Kreuzberger Autonomen pflegte. Ein Stasispitzel in Westberlin hatte 1988 eine Redakteurin der *taz* ausgehorcht und die Neuigkeit weitergemeldet.[22]

Im Herbst 1989 gründete M. mit Mitstreitern die »Vereinigte Linke«, die für eine reformierte DDR eintrat. Allerdings fuhr der Zug schnell in eine andere Richtung – nämlich gen Westen. Dort versprach Helmut Kohl blühende Landschaften, und deshalb standen die Signale zwischen Zwickau und Rostock auf Wiedervereinigung. Ein demokratischer Sozialismus in einer eigenständigen DDR erschien den meisten Menschen wenig verheißungsvoll. Deshalb verwandelten sich am 3. Oktober 1990 rund 17 Millionen Ostdeutsche in Bundesbürger. Das politische System war nun ein anderes, doch M. wurde weiter bespitzelt. Verfolgten ihn früher die Mitarbeiter des Ministeriums für Staatssicherheit, so waren es nun Beamte des Bundeskriminalamts.

Dass Herbert M. ein Fall für die Sicherheitsbehörden wurde, lag auch an seinen Freunden. Das BKA stufte ihn als »zentrale Führungsperson der linksextremistischen Szene Berlins« ein.[23] Doch Straftaten konnten ihm die Ermittler nicht nachweisen. M. wurde überwacht, aber bis 2005 existierte keine Kriminalakte über ihn, und in entsprechenden Polizeidatenbanken war sein Name nicht verzeichnet.[24]

Doch er machte sich wegen seiner politischen Einstellung

und seines persönlichen Umgangs verdächtig. Anfang der neunziger Jahre besuchte er Irmgard Möller im Gefängnis in Lübeck. Die damals 44-Jährige war wegen Mordes und Mitgliedschaft in der RAF zu einer lebenslangen Freiheitsstrafe verurteilt worden. Die Gespräche, die Möller im Besucherraum des Gefängnisses führte, wurden belauscht.[25] Deshalb weiß Kriminaloberkommissar Damelshausen, dass M. und Möller seinerzeit darüber gesprochen haben, wie sich die Autonomen nach dem Ende des Ostblocks organisieren und welche Rolle die RAF-Gefangenen dabei spielen könnten. Doch mehr als ein paar politische Phrasen tauschten die beiden offenbar nicht aus. Als deutlich spektakulärer entpuppte sich eine andere Verbindung.

Anfang der neunziger Jahre soll Herbert M. mehrmals nach Libyen gereist und dort Geheimdienstmitarbeiter des nordafrikanischen Staates getroffen haben. Das Land galt schon damals als »Schurkenstaat«. Die USA beschuldigten Libyens Präsidenten Muammar al-Gaddafi, hinter einem Anschlag auf die Westberliner Diskothek »La Belle« im April 1986 zu stehen. Dabei starben zwei US-Soldaten und eine türkische Besucherin. Libyen wird auch für den Lockerbie-Anschlag verantwortlich gemacht. 1988 explodierte eine Bombe an Bord eines Pan-Am-Jumbos, das Passagierflugzeug stürzte auf die schottische Ortschaft Lockerbie, 270 Menschen kamen ums Leben. Was M. in Libyen vorhatte, ist unklar. Das BKA glaubt, dass er eine Zusammenarbeit zwischen arabischen Gruppen und den linksterroristischen »Revolutionären Zellen« sondieren wollte. Dazu sollte M. entsprechende Artikel in der *interim* platzieren, zu deren Redaktionskollektiv er damals gehört habe. Doch aus erster Hand wissen die Kriminalisten das nicht. Sie berufen sich auf »vertraulich erlangte Informationen aus dem Ausland«.[26]

In Deutschland observieren sie M., hoffen, die Redaktionsräume der *interim* ausfindig zu machen. Mitarbeiter der linksradikalen Zeitschrift, davon sind die Ermittler überzeugt, sind auch bei den »Revolutionären Zellen« (RZ) aktiv. Die »RZ« bekannten sich seit den siebziger Jahren zu 186 Anschlägen und zählten zu den Vorbildern der »militanten gruppe«.

Am 15. März 1993 scheinen die Staatsschützer ihrem Ziel so nah wie nie. Im Berliner Nobelhotel Hilton kommt es zu einem legendären Treffen zwischen M. und einer BKA-Beamtin, bei dem M. Geld erhalten sollte. Doch zwölf Jahre später ist für Kriminaloberkommissar Damelshausen und Kriminalhauptkommissar Narodniki nicht mehr nachvollziehbar, was sich im Hilton abgespielt hat. »Warum es bei diesem Treffen zu einer Geldübergabe kommen sollte und in welcher Beziehung die BKA-Kollegin dazu stand, ist nicht aus den Ermittlungsakten zu entnehmen«, schreiben Damelshausen und Narodniki in ein Personagramm, das sie von M. anlegen.[27] Die Erkenntnisse stammten aus Einzelvermerken, die nicht mehr recherchierbar seien, so die Beamten weiter. Das Ziel der Aktion aber kennen sie. Nach dem Treffen sollten Observationskräfte M. verfolgen, weil der – so die Vermutung – anschließend zu einer Redaktionssitzung der *interim* gehen wollte. Ein guter Plan. Indes: Er funktionierte nicht. Höchstwahrscheinlich hat M. an diesem Tag seine Überwacher enttarnt.

Die Kriminalisten bemerken, dass sich M. seit Mitte 1993 kaum noch mit Personen aus der linksradikalen Szene trifft. Auch an der *interim* scheint er nicht mehr mitzuarbeiten. Um doch noch an Informationen zu gelangen, hat man im BKA eine Idee: Im September 1993 schlagen die Beamten der Staatsanwaltschaft Berlin vor, M. in London zu verhaften. Dort soll er angeblich Stasi-Unterlagen an den libyschen Geheimdienst übergeben. Nach der Festnahme könnte man ihm einen Deal anbieten: Entweder lässt sich M. zur »Mitarbeit und Preisgabe von verfahrensrelevanten Erkenntnissen« bewegen, oder Ermittler werden seine Wohnung durchsuchen. Bei der Staatsanwaltschaft will man von der geplanten Aktion nichts wissen. Seine Behörde müsse in diesem Ermittlungsstadium nicht eingeschaltet werden, sagt ein Oberstaatsanwalt. Durchsuchungen könnten im Rahmen der internationalen Zusammenarbeit erfolgen. Erst wenn strafrechtlich relevante Gegenstände gefunden würden, bittet der Staatsanwalt um Unterrichtung.

Im Jahr 2005 scheinen Narodniki und Damelshausen ratlos, was sie mit diesen Informationsschnipseln anfangen sollen. »Erkenntnisse über die tatsächliche Durchführung der geplanten Vorgehensweise oder sonstige nach diesem Treffen erlangte Erkenntnisse oder Maßnahmen über bzw. gegen M. gehen aus der Akte nicht hervor. Genauso wenig gibt es Hinweise, warum M. Unterlagen des MfS besaß.«[28] Die Kriminalisten mutmaßen aber, dass M. Mitarbeiter der Stasi war. Aufgrund seiner Biografie ergäben sich »starke Verdachtsmomente«. Konkretisiert wird dieser Vorwurf nicht.[29] 1994 verschwand M. von der Bildfläche der Ermittler, und Polizei und Staatsanwaltschaft stellten im selben Jahr ihre Ermittlungen ein.

Mit dem Fund von mehreren hundert Exemplaren der Zeitschrift *radikal* in der Gartenlaube wird den Kriminalisten bewusst, dass M. in den zurückliegenden Jahren doch eine herausragende Rolle in der linksradikalen Szene gespielt haben muss.[30] Also schicken sie wieder Beamte los, die M. observieren.

Zwei Tage nachdem seine Exfreundin von BKA-Ermittlern vernommen wurde, trifft sich M. vor seinem Haus mit Andrej Holm. Die Männer spazieren nur zwei Straßenzüge weiter, bis sie eine Bäckerei erreichen, wo sie sich etwa zwanzig Minuten unterhalten. Obwohl die Polizisten die Telefone von M. abhören, haben sie nichts von der Verabredung gewusst. An eine zufällige Begegnung glauben sie nicht. Wahrscheinlicher ist für sie, dass sich das Gespräch um die Befragung der früheren Freundin gedreht hat.[31] Auch wenn es dafür keine Beweise gibt – mit dem Sozialwissenschaftler Andrej Holm haben die Ermittler einen neuen Verdächtigen gefunden. Und auch Thorben J. und Jochen U. hat das BKA noch nicht endgültig von der Liste gestrichen. Sie prüfen, ob Kontakte zwischen M. und U. bestehen. Dazu werten sie erneut die Positionsdaten von U.s VW Passat aus. Zwar haben sie die Technik längst ausgebaut, die alten Bewegungsprofile sind aber noch vorhanden. Vielleicht hat U. irgendwann einmal in der Nähe von M.s Gartengrundstück in Karlshorst geparkt. Tatsächlich hat er das. Einen Beweis, dass U. sich in der Gartenlaube aufgehalten hat und damit möglicherweise in die Produktion der *radikal* involviert war, finden sie nicht.[32] Deshalb richten die Kriminalisten ihr Hauptaugenmerk in den kommenden Monaten auf eine Gruppe von Wissenschaftlern um M. und Holm, die – wie es das BKA nennt – ein »Personengeflecht« bilden, das möglicherweise zum Kern der »militanten gruppe« gehört.

Kapitel 7: Akademikerrunde

Wenn Potti die Gefängniszelle von Oliver Rast betritt, dann ist das ein gutes Zeichen. Potti ist Justizvollzugsbeamter, ein kleiner, pummliger Mann Anfang fünfzig mit Halbglatze und einem Gesicht, in das der Alkohol seine Spuren gezeichnet hat. Potti ist beliebt bei den Häftlingen, denn er lässt sie in Ruhe. Wohl, weil er selbst gern in Ruhe gelassen wird. Da Potti wenig redet, meist nur brummelnd durch die Flure schlurft, wissen die wenigsten Knackis in Moabit, wie er wirklich heißt. Aber Namen sind nicht wichtig in einer Welt, die in nur zwei Kategorien zerfällt: Freunde und Feinde. »Freistunde«, murmelt Potti an diesem Montagvormittag im Oktober 2007. Oliver Rast wartet schon seit dem Morgen in dem etwas zu engen Trainingsanzug. Keine Sekunde seines kostbaren Freigangs will er vergeuden. Während sich die meisten Häftlinge tagsüber auf den Gängen vor ihren Zellen oder in den Knastwerkstätten relativ frei bewegen können, bleibt ihm als mutmaßlichem Terroristen mit verschärften Haftbedingungen nur diese eine Stunde. Die Zeit muss er nutzen, um frische Luft und ein paar Sonnenstrahlen zu erhaschen und um sich zu ertüchtigen. Vor allem Letzteres. Der 33-Jährige sorgt sich um seine Figur.

Vor vier Wochen hatte ein Richter Oliver Rast wegen Mitgliedschaft in der terroristischen Vereinigung »militante gruppe« zu Untersuchungshaft verurteilt. Einer seiner ersten Schritte im Gefängnis führte ihn auf die Knastwaage. Erst bei 117 Kilogramm pendelte sich der Zeiger ein. Und das nach zwei Tagen in einer Brandenburger Ausnüchterungszelle, in denen er kaum etwas gegessen hatte. Sein Anwalt erzählte ihm von einem Hooligan des Berliner Fußballclubs Dynamo. Der Rowdy muss seine staatlich verordnete Zwangspause ebenfalls in Moabit absitzen und hatte sich ein spezielles Sportprogramm ausgedacht. Weil ihn sein Anwalt darum bat, schrieb der Hooligan mit mädchenhaft schöner Handschrift eine zweiseitige Anleitung für Leibesübungen in engen Räumen und ließ diese Oliver Rast zukommen. Seitdem läuft er in seiner Zelle auf der Stelle, streckt auf dem Boden liegend Arme oder Beine und macht Beugestütze am Bettgestell. Aber trotz fantasievoller Verrenkungen bleibt das Zellentraining eine Notlösung. Deshalb nutzt er auch die Freistunde zur Fettverbrennung.

Als Oliver Rast und Potti den Gefängnishof erreichen, wartet dort schon Micha, der einzige Mithäftling, den er in den Tagen der Untersuchungshaft zu Gesicht bekommt. Micha ist 46 und gehört zu jener Spezies, die ihre Muskeln zu Ballons aufpumpen; ein Hormonmassiv geformt in hunderten Stunden Muckibude, durchblutet von Adern wie Starkstromkabel. Micha ist Zuhälter, und in diesem Metier darf man keine Schwäche zeigen. Den Höhepunkt seiner Karriere hat er allerdings hinter sich. Anfang der achtziger Jahre sonnte er sich in dem zweifelhaften Ruhm, der jüngste Lude Westberlins zu sein, gab den großen Zampano zwischen Nollendorfplatz und Kurfürstenstraße. Irgendwann bestimmten andere die Musik im Milieu der kostenpflichtigen Nummern, und Micha war gezwungen, sich eine neue Einnahmequelle zu suchen. Mit zwei Komplizen, einem geklauten Mercedes und einer Pumpgun überfiel er in Berlin einen Geldtransporter. Die Freude an der Beute währte nicht lang. Nach einer wilden Verfolgungsjagd überwältigte ein Sondereinsatzkommando der Polizei die Männer. Jetzt wartet Micha auf seinen Prozess, und bis dahin hat ihn die Gefängnisleitung mit diesem Linksradikalen zusammengespannt.

»Bist du bereit?«, fragt Micha, grinst und trabt los. Oliver Rast trabt hinterher. Sie joggen um den Steintisch mit aufgemaltem Schachbrett, vorbei am Schuppen der Knastgärtnerei, vor dem sich undefinierbares Pflanzenkraut zum Farbtupfer zwischen Beton und Backsteinen aufschwingt, sie lassen die Holzbank hinter sich, die sich so gut für Sit-ups eignet, und erreichen nach weniger als dreißig Sekunden ihren Ausgangspunkt. Eine Runde misst nur 150 Meter. Deshalb umkurven sie den Hof öfter als orientierungslose Berlintouristen die Siegessäule auf der Suche nach der richtigen Ausfahrt. »Ich werde bei den Bullen auspacken, erzählen wie wir den Raub geplant hatten«, sagt Micha an diesem Tag beim Lauftraining. »Vielleicht bekomme ich einige Jahre weniger.« Oliver Rast glaubt, sich verhört zu haben. »Gute Idee«, sagt er und denkt: »Wie kann man nur so naiv sein?« Dass Petzen bei der Polizei Pluspunkte einbringt, ist für ihn ein Mythos, und dass ein gestandener Ganove wie Micha, der nicht zum ersten Mal mit dem Gesetz in Konflikt geraten ist, daran glaubt, das erschüttert ihn aufrichtig. »Ich drücke dir die Daumen«, sagt Oliver Rast. Und bedauert im Stillen, dass man sich seine Gesprächspartner im Bau nicht aussuchen kann. Dafür ist Micha der perfekte Trainingspartner. Er kennt jeden Muskel und für jeden Muskel mindestens fünf Übungen. Außerdem plappert er ständig drauflos – eine willkommene Abwechslung zur Stille in der Zelle.

Oliver Rast hütet sich, zu viel preiszugeben. Die Wut darüber, dass man ihn aus seinem bisherigen Leben gerissen hat, dass sich alles, was er liebte – Freunde und Familie –, in Lichtgeschwindigkeit von ihm entfernt und er dem Staatsapparat ausgeliefert ist, diese Wut versteckt er tief in seinem Inneren. Die Wärter würden solche Regungen registrieren, und niemand würde sie daran hindern, ihre Beobachtungen an das BKA weiterzuleiten. Er will kein Anschauungsmaterial für Polizeipsychologen oder Profiler sein. Auch gegenüber den anderen Knackis ist er eher zurückhaltend. Nur weil zwei dasselbe Schicksal teilen, heißt es nicht, dass sie auch tiefgründige Gedanken teilen müssen. Wer sich an fremden Schultern ausheult oder anderweitig anvertraut, darf sich nicht wundern, wenn sein Seelenleben zum Rohstoff für Hass und Häme wird. Mancher Mithäftling hofft auf Hafterleichterungen, wenn er verpfeift, was der Zellennachbar über seine Taten kundtut. Im Gefängnis sind nicht nur Drogen, Pornos und Handys begehrte Waren, sondern auch Informationen. Und Micha scheint eine der größten Plaudertaschen im Männerknast zu sein.

»Komm, komm, komm, Alter, mach jetzt bloß nicht schlapp«, reißt ihn die Plaudertasche aus seinen Gedanken. »Sind wir hier bei der Bundeswehr?«, schießt Oliver Rast zurück und zieht das Tempo an. »Hättest du gedient, statt die schönen Armeeautos abzufackeln, müsstest du hier nicht schwitzen«, lästert Micha. Oliver Rast grinst und schweigt. »Los, die Stunde ist sowieso gleich vorbei«, treibt ihn Micha an. »Die Stunde ist vorbei«, sagt Potti Sekunden später. Oliver Rast nickt Micha zu und folgt Potti ins Hafthaus.

Anderthalb Jahre zuvor: Drei Männer parken ihren Wagen in einer Seitenstraße des Tempelhofer Damms. Es ist der 9. April 2006, früher Sonntagmorgen, kurz nach drei Uhr, eine gute Zeit für ihr Vorhaben. Tagsüber ist hier der Teufel los. Zur morgendlichen Rushhour wälzt sich eine stinkende Blechlawine aus den südlichen Randbezirken nach Kreuzberg und Mitte. Ab nachmittags quält sich der Strom dann in die entgegengesetzte Richtung. Jetzt aber schlafen alle braven Bürger, und ihre Autos verstopfen emissionsfrei die Straßen.

Mit zwei Sechserpack Volvic machen sich die Männer auf den Weg zum Polizeipräsidium. Die Behörde befindet sich in einem vierstöckigen, heruntergekommenen Monumentalbau aus den dreißiger Jahren. Von der Fassade glotzt ein steinerner Reichsadler, erinnert an eine Ära, in der ein mittelbegabter Landschaftsmaler und seine Handlanger von der Welthauptstadt Germania halluzinierten. Viel wichtiger als der komische Vogel sind die Zapfsäulen mit dem Tiger auf der anderen Straßenseite. Die Esso-Tankstelle ist für die Männer Teil der Tarnung. Falls ihnen doch jemand begegnet, wirken sie wie Kumpels, die sich nach durchzechter Nacht mit alkoholfreien Getränken eingedeckt haben. Dass sie statt Durstlöscher Brandsätze durch die Dunkelheit tragen, dass in den Flaschen kein Wasser, sondern Benzin ist, dürfte niemand merken. Sicher, dass sie auch diesmal ungeschoren davonkommen, sind die Männer dennoch nicht. Aber sie haben sich bewusst für dieses Vabanquespiel entschieden. Die Staatsschützer sollen wissen, dass ihre Gegner bereit sind, ein hohes Risiko einzugehen.

Von ihrem Auto bis zum Polizeipräsidium sind es nur gut hundert Meter, aber der vierspurige Tempelhofer Damm bietet kaum Schutz vor neugierigen Blicken. Einige Straßen weiter beginnt der Bergmannkiez, ein Amüsierviertel, das einem Magneten gleich Feierwütige aus sämtlichen Himmelsrichtungen anlockt, und zu allem Überfluss residiert direkt gegenüber vom Polizeipräsidium das Landeskriminalamt in einer millionenteuren Festung aus Glas und Sandstein. Deshalb haben die Männer ihre Aktion diesmal besonders gründlich vorbereitet. Unauffällig sind sie in den Tagen zuvor an ihrem Zielobjekt vorbeispaziert. Insgesamt ein halbes Dutzend Mal, immer zu einer anderen Zeit. Sie haben die LKA-Beamten gesehen, die vor ihrem Dienstsitz rauchend die Pausen genießen, sie haben geschätzt, welchen Bereich die Überwachungskameras erfassen, und mögliche Orte begutachtet, an denen sie Brandsätze deponieren können.

Um Viertel nach drei stehen sie vor einem Seiteneingang des Polizeipräsidiums. Ein letztes Mal schauen sie sich um. Niemand zu sehen. »Jetzt«, sagt einer der Männer. Schnell platzieren sie die präparierten Plastikflaschen an der Tür. Mit geübten Handgriffen befestigen sie die Joghurtbecher mit den Grillkohleanzündern als Zündverzögerer und halten ein Feuerzeug daran. Fünf Minuten später sitzen die drei wieder im Auto und verschwinden unerkannt. Gegen 3.20 Uhr bemerkt ein Wachposten vor dem Landeskriminalamt die Flammen.[1] Noch bevor die Feuerwehr eintrifft, gelingt es ihm, den Brand zu löschen. Der Schaden ist gering, trotzdem sprechen die Ermittler von einer »professionell ausgeführten Aktion«, die man »sehr ernst« nehme.[2]

Am nächsten Tag meldet sich die »militante gruppe« mit einem Bekennerschreiben. Ihr Angriff habe dem bewaffneten Staatsapparat gegolten, der »der kapitalistischen Gesellschaftsformation erst die erforderliche Stabilität vor Delinquenz, Abstinenz und Revolten gibt«. Wenig später verschärft die Polizei ihre Sicherheitsvorkehrungen am Tempelhofer Damm. Die Beamten sperren jenen Teil des Präsidiums, der direkt an den Fußweg grenzt, und sie kontrollieren die Ausweise von allen Besuchern.[3]

Derweil plant die »militante gruppe« schon die nächsten Anschläge. 2005 lagen noch mehrere Monate zwischen den Attacken. Nach dem Angriff auf einen Rohbau des Discounters »Lidl« im Januar fackelten sie im April Dienstfahrzeuge des Brandenburger Landtages und Privatfahrzeuge von Polizisten ab. Im November schlug die Gruppe erneut zu, mit Brandsätzen gegen das Deutsche Institut für Wirtschaftsforschung (DIW) in Steglitz. Im Jahr 2006 erhöhen sie ihre Frequenz. Im Februar 2006 brannte es in einer Renault-Niederlassung in Reinickendorf, fünf Wochen später dezimierten die Männer den Fuhrpark des Ordnungsamtes Treptow-Köpenick. Danach vergingen keine drei Wochen bis zum Anschlag auf das Polizeipräsidium. Weitere sechs Wochen später zündeten sie einen Brandsatz am Berliner Sozialgericht. Dann war Sommerpause.

Am 3. September zerstörten sie Einsatzfahrzeuge der Bundespolizei in Berlin-Lichtenberg, und eine Woche darauf waren Autos des Ordnungsamts Reinickendorf die Zielscheibe. Die Kriminalisten glauben, dass seit 1995 mehr als 30 Anschläge auf das Konto der »militanten gruppe« gehen.[4]

Im Jahr 2006 konzentrieren sich die Kriminalhauptkommissare Narodniki und Kraushaar auf die Namen von der Adressliste, die sie auf dem Computer von Herbert M. gefunden haben.

Da wäre zunächst der frühere Stasimann Andrej Holm. Dem hat die Wende 1989 einen Strich durch die geplante Geheimdienstkarriere gemacht. Nun versucht er einen Neustart als Soziologe, beschäftigt sich mit dem Thema Gentrifizierung – an der Universität, aber auch als Aktivist in Mieterinitiativen. Manchmal weiß man nicht, auf welcher Seite der Grenze zwischen Wissenschaft und Wutbürgertum Holm unterwegs ist. Wenn es seiner Sache nützt, dann bedient er sich schon mal an zwei Dutzend Kindernamen von der Taufliste der evangelischen Fusionsgemeinde am Weinberg in Berlin-Mitte, um auf dieser Grundlage die Bevölkerungsentwicklung in diesem Quartier zu analysieren. Was wie ein Witz wirkt, ist Holms heiliger Ernst. In seinem Internetblog veröffentlicht er die Namen und kommentiert: »Die Taufliste der Evangelischen Gemeinde liest sich wie eine Mischung aus FDP-Wahlliste für das Europaparlament und dem Verzeichnis höherer Beamter des Diplomatischen Dienstes.« Viele der Getauften kämen wohl aus »besserem Haus«, in dem Eltern »großen Wert auf wohlklingende Namen legen«. Karrieristen im Kiez sind für den ehemaligen SED-Kader offenbar ein Sakrileg und die Täuflinge ein Beweis, dass der Gottseibeiuns in Gestalt von westdeutschen Liberalen, Diplomaten und Christen nicht einmal vor ostdeutschen Szene-Reservaten haltmacht.

Der Bundestagsabgeordnete Philipp Lengsfeld von der

CDU, in dessen Wahlkreis die Kirchengemeinde liegt, kritisiert Holms Posse als »Ressentiment«, »Denunziation« und »Pseudowissenschaft«. Lengsfeld, der in Ostberlin wegen »antisozialistischem Verhalten« und »Gründung einer pazifistischen Plattform« von der Schule geflogen ist, weil er gegen Militärparaden und Neonazis in der DDR protestiert hat, empört sich über eine politische Kampagne, bei der »frisch getaufte Babys und Kleinkinder ans Licht der Öffentlichkeit gezerrt« werden. Als Kriminalhauptkommissar Kraushaar Holm zum ersten Mal unter die Lupe nimmt, ist die Tauflisten-Affäre noch Zukunftsmusik. Kraushaar findet heraus, dass Holm manche Artikel gemeinsam mit dem Politologen Matthias B. verfasst. Doch ins Zentrum der Ermittlungen rückt vorerst B. – wegen eines Textes, den er acht Jahre zuvor allein geschrieben hat.

Kriminalhauptkommissar Narodniki ist im Internet auf einen Beitrag von 1998 gestoßen. Unter der Überschrift »Der lange Weg in den Volkskrieg – Die UÇK und der Volksaufstand im Kosovo«, skizziert B. darin die Geschichte des Kosovo. Veröffentlicht hat den Text der *telegraph*, eine Zeitschrift der oppositionellen Ostberliner Umweltbewegung. Matthias B. stammt wie Holm aus der DDR. Aber während Holm eine Laufbahn im Machtapparat anstrebte, galt Matthias B. bei der Stasi als Störfaktor. Als Schüler soll er Umweltprobleme »offensiv thematisiert« haben, wie es in seiner Akte heißt. Nach der Wiedervereinigung wählte B. eine akademische Laufbahn und widmete sich ebenfalls dem Thema Gentrifizierung. Die Deutsche Gesellschaft für Politische Wissenschaft wählte seine Doktorarbeit über behutsame Stadterneuerung in Berlin als »Beste Dissertation 2004« aus. Im Jahr 2006 ist er Mitarbeiter am Umweltforschungszentrum Leipzig/Halle. Warum sich Narodniki an B.s altem Artikel über den Kosovo festbeißt, erschließt sich nicht sofort. Der Text ist unspektakulär. Stellenweise erinnert er an einen Wikipedia-Eintrag.

Doch Narodniki glaubt, in den Zeilen Ähnlichkeiten mit Texten der »militanten gruppe« zu erkennen.[5] Die Wörter »Diffusität«, »Reproduktion«, »drakonisch«, »implodiert«, »Bezugsrahmen« und »politische Praxis« verwenden sowohl der Politologe B. als auch die unbekannten Linksradikalen. Für einen Kriminalhauptkommissar im Bundeskriminalamt scheinen diese Begriffe so exotisch zu sein, dass es für ihn ein großer Zufall wäre, wenn das Vokabular nicht aus derselben Feder stammen würde. Doch das ist nicht alles: Matthias B. verwendet in seinem Aufsatz Begriffe aus der Militärsprache – eine weitere Parallele zur »militanten gruppe«. Offenbar hält Narodniki seinen Befund für so brisant, dass er ihn als »VS-Vertraulich – amtlich geheimgehalten« klassifizieren lässt.

Narodniki schreibt in seinen Bericht: »Das gesamte Argumentationsmuster, die kritiklose und glorifizierende Behandlung der Themen Miliz und Guerilla und die wie selbstverständlich anmutende Verwendung von militärischen Begriffen und Denkmustern erinnern sehr stark an die Texte der ›militanten gruppe‹.«[6] In B.s Artikel liest sich die Glorifizierung der Guerilla, gemeint ist die albanische UÇK, so: »Die Untergrundarmee ging dazu über, serbische Polizeifahrzeuge zu überfallen und serbische ›Kollaborateure‹ zu erschießen. Die UÇK heizte die Lage an und bereitete sich darauf vor, sie in einen Aufstand hinübergleiten zu lassen.« An anderer Stelle ist von den »Debakeln« der UÇK die Rede. Vielleicht kann nur ein erfahrener LKA-Beamter hinter solchen Zeilen einen Lobgesang entdecken. Die Kosovo-Abhandlung ist aber nicht das einzige Indiz, das Matthias B. verdächtig macht. In den neunziger Jahren hatte er sich in der »nolympia«-Bewegung engagiert, die sich gegen eine Olympiabewerbung der Stadt Berlin richtete. Ein anderer Bekannter der Ermittler verspürte ebenfalls wenig Sympathie mit solchen Sportereignissen, und auch seinen Namen entdeckten BKA-Beamte auf der Adressliste von Herbert M.: Malte D.[7]

Der 34-Jährige ist Publizist und Promotionsstipendiat. Ihn macht ein Zeitungsartikel verdächtig, der in der Tageszeitung *junge Welt* erschienen ist. Dort hatte Malte D. im Juni 2005 über einen mehr als dreißig Jahre zurückliegenden Anschlag der linksradikalen »Bewegung 2. Juni« auf einen Berliner Yachtclub geschrieben. Einige Monate zuvor, nach dem Anschlag auf den Lidl-Rohbau, erwähnte auch die »militante gruppe« das Attentat in einer Stellungnahme. Außerdem ist da noch die Sache mit den Telefonaten. Mehrmals hat D. die »Libertad!«-Mitglieder Thorben J. und Markus H. angerufen, die das BKA, entgegen der Einschätzung von Ermittlungsführer Oskar Damelshausen, auch 2006 noch zu den Mitbegründern der »militanten gruppe« zählt. Weil sich D. mit den beiden am Telefon regelmäßig verabredet hat, ohne dabei Ort und Zeit der Treffen zu erwähnen, stufen die Beamten die Gespräche als konspirativ ein.[8]

Herbert M. bleibt ebenso im Kreis der Verdächtigen. Bei ihm hatten die Ermittler ein Jahr zuvor sechshundert Exemplare der Untergrundzeitschrift *radikal* gefunden – nur dadurch waren die neuen Ermittlungen in Gang gekommen.

Im September 2006 eröffnet die Generalbundesanwaltschaft ein Ermittlungsverfahren gegen die Wissenschaftler Matthias B., Andrej Holm und Malte D. sowie gegen den Taxifahrer Herbert M.[9] Wie schon bei den Männern von »Libertad!« beruht der Anfangsverdacht darauf, dass die Männer über einen gewissen Bildungsgrad verfügen, bei manchen Telefonaten nicht alles sagen, was die mithörenden Beamten hören wollen, sowie auf den unvermeidlichen Textvergleichen von Narodniki und Kraushaar. Diesmal soll ein Zeitschriftenartikel von 1998 die vermeintlichen Terroristen überführen. Da Narodniki und Kraushaar glauben, auffällige Ähnlichkeiten zwischen einem Text des Politologen B. und Stellungnahmen der »militanten gruppe« erkannt zu haben, schaltet der Erste Hauptkommissar

Rainer B. das Kriminaltechnische Institut ein, um für Gewissheit zu sorgen. Vielleicht bringt eine linguistische Untersuchung die Ermittler weiter. Vielleicht wirft diese sie aber auch zurück. So wie 2001. Damals hatten Sprachwissenschaftler diverse Textvergleiche von Verfassungsschützern zerpflückt – was Polizei und Geheimdienst nicht daran hinderte, die von den Experten entlasteten Männer weiter zu überwachen.

Ende 2006 bekommt Sabine E. die Texte auf ihren Schreibtisch.[10] E. hat in Jena Anglistik und Germanistik studiert, anschließend promoviert, seit 2004 arbeitet sie für das Bundeskriminalamt. Ihr Sachgebiet nennt sich »Autorenerkennung«.[11] Für ihre Analyse folgt sie einem vorgegebenen Schema. Zunächst nimmt sie sich den Text der anonymen Linksradikalen vor und versucht, aus Rechtschreibung, Grammatik, Wortwahl und Textaufbau auf Alter, Bildungsgrad und Herkunft des Verfassers zu schließen. Fehler- und Stilanalyse, heißt dieser Schritt, bei dem sie ein Profil des anonymen Autors erstellt. Wer immer die Texte der »militanten gruppe« geschrieben hat – Sabine E. stellt ihm aus sprachwissenschaftlicher Sicht ein gutes Zeugnis aus. Die Expertin erkennt ein sorgfältiges Quellenstudium, eine hohe schriftsprachliche Kompetenz sowie einen wissenschaftlichen Schreibstil, und sie schließt daraus auf ein hohes Bildungsniveau. So viel Lob für ihre Texte bekommen die Linksradikalen nicht einmal aus der eigenen Szene.

In einem zweiten Schritt vergleicht E. das Profil des unbekannten Schreibers mit der Kosovo-Abhandlung von Matthias B. Den Grad der Übereinstimmung beschreibt sie anhand einer sechsstufigen Skala, die von »mit an Sicherheit grenzender Wahrscheinlichkeit« bis »nicht entscheidbar« reicht. Absolute Gewissheit kann Sabine E. nicht bieten. Schließlich weiß sie nicht, ob jemand seinen Schreibstil bewusst verändert hat, um unerkannt zu bleiben. Texte können auch von anderen korrigiert, irgendwo abgeschrieben oder gemeinschaftlich entstanden sein. Solche Möglichkeiten machen eine eindeutige Aussage schwierig. Auch in diesem Fall. Nicht, dass beide Texte völlig verschieden formuliert wurden und deshalb nicht vom selben Autor stammen könnten. Aber Sabine E. findet wenig aussagekräftige Übereinstimmungen. Ihr Fazit: »Nicht entscheidbar. Eine Autorenidentität kann weder ausgeschlossen noch festgestellt werden.[12] Die Ermittler müssen ihre Verdächtigen auf anderen Wegen überführen.

Federführend in dem neuen Verfahrenskomplex ist Kriminalhauptkommissarin Ute Andernach. Als Ermittlungsführerin fasst sie die Ergebnisse ihrer Kollegen zusammen.[13] Einmal wöchentlich trifft sich die 38-Jährige mit Oskar Damelshausen, dem Ermittlungsführer im ersten Verfahren, um ihre Suche zu koordinieren.[14] Die Kriminalisten werten erneut alle Veröffentlichungen der »militanten gruppe« aus und erstellen daraus ein Personenraster, also ein Täterprofil. Es umfasst dreizehn Punkte. Die Terroristen müssen untereinander eine enge soziale Bindung haben, glauben die Ermittler. Außerdem seien sie fähig, wissenschaftlich zu arbeiten, verfügten über außergewöhnliches politisches und historisches Wissen, könnten problemlos auf Fachliteratur und Tagespresse zugreifen, verhielten sich seit Jahren polizeilich unauffällig und hätten einen starken Bezug zu Berlin.[15] Alle vier passen in dieses Raster. Matthias B., Malte D., Herbert M. und Andrej Holm kennen sich seit Jahren, haben zusammen in unterschiedlichen Konstellationen in Wohngemeinschaften gelebt. Bis auf Herbert M. sind alle Akademiker, befassen sich mit dem Thema Stadtumbau und engagieren sich in Basisgruppen, beispielsweise in Mieterinitiativen. Außerdem haben sie Kontakte zu den Leuten von »Libertad!«, die – nachdem sie das BKA als Täter längst ausgeschlossen hatte – in den Akten aus unerfindlichen Gründen erneut als »Gründungsmitglieder der ›militanten gruppe‹« auftauchen.[16]

Die Ermittler beginnen damit, das Leben der Männer bis in den entlegensten Winkel auszuleuchten. Von der Bundesanstalt für Finanzdienstleistungsaufsicht (BaFin) bekommen sie eine Liste mit den Konten der Beschuldigten.[17] Die Fahnder werten Kontoauszüge, Kreditkartenabrechnungen und Kaufbelege aus. Sie wissen, wie viel Gehalt und Honorar die Männer beziehen und wie viel sie davon ausgeben. Ein BKA-Beamter erkundigt sich bei der Abteilung Konzernsicherheit der Deutschen Bahn, ob anhand einer Bahncard die Reisen des Bahncard-Besitzers nachvollzogen werden können. Das können sie, erklärt ein Bahnmitarbeiter, wenn der Kunde am Bonusprogramm teilnimmt. In dem Fall werden Reisedaten und Zahlungsart gespeichert.[18] In das Taxi von Herbert M. und in den VW Polo von Malte D. bauen Spezialisten GPS-Sender ein. Parallel dazu überwachen die Polizisten Telefone und den E-Mail-Verkehr. Zusätzlich senden sie stündlich Stealth Pings auf die Handys von Matthias B., Holm und Malte D. Mit diesen »stillen SMS«, die auf dem Display nicht angezeigt werden und die auch kein akustisches Signal auslösen, können die Beamten feststellen, in welchen Funkmast sich die Handys eingebucht haben, und so die Verdächtigen orten. Gleichzeitig erfahren sie, wann die Geräte ausgeschaltet sind. Die Ermittler wissen, dass Linksradikale ihre Mobiltelefone oft abschalten, wenn sie sich zu vertraulichen Runden verabreden. Falls die Handys der Männer zeitgleich offline sind, wäre das ein Hinweis auf ein konspiratives Treffen – oder sogar auf einen Anschlag, wenn alle drei Handys nachts oder in den frühen Morgenstunden nicht im Mobilfunknetz eingeloggt sind.[19] Außerdem installieren Beamte heimlich Videokameras, die auf die Hauseingänge der Wohnhäuser der Männer gerichtet sind.[20] Tagelang verfolgen Zivilpolizisten die mutmaßlichen Terroristen auf Schritt und Tritt.

Andrej Holm scheint zu ahnen, dass er überwacht wird. Vielleicht ist ihm das Ausmaß nicht klar. Von den Kameras vor seinem Haus dürfte er ebenso wenig wissen, wie davon, dass BKA-Beamte seine Finanzen durchforsten. Aber dass seine Telefongespräche und seine offiziellen E-Mail-Adressen ausspioniert werden, schließt er offenbar nicht aus. Am 18. September 2006 besucht ein Mann gegen Mittag ein Internetcafé, ganz in der Nähe von Holms Wohnung, und richtet dort unter dem Namen Sven Riemer den E-Mail-Account »opelprolls@yahoo.de« ein. Ungewöhnlich ist, dass von dieser Mail-Adresse keine einzige Mail verschickt wird. Einer der Nutzer des Postfachs ist Andrej Holm, und der speichert Mitteilungen ausschließlich im Ordner für Entwürfe. Es sind seltsame Nachrichten. Zumindest für einen Akademiker ohne eigenes Auto und ohne Fahrerlaubnis. Es geht um Winterreifen, Radkappen und einen VW-Club in Wiesbaden. Darüber tauscht er sich mit Menschen aus, die ebenfalls Zugang zu den »Opelprolls« haben und die auf Holms kryptische Mitteilungen ebenso kryptisch antworten. Die Ermittler des Bundeskriminalamts, die Holm fast lückenlos beobachten, wissen zu diesem Zeitpunkt nichts von dem neuen Kommunikationskanal. Als sie ihn dann doch entdecken, wird daraus eine neue Spur zur »militanten gruppe«.

Kapitel 8: Opelprolls

Am 7. Januar 2005 klingelt bei Andreas B. das Telefon. B. ist Arzt in Dessau, einer Stadt in Sachsen-Anhalt, und er hat an diesem Tag Bereitschaft. »Wir bräuchten dich mal«, sagt der Anrufer. Es ist Andreas S., Polizist, Mitte vierzig, Dienstgruppenleiter.

»Was haste denn?«, fragt B.

»Na, 'ne Blutentnahme«, antwortet S.

»Na, dann mach ich das, dann komm ich mit rum.«

»Ja, pikste mal 'nen Schwarzafrikaner.«

»Ach du Scheiße«, sagt B., und S. lacht.

»Da finde ich immer keine Vene bei den Dunkelhäutigen.«

»Bring doch 'ne Spezialkanüle mit«, schlägt S. vor.

»Mach ich, alles klar, bis gleich«, sagt B. und legt auf.

Der Anruf von der Polizeiwache wird routinemäßig mitgeschnitten und über ein Jahr danach einen Eklat vor dem Landgericht Dessau auslösen. Als rassistisch und menschenfeindlich, kritisiert ein Strafverteidiger den Dialog zwischen Arzt und Polizist.[1] Der Mann, dem Andreas B. Blut abnehmen sollte, war Oury Jalloh, ein 36-jähriger Asylbewerber aus Sierra Leone. Am Morgen hatten ihn Polizisten in der Dessauer Innenstadt verhaftet, weil sich zwei Frauen von ihm belästigt fühlten. Die Beamten bringen den sturzbetrunkenen Jalloh in eine Ausnüchterungszelle, fixieren ihn später. Sie müssten einen Richter informieren, der entscheidet, ob Jalloh eingesperrt werden darf. Aber die Polizisten ignorieren die Vorschrift. Stunden danach verbrennt Oury

Jalloh in seiner Zelle. Obwohl der Rauchmelder Alarm auslöst, befreit ihn niemand. Schnell verbreiten die Polizisten ihre Version der Geschichte: Um auf sich aufmerksam zu machen, habe Jalloh den feuerhemmenden Überzug der Matratze zerstört und den leicht entflammbaren Schaumstoff mit einem Feuerzeug, das die Beamten bei der Durchsuchung übersehen hätten, angezündet. Wie das der an Händen und Füßen gefesselte Mann geschafft haben soll, kann niemand plausibel erklären. Ein Brandgutachter bezweifelt, dass Jalloh dazu in der Lage war. Außerdem gibt es Hinweise auf Brandbeschleuniger.[2] Ein Tatortvideo, gefilmt von einem LKA-Beamten, bricht nach vier Minuten ab. Stromausfall, behaupten die Polizisten. Es gab keinen Stromausfall, sagen Zeugen. Das angeblich benutzte Feuerzeug enthält keine DNA-Spuren von Jalloh und auch keine Gewebereste von seiner Kleidung oder der Matratze. Die genauen Todesumstände wurden bis heute nicht aufgeklärt.

Fast genau zwei Jahre nach den furchtbaren Ereignissen, am Abend des 19. Dezembers 2006, fahren die Männer der »militanten gruppe« nach Dessau. Im Ort angekommen, teilt sich die Gruppe. Die eine Hälfte fährt weiter nach Bitterfeld-Wolfen, dreißig Kilometer südlich, zum Haus des Polizisten Andreas S. Die übrigen Männer steuern das Grundstück von Andreas B. an. Sie sind überzeugt davon, dass Jalloh damals ermordet wurde. Weil er ein Schwarzer war. Und sie vermuten, dass der Arzt und der Polizist irgendwie involviert waren. Beweisen lässt sich das ebenso wenig wie die Theorie von der Selbstverbrennung. Andreas B. wurde nie angeklagt. Dienstgruppenleiter S. musste eine Geldstrafe akzeptieren. Eine Richterin hatte ihn verurteilt. Aber nur wegen fahrlässiger Tötung. S. habe den Feueralarm ignoriert, sagte die Richterin. Der Staat vertuscht ein rassistisches Verbrechen, behaupten die Linksradikalen, und das sei nicht hinnehmbar. Kurz vor zwei Uhr morgens erreicht die erste Gruppe das zweigeschossige Gebäude, in dem B. wohnt und seine Praxis betreibt. Hier einen Brandanschlag zu verüben, würde Menschenleben gefährden. Deshalb schleichen sich die Männer zur Doppelgarage, die nicht mit dem Wohnhaus verbunden ist, und deponieren dort die Brandsätze. Bevor sie sie zünden, sprühen sie mit schwarzer Farbe »MÖRDER« an die Fassade. Etwa zur gleichen Zeit machen sich die Männer der zweiten Gruppe am Haus des Polizisten S. in Bitterfeld-Wolfen zu schaffen. Danach prangt dort »Mörder und Rassisten« an der Hauswand. Dann verschwinden sie unerkannt.

Auf der Fahrt zurück sind die Männer flattrig. Keine zitternden Nervenbündel, das nicht. Aber auch keine coolen Desperados, die in Basecap, Hoodie und Windbreaker en passant einen kleinen Kreuzzug ins ostdeutsche Abendland unternommen haben und nach Anreise, Anschlag und Flucht zur Tagesordnung übergehen. Jede Menge Adrenalin und eine Prise Angst wabern durch den Wagen. Einige von ihnen kämpfen mit Magenkrämpfen. Nicht zum ersten Mal. Dabei haben sie in den vergangenen Monaten Routine entwickelt. Sie kommunizieren verschlüsselt, nutzen unverdächtige Computer. Ihr Depot für Brandsätze ist versteckt in einem abgelegenen Waldstück. Dort testen sie auch verschiedene Brandsatzmodelle. Sie meiden Demonstrationen, bei denen Beamte mit Kameras versuchen, Linksradikale zu identifizieren, und wo es manchmal zwischen Protestlern und Polizei kracht. Bei so einer Aktion erkennungsdienstlich behandelt zu werden, will man möglichst vermeiden. Sie sind selbstsicherer geworden, ohne nachlässig zu sein. Deshalb Dessau. Deshalb dieser erste Anschlag außerhalb ihres gewohnten Radius.

Trotzdem gibt es immer wieder Spannungen. Einige Mitstreiter springen ab. Das Risiko erscheint ihnen zu groß, sie bangen um ihre Existenz. Anderen lassen Freunde, Familie und Job keinen Platz für ein zweites Leben. Die Verbliebenen spüren, dass der Fahndungsdruck zunimmt. Dass das BKA auf seiner Webseite öffentlich nach ihnen sucht, ist ihnen nicht entgangen. Sie wissen nicht, wie viel die Ermittler wissen. Aber sie erkennen, dass der Staat ihre Nadelstiche zur terroristischen Gefahr aufbauscht und sich die Staatsschützer so unter Zugzwang setzen. Wenn sich ihre Gegner nicht völlig blamieren wollen, müssen sie irgendwann Erfolge vorweisen. Koste es, was es wolle. Für die Männer vergrößert sich nach jedem Anschlag das Risiko. Selbst wenn sie keine Fingerabdrücke oder andere Spuren hinterlassen. Jeder Tatort ist ein Puzzlestück, das Details über die Täter verrät. Irgendwann könnten die Kriminalisten genügend Einzelteile gesammelt haben, um diese zu einer Visitenkarte zusammenzusetzen, die zu ihnen führt.

Als die Ermittler des Bundeskriminalamts von den Anschlägen in Dessau erfahren, wollen sie wissen, wo ihre Verdächtigen zur Tatzeit waren. Kein Problem. Schließlich dokumentieren die Kriminalisten seit Wochen nahezu jede Bewegung der Männer. Eine nächtliche Fahrt nach Dessau müsste irgendjemandem aufgefallen sein. Also lassen sich die BKA-Beamten von ihren Kollegen alle Überwachungsprotokolle schicken und suchen nach Auffälligkeiten.

Observationsbericht vom 19. Dezember 2006, Bundeskriminalamt, ZD35 – MEK:
08.47 Uhr: Matthias B. verlässt sein Wohnhaus. Er trägt eine Brille und hat eine Aktentasche unter dem Arm. Der weitere Verbleib kann nicht festgestellt werden.
17.55 Uhr: Matthias B. betritt das Wohnhaus.
21.41 Uhr Abbruch.

Tagsüber war B. im Umweltforschungszentrum arbeiten. Auch dort warten regelmäßig Beamte, bis B. sein Büro verlässt. Aber der Anschlag war nachts. Völlig aus dem Schneider ist er nicht. Vielleicht hat er sich rausgeschlichen, nachdem das Observationsteam vor der Tür abgezogen ist. Von Leipzig sind es nur siebzig Kilometer bis Dessau, mit dem Auto schafft man das in einer Stunde. Aber die Ermittler haben die Videoaufnahmen vom Hauseingang aus jener Nacht.

Auszug aus dem Protokoll der Videoauswertung Wohnhaus Dr. B. Auswerter: Kriminalkommissar Koch, Bundeskriminalamt Meckenheim:

Der auszuwertende Zeitraum umfasste die Zeit vom 19. Dezember 2006, 21.45 Uhr bis zum 20. Dezember 2006, 7.30 Uhr. Eine Identifizierung von Personen war nur eingeschränkt möglich, da aufgrund ungünstiger Lichtverhältnisse lediglich Silhouetten zu erkennen waren. Es kann jedoch ausgeschlossen werden, dass im oben genannten Zeitraum hier bekannte Zielpersonen das Objekt betreten oder verlassen haben.[3]

Tatsächlich herrschte ein reges Kommen und Gehen in der Tatnacht. Eine Frau mit Tüte spazierte ins Haus, ein Mann mit Mütze kam heraus, gegen Morgen filmte die Kamera einen Typen mit Rucksack.[4] Matthias B. war nicht darunter, davon ist Kriminalkommissar Koch überzeugt. Wahrscheinlich hat er recht. B.s Handy war die gesamte Nacht in jener Funkzelle eingebucht, in der auch seine Wohnung liegt. Als Nächstes überprüfen die Ermittler Andrej Holm. Sein Alibi checken sie anhand der Standortdaten seines Handys.

Auszug aus dem TKÜ-Auswertungsbericht Andrej Holm, 19. Dezember 2006, Bundeskriminalamt:

Holm hielt sich, wie anhand der Standortauswertung geschlussfolgert werden kann, mit hoher Wahrscheinlichkeit zu Hause auf. Zudem wurde anhand der Auswertung der PINGs festgestellt, dass Holm bis zum 20.12., 06.59 Uhr, empfangsbereit, und in der Zelle eingebucht war, die immer dann vom Mobiltelefon genutzt wird, wenn sich Holm mutmaßlich zu Hause aufhält. Allerdings kann nicht ausgeschlossen werden, dass sich

Holm unter Zurücklassung seines Mobiltelefons in der Tatnacht
in Dessau aufgehalten hat.[5]

Warum sich die Fahnder nur auf die Telefonüberwachung stützen, ist unklar. Normalerweise müssten die Videoaufnahmen von den Hauseingängen zeigen, ob Holm einen nächtlichen Ausflug unternommen hat. Doch ob mit oder ohne Kamera: Die Ermittler haben kein Indiz dafür, dass Holm in Dessau war. Sie geben dennoch nicht auf. Regelmäßig beantragen die Kriminalisten bei der Generalbundesanwaltschaft, die Überwachungsmaßnahmen zu verlängern. Eine Begründung: Holm habe intensive Kontakte in die linke Szene, die von Basisinitiativen bis in die Landes- und Bundespolitik der PDS/Linkspartei reichten. Darüber werde Holm auch über aktuelle Entwicklungen zum Tod von Oury Jalloh informiert. Und seine Freunde, Malte D. und Herbert M., wurden von Zivilpolizisten auf einer Gedenkdemonstration für Jalloh gesehen. Aber selbst für den Fall, dass ihm die Ermittler nicht nachweisen können, dass er Garagen, Bürogebäude und Autos angezündet hat, lassen sie sich ein Hintertürchen offen. Demnach ist Holm vielleicht kein Brandstifter, aber jemand, der an den Texten der »militanten gruppe« mitgearbeitet hat.[6] Die Ermittler glauben, dass sich die »militante gruppe« aus einer schreibenden und einer ausführenden Ebene zusammensetzt. Die einen verfassen Texte, die anderen deponieren Brandsätze. Der Politologe B. und der Soziologe Holm könnten die intellektuellen Köpfe der geheimnisvollen Truppe sein. Ebenso wie der Publizist Malte D. Aber auch ihm können sie nicht nachweisen, am Anschlag in Dessau beteiligt gewesen zu sein.

Auszug aus dem Bericht der Telekommunikationsüberwachung
von Malte D. am 19. Dezember 2006, Bundeskriminalamt, Protokoll: Kriminalhauptkommissarin A.:

*Ab 17 Uhr deutet die stündliche Standortbestimmung darauf
hin, dass das Mobiltelefon die ganze Nacht in der Funkzelle Ber-
lin-Prenzlauer Berg eingebucht war. Hierbei handelt es sich um
die Funkzelle, in der sich die Wohnung seiner Freundin befindet. Somit konnten keine Anhaltspunkte gewonnen werden, die
auf die Beteiligung D.s an der unmittelbaren Tatausführung in
der Nacht zum 20. Dezember 2006 in Dessau oder auf eine Mit-
wirkung bei der Fertigung des Selbstbezichtigungsschreibens
hindeuten. Allerdings besteht die Möglichkeit, dass D. sein Mobiltelefon in der Wohnung seiner Freundin zurückgelassen hat,
so dass eine Tatbeteiligung auch nicht auszuschließen ist.*[7]

Vieles deutet darauf hin, dass die drei Akademiker unschuldig
sind. Bleibt der Taxifahrer Herbert M. Der ist in die Produktion
der *radikal* verwickelt. Dass die Macher der Untergrundzeitschrift keine Berührungsängste mit militanten Aktionen ver-
spüren, lässt sich nicht leugnen. Wer *radikal* liest, der weiß, wie
man Brandsätze baut und Bekennerschreiben formuliert. Im
Juli 2005 erschien ein Interview mit der »militanten gruppe«.
Spätestens seitdem muss es eine Verbindung zwischen Zeitschrift und Zündlern geben, glauben die Ermittler. M. könnte
als Verbindungsmann fungieren. Beweisen konnten sie das bislang nicht. Dabei haben Ermittler sogar sein Taxi verwanzt –
offenbar in dem Glauben, dass er mit seinem Dienstfahrzeug
Anschläge vorbereitet oder ausführt.

*Auszug aus dem Vermerk des Bundeskriminalamts: GPS-Über-
wachung des Taxis der Kreuzberger Taxigenossenschaft vom
16.11.2006 – 9.02.2007, Nutzer: Herbert M.:*

*Das durch M. genutzte Taxi konnte bei keinem der beiden letz-
ten Brandanschläge der »militanten gruppe« in Tatortnähe
festgestellt werden, was eine Nutzung des Taxis als Tat- oder
Tatvorbereitungsmittel ausschließt.*[8]

Das Jahr 2007 beginnt für die Kriminalisten, wie das alte Jahr geendet hat. Die Ermittlungsakten werden dicker, die Indizien bleiben dünn.

Am 14. Februar 2007 verlässt Andrej Holm kurz nach halb neun Uhr abends seine Wohnung. Er ist auf dem Weg zur Geburtstagsfeier eines Bekannten.[9] Unterwegs will er noch einen Zwischenstopp im Internetcafé »Call Shop« im Weinbergsweg einlegen. Die zwei Zivilpolizisten hinter sich bemerkt er nicht. Die Kriminaloberkommissare Kuhlbrodt und Palitzsch haben vor seinem Haus gewartet. Beide arbeiten beim Mobilen Einsatzkommando des Berliner Landeskriminalamts und sind auf Observationen spezialisiert. Deshalb entgeht ihnen nicht, dass Holm, nachdem er rauchend die Schwedter Straße entlangspaziert ist, die Kippe auf die Straße schnippt. Kuhlbrodt und Palitzsch sammeln den Stummel ein und schicken ihn später an das BKA, das es für eine molekulargenetische Untersuchung an das hauseigene Kriminaltechnische Institut weiterleitet. Vielleicht können sie Holm nachweisen, an früheren Brandstiftungen beteiligt gewesen zu sein. Nach Anschlägen der »militanten gruppe« auf das Finanzamt Berlin-Neukölln und Bundeswehrfahrzeuge im brandenburgischen Petershagen im Jahr 2003 hatten Beamte der Spurensicherung eine Plastikflasche und mehrere Zigarettenreste mit DNA-Material gefunden, die sie bislang niemandem zuordnen konnten.[10] Doch wie sich herausstellt, stimmt die DNA von den Tatorten nicht mit der von Holm überein.

Als Holm gegen 21 Uhr das Internetcafé betritt, folgen ihm Kuhlbrodt und Palitzsch unauffällig. Sie sehen, dass er sich an einen der Rechner setzt, und filmen hinter seinem Rücken mit einer Videokamera den Bildschirm. Später werden sie die Aufnahme vergrößern und erkennen, was auf dem Monitor vor sich ging.[11] Holm ruft das Webportal der US-Internetfirma yahoo auf, loggt sich in den E-Mail-Account »opelprolls« ein und öffnet den Entwürfe-Ordner. Dort wartet eine Nachricht auf ihn. Die ist jedoch schon zehn Tage alt. »Nächstes Date 8. Februar um 11 Uhr, wieder am S-Bahnhof. PS.: Die neuen Radkappen sind da«, hat jemand geschrieben. Das Treffen hat Holm verpasst. »Bin erst diese Woche wieder zurück, was hältst du vom 22. Februar (Donnerstag) um 22 Uhr. Bin gespannt auf die neuen Radkappen«, schreibt Holm und speichert die Mail ebenfalls unter den Entwürfen.[12]

Kurz darauf verlässt er das Internetcafé, fährt mit der U-Bahn bis zum Kottbusser Tor und läuft von dort in die Manteuffelstraße, wo er in einem Hauseingang verschwindet. Eine halbe Stunde später öffnet ein Unbekannter das yahoo-Konto, liest Holms Nachricht und antwortet kurz mit »ok«. Die Ermittler wissen nun, dass sich Holm über einen virtuellen toten Briefkasten mit Leuten verabredet, die sie nicht kennen. Nur was mit den Radkappen gemeint ist, auf die sich Holm so freut, wissen sie nicht. Ein Soziologe, der konspirativ über Felgenabdeckungen kommuniziert? Kaum vorstellbar. Die Ermittler des Bundeskriminalamts beschließen, das Postfach zu überwachen. Vielleicht erfahren sie, wer der unbekannte Opelfreund ist, mit dem sich Holm treffen möchte. Holm selbst wird ebenfalls weiter beobachtet.

Auszug aus dem Observationsbericht vom 16. Februar 2007, protokolliert von Kriminaloberkommissar Palitzsch, Landeskriminalamt Berlin:

14.20 Uhr: Aufstellung zur Arbeitsstelle des Holm

17.45 Uhr: Aufstellung zur Aufenthaltsanschrift des Holm

19.00 Uhr: Keine Veränderungen. Abbruch.

Eine Woche nachdem Palitzsch und Kuhlbrodt Holm ins Internetcafé gefolgt sind, warten sie erneut vor seinem Haus. Es ist der 22. Februar 2007, der Tag, an dem sich Holm mit einem Unbekannten verabredet hat. Die Polizisten rechnen damit, dass Holm, wie die Tage zuvor, seine Wohnung zu Fuß verlässt. Sie irren. Kurz vor 22 Uhr rast Holm mit seinem Rad an ihnen vorbei und verschwindet in der Dunkelheit. »Der muss schon im Hausflur Schwung geholt haben«, vermutet Kriminaloberkommissar Palitzsch.[13] Holms Eile erscheint ihm auffällig. »Irgendwie ist das nicht normal«, denkt er.[14] Doch so leicht lassen sich die Polizisten nicht abschütteln. Zehn Minuten später, am Nordbahnhof, holen sie Holm ein, als er gerade sein Rad abschließt. Sie sehen, dass er erwartet wird. Ein mittelalter Mann, olivgrüne Jacke, dunkle Hose, heller Kapuzenpulli, tief in die Stirn gezogene Strickmütze. Augenscheinlich ein Deutscher. Die beiden begrüßen sich, dann schlendern sie durch die Straßen, reden und drehen sich immer wieder um. Auf Kuhlbrodt und Palitzsch wirkt das verdächtig. Zumal Holm sein Handy zu Hause gelassen hat. Während seines Spaziergangs ist sein Mobiltelefon in jener Funkzelle eingeloggt, in der sich seine Wohnung befindet. Nach einer Stunde erreichen die Männer wieder den Nordbahnhof und trennen sich. Holm radelt davon, die Beamten bleiben an dem Unbekannten dran, der in die S-Bahn steigt.

Kurz vor Mitternacht erreicht er den Bahnhof Wedding. Noch immer sind ihm die Polizisten auf den Fersen, doch das ist gar nicht so einfach. Der Mann schaut immer wieder, ob ihm jemand folgt. Am Sparrplatz verschwindet er in der Grünanlage zwischen den Fahrbahnen, und Kuhlbrodt und Palitzsch verlieren ihn aus den Augen.[15] Die Beamten suchen die umliegenden Straßen ab, aber ohne Erfolg. Am nächsten Tag läuft ein Kollege erneut die Gegend ab und notiert, in welchen Hauseingängen der Mann verschwunden sein könnte. Die Beamten hoffen auf eine zweite Chance, den ominösen Begleiter ausfindig zu machen. Bis dahin bleiben Palitzsch und Kuhlbrodt weiter an Holm dran.

Auszug aus dem Observationsbericht vom 23. Februar 2007,

*protokolliert von Kriminaloberkommissar Kuhlbrodt, Landes-
kriminalamt Berlin:*

14.32 Uhr: Aufstellung vor der Wohnanlage von Holm.

*16.41 Uhr: Die Zielperson schiebt das Fahrrad von gestern in
das Haus. Hierbei handelt es sich um ein dunkles Herrenrad mit
Kindersitz. Der Rahmen hat eine Y-Form.*

20.00 Uhr. Keine Veränderung. Abbruch.

Die kommenden Wochen ziehen ohne besondere Vorkommnisse vorüber. Beamte begleiten Holm auf dem Weg zu Uni, Kita
und Kneipe. In Leipzig organisieren die Ermittler für Matthias
B. eine ähnliche Rundumbetreuung. Sie warten auf ihn, wenn er
morgens das Haus verlässt, und sie stehen nach Arbeitsschluss
vor seiner Arbeitsstelle. Sie wissen wann er morgens zum Bäcker geht und wann ihn abends seine Freundin besucht. Läuft
er durch die Innenstadt, dann laufen sie mit. Sitzt er in der Stra-
ßenbahn, dann sitzen sie auch drin. Sie steigen aus, wenn er aussteigt. Manchmal verlieren ihn die Polizisten im Getümmel. Aber
sie wissen ja, wo er wohnt. Sie müssen einfach vor der Haustür
warten. Nur einmal verzichten sie darauf, ihn zu verfolgen.

*Auszug aus dem Observationsbericht vom 23. Februar 2007,
Landeskriminalamt Sachsen:*

*18.46 Uhr: B. verlässt sein Haus und läuft nach rechts in die
Stockartstraße. Er führt einen Rucksack mit sich. B. kommt
nicht an der nächsten Straße an.*

*Bemerkung: Aus taktischen Gründen konnte die Stockartstraße
nicht betreten werden. Hier befinden sich durch Autonome be-
setzte Häuser. Davor mehrere Personen auf der Straße.*

22.00 Uhr: Observationsende.

In der Nacht zum 16. März 2007 verübt die »militante gruppe«
einen Brandanschlag auf ein Bürogebäude am Märkischen Ufer
in Berlin-Mitte. In dem Haus befinden sich unter anderem die

Büros vom Verband Türkischer Industrieller und Unternehmer und die der italienischen Handelskammer. Die Linksradikalen wollen ein Zeichen der Solidarität mit den Kurden und Kommunisten in türkischen Gefängnissen setzen und die inhaftierten Mitglieder der italienischen »Roten Brigaden« grüßen. Gegen 2.30 Uhr entdeckt ein Passant das Feuer und informiert die Polizei.[16] Der Sachschaden bleibt überschaubar, verletzt wird niemand. Die Auswertung aller Überwachungsmaßnahmen ergibt erneut: Matthias B., Holm, Malte D. und Herbert M. waren nicht in der Nähe des Tatorts.

Am späten Nachmittag des 12. April 2007 besucht Andrej Holm erneut das Internetcafé »Callshop« in der Nähe seiner Wohnung. Er setzt sich an einen Rechner, loggt sich in den E-Mail-Account opelprolls@yahoo.de ein und schreibt eine Nachricht. Wie schon Wochen zuvor, schickt er die Mail an keinen Empfänger, sondern speichert sie im Ordner für Entwürfe. Holm schlägt dem Unbekannten ein Treffen am kommenden Donnerstag vor. Einige Tage danach wählt sich abermals jemand in den Mail-Account ein und schreibt: »Ok, Donnerstag in der Kneipe.« Als die BKA-Beamten die IP-Adresse ermitteln, erleben sie eine Überraschung. Der Unbekannte hat von einem Internetcafé in der Sprengelstraße auf das E-Mail-Postfach zugegriffen. Die Straße liegt im Wedding, genau in jener Gegend, in der Palitzsch und Kuhlbrodt Ende Februar jenen Mann aus den Augen verloren haben, mit dem sich Holm getroffen hatte.[17] Das ist ihre zweite Chance, den Unbekannten doch noch zu identifizieren.

Schon Stunden vor Holms Verabredung an diesem 19. April 2007 haben sich die Polizisten in der Nähe seines Hauses postiert. Diesmal übernehmen Spezialisten des Bundeskriminalamts die Überwachung. Palitzsch und Kuhlbrodt vom Landeskriminalamt sind auch dabei. Falls sich Holm tatsächlich wieder mit dem Unbekannten aus dem Wedding trifft, können ihn die beiden identifizieren. Selbst im Treppenhaus haben sich diesmal offenbar Beamte versteckt. Denn sie wissen nicht nur, ob jemand das Haus betritt und in Holms Wohnung verschwindet.

Auszug aus dem Observationsbericht, 19. April 2007, Bundeskriminalamt ZD 35 – MEK:

21.08 Uhr: Eine unbekannte männliche Person (umP1) kommt mit einem Fahrrad zum Objekt gefahren. Die umP1 drückt die Klingel und betritt das Wohnhaus. Die umP1 trägt Kopfhörer.

21.09 Uhr: Dr. Andrej Holm empfängt die umP1 an der Wohnungstür. Die beiden Personen unterhalten sich kurz im Eingangsbereich. Anschließend betritt die umP1 die Wohnung.

Bemerkung: Diese Erkenntnis wurde ohne technisches Hilfsmittel erlangt.

Kurz nach 22 Uhr tauchen Holm und die unbekannte männliche Person im Hauseingang auf und bummeln die Schönholzer Straße entlang. An der Brunnenstraße trennen sich die zwei. Holm läuft zum U-Bahnhof Bernauer Straße. Kriminalhauptkommissar Palitzsch ist hinter ihm und muss anscheinend höllisch aufpassen, nicht entdeckt zu werden. Als Holm die Stufen zur Station hinabläuft, dreht er sich mehrmals um. Unten angekommen, schaut er, wer noch auf dem Bahnsteig wartet, wechselt mehrmals seinen Platz. Palitzsch glaubt, dass Holm ahnt, verfolgt zu werden, ist sich aber sicher, dass ihn der Soziologe nicht entdeckt hat.[18]

Holm steigt in die U8 Richtung Hermannstraße, verlässt die Bahn aber schon nach einer Station, am Rosenthaler Platz. Am Treppenaufgang Richtung Ausgang wird er schon erwartet. Der Mann ist etwa 1,80 Meter groß, schlank, trägt ein schwarzes Basecap, braune Lederjacke, dunkle Hose und einen hellen Hoodie. Die Beamten vom Mobilen Einsatzkommando schätzen ihn auf maximal Mitte dreißig. Holm und der Unbekannte spazieren die wenigen Meter bis zum St. Oberholz. Das Lokal gilt als Wärmestube der digitalen Boheme. Hier verkehren Menschen mit MacBook, flotten Frisuren und dünnen Portemonnaies, aber dem Talent ausgestattet, ein selbst gestaltetes Icon zur Internet-Revolution und Powerpoint-Präsentationen zu Start-up-Unternehmen aufzupusten. Für das Prekariat mit Programmiererfahrung ist das St. Oberholz eine Insel der Glückseligkeit, die ständig neues Strandgut anlockt.

Es ist 22.17 Uhr, als Holm und sein Begleiter das St. Oberholz betreten und sich an einen Tisch im Obergeschoss setzen. Kurz nach ihnen kommen auch Kriminaloberkommissar Silvio Schulz und Kriminalhauptkommissar Harald Kendler durch die Tür. Die Beamten begeben sich ebenfalls ins Obergeschoss – und sie haben Glück: Holm hockt auf einer langen Sitzbank, neben ihm ist noch frei, und genau dort lässt sich Kendler nieder. Nur achtzig Zentimeter trennen ihn von Holm. Kendler, ein erfahrener Beamter von 49 Jahren, holt aus seiner Tasche ein unauffälliges Aufnahmegerät und legt es unauffällig zwischen sich und Holm auf die Bank. Ermittler sprechen von einem »Kleinen Lauschangriff«, wenn sie in öffentlichen Gebäuden Gespräche aufzeichnen. Werden Wohnungen mit Mikrofonen oder Kameras überwacht, wird daraus ein »Großer Lauschangriff«. Nachdem Kendler den Rekorder gestartet hat, versuchen er und sein dreizehn Jahre jüngerer Kollege zu hören, worüber neben ihnen gesprochen wird.[19] Es bleibt beim Versuch. Denn die Worte schwirren wie Mücken durch den Raum, aufgeputscht vom dissonanten Gläserklirren und quengelnden Lautsprechern, ein Lärmteppich, der sich auf die Ohren legt und mit seinem Flor jeden Sinn aus den Sätzen siebt. Obwohl die Ermittler wohl noch nie so nah an ihrem Verdächtigen dran waren, sind sie doch meilenwert davon entfernt, irgendeine verwertbare Information aufzuschnappen.[20] Holm und der Unbekannte reden leise, blättern zwischenzeitlich in einem Werbeprospekt des Stromkonzerns Vattenfall. Die Kommissare klappen einen Laptop auf und klicken sich durchs Internet. Immerhin läuft ihr Rekorder, vielleicht können sie aus den Aufnahmen etwas Brauchbares filtern.

23.15 Uhr bezahlen Holm und sein Begleiter und verlassen die Wirtschaft. Nachdem sie außer Sichtweite sind, verstauen die beiden Kriminalisten Laptop und Rekorder und steuern ebenfalls den Ausgang an.

Draußen warten schon ein BKA-Observationsteam und die LKA-Mitarbeiter Kuhlbrodt und Palitzsch. Während Holm und sein Begleiter vor der Tür plaudern, gelingt es Palitzsch, sich den Männern bis auf zehn Meter zu nähern. Danach ist er sicher: Das ist der Typ, mit dem sich Holm vor Wochen am Nordbahnhof getroffen hat und der ihnen später im Wedding durch die Lappen gegangen ist.[21] Als sich Holm verabschiedet, verfolgen sie ihn nicht. Die Männer vom Mobilen Einsatzkommando wollen wissen, wer der Unbekannte ist. Der Unbekannte geht gemächlich in die Torstraße Richtung Schönhauser Allee, kauft sich im Späti ein Bier, kehrt um, überquert erneut den Rosenthaler Platz und biegt dann in die Linienstraße ein. Als er eine Grünanlage passiert, wirft er die Pulle ins Gebüsch. Sekunden später ist ein MEK Beamter zur Stelle und sichert das Leergut, um es später auf Fingerabdrücke untersuchen zu lassen.[22] Eine Viertelstunde vor Mitternacht erreicht er das Oranienburger Tor. Er steigt in einen Wagen der Linie 6, fährt bis Wedding, wo er aussteigt und fast dieselbe Route nimmt wie acht Wochen zuvor. Doch diesmal lassen sich die Polizisten nicht abschütteln. Sie sehen, wie er in die Tegeler Straße biegt und in einem Hauseingang verschwindet. Kurze Zeit später geht in einer Wohnung im vierten Stock das Licht an. Es ist sechs Minuten nach Mitternacht, und in wenigen Stunden werden die Ermittler wissen, mit wem sich der Soziologe Andrej Holm getroffen hat.

Kapitel 9: St. Oberholz

Thorben J. steht unter der Dusche, als das Telefon klingelt. Es ist der 9. Mai 2007, 7.30 Uhr. Weil J. gerade beschäftigt ist, greift seine Lebensgefährtin zum Hörer. Der Mann am anderen Ende der Leitung sagt irgendeinen Namen und fragt: »Ist Herr J. zu Hause?«

»Ja«, sagt die Lebensgefährtin, »aber gerade kann er nicht, rufen Sie später noch einmal an.« Dann legt sie auf. Eine halbe Stunde später, J. kommt gerade aus dem Bad, ein Handtuch um die Hüften gebunden, klopft es an der Tür. »Polizei, machen Sie auf«, dröhnt es von draußen. Als er öffnet, stürmt ein Dutzend Beamte, bewaffnet und in schusssicheren Westen, die Wohnung, sie verteilen sich auf alle Räume. »Gesichert«, meldet ein Beamter aus dem Wohnzimmer. »Gesichert«, tönt sein Kollege aus dem Schlafzimmer. »Gesichert, gesichert, gesichert«, echot es aus Kinderzimmer, Küche und Bad. Ein Polizist führt J. zu Wand, wo er halbnackt warten muss, bis ihm ein Ermittler den Durchsuchungsbeschluss präsentiert. Thorben J. liest von »Tatverdacht« und »Sachverhaltsaufklärung«. Natürlich weiß er, dass ihn die Staatsschützer auf dem Kieker hatten. Aber das ist Jahre her.

2002 hatte er nach einer Computerpanne bei seinem Mobilfunkanbieter entdeckt, dass Bundeskriminalamt und Verfassungsschutz sein Telefon abhören. Im November 2003 schrieb ein *Focus*-Reporter, dass ein kurz vor der Enttarnung stehender Terrorist Kontakt zu Bundeskanzler Gerhard Schröder gesucht habe. Gemeint war er. Tatsächlich hatte J. Schröder getroffen. Ganz zufällig in einem Restaurant. Mitglied der »militanten gruppe« sei er nicht, sagte er. Ein Gericht sah das ebenso und verdonnerte den *Focus* (Werbeslogan: »Fakten, Fakten, Fakten«) zu einer Gegendarstellung. Im Februar 2004 notierte Ermittlungsführer Oskar Damelshausen vom Bundeskriminalamt, dass es ausgeschlossen sei, dass J. und seine Genossen von der Initiative »Libertad!« zur »militanten gruppe« gehören.

Im Durchsuchungsbeschluss des Bundesgerichtshofes dreieinhalb Jahre später steht genau das Gegenteil. Der Tatverdacht gegen ihn habe sich erhärtet, liest J. Allerdings genügten die bisher gewonnenen Erkenntnisse nicht, ihn zu überführen. Da er spätestens seit dem *Focus*-Artikel von der Überwachung wisse, bespreche er mögliche Anschläge nicht mehr telefonisch. Deshalb die Hausdurchsuchung. Die Ermittler hoffen, Bekennerschreiben, Bastelanleitungen für Brandsätze oder Telefon- und Adressenlisten zu finden. Zum wiederholten Mal folgen die Ermittler einer Logik, die sich nicht jedem erschließt: Trotz jahrelanger ergebnisloser Totalüberwachung und obwohl J. weiß, dass er vom BKA observiert wird, glauben die Kriminalisten bei ihm Beweise für seine Mitgliedschaft in der »militanten gruppe« zu finden. Sie beschlagnahmen Computer, Handys, Festplatten und USB-Sticks. Anschließend legen sie dem Politologen Handschellen an, fahren ihn, bewacht von fünfzehn Polizisten, ins Landeskriminalamt, wo sie ihn fotografieren und Fingerabdrücke nehmen. »Möchten Sie sich zur Sache äußern?«, fragt eine Beamtin. Thorben J. will sich nicht äußern. Wenig später darf er überraschenderweise nach Hause. Die Auswertung der beschlagnahmten Speichermedien bringt: nichts.

Thorben J. ist nicht der Einzige, bei dem an diesem Mittwochmorgen Polizisten vor der Tür stehen. Neunhundert Beamte des Bundeskriminalamts und verschiedener Landeskriminalämter durchsuchen vierzig Objekte in sechs Bundesländern. Zwanzig Staatsanwälte der Bundesanwaltschaft koordinieren den Einsatz. Verantwortlich für die Aktion ist Generalbundesanwältin Monika Harms.[1] Mit aller Härte geht der Staat gegen vermeintliche und tatsächliche Staatsfeinde vor. Im Kreuzberger Mehringhof brechen die Beamten Büros auf und durchsuchen einen Buchladen. In Hamburg filzen Ermittler das Kulturzentrum »Rote Flora«. In Niedersachen, Brandenburg und Schleswig-Holstein durchkämmen sie sogar Bauernhöfe, die von Aktivisten als Rückzugsort oder Materiallager genutzt würden[2], und an der Uni Bremen beschlagnahmen Polizisten die Seminarteilnehmerlisten eines linken Dozenten.[3] Einige Aktivisten müssen Geruchsproben abgeben, die mit Spuren auf Bekennerschreiben abgeglichen werden.[4] Nicht überall stößt die Schnüffelei auf Verständnis. Bundestagsvizepräsident Wolfgang Thierse fühlt sich an die Stasi und »Polizeistaats-Methoden à la DDR« erinnert.[5] Grünen-Chefin Claudia Roth sagt, es sei ein »Hammer«, dass Globalisierungskritiker in die Terrorismusecke gestellt würden. Ihr Parteifreund Volker Ratzmann, Fraktionschef im Berliner Abgeordnetenhaus, spricht von einem rechtsstaatlich bedenklichen »Einschüchterungsversuch«.[6]

Die Bundesanwaltschaft sieht das anders. Linksradikale hätten Anschläge geplant, gegen 21 Terrorverdächtige werde ermittelt, darunter auch mutmaßliche Mitglieder der »militanten gruppe«.[7] Die Staatsschützer sind offenbar nervös. In wenigen Wochen beginnt im mecklenburgischen Badeort Heiligendamm der G8-Gipfel. Gegen das Treffen von Staats- und Regierungschefs der größten Industrieländer und ihrer gewaltigen Entouragen mobilisieren tausende Globalisierungskritiker – von eher gemäßigten Gruppen, wie Greenpeace und Attac bis hin zu Autonomen, die den Tagungsort notfalls gewaltsam blockieren wollen. Aus Sicht der G8-Gegner ist in

Heiligendamm eine Alibishow geplant, die schöne Fotos produziert, aber nichts an Armut, Ausbeutung und Umweltzerstörung ändert. Für die Sicherheitskräfte ist Heiligendamm eine Herausforderung. 17 800 Polizisten und 1100 Bundeswehrsoldaten sollen die Polit-Promis vor Protesten schützen. Am Ende wird die dreitägige Ostseesause rund 92 Millionen Euro verschlingen.[8]

An diesem 9. Mai, vier Wochen vor dem Gipfel, zelebrieren Bundesanwaltschaft und Bundeskriminalamt ihre Einsatzbereitschaft nicht nur öffentlichkeitswirksam. Hinter den Kulissen läuft auch eine verdeckte Operation. Der Plan: Während sie mit ihren Razzien in der linken Szene Staub aufwirbeln, wollen sie sehen, wie mutmaßliche Mitglieder der »militanten gruppe« auf den Zinnober reagieren. Ein Mann interessiert die Staatsschützer besonders: Jener Unbekannte, den ein Observationsteam dreieinhalb Wochen zuvor von einem Treffen mit Andrej Holm bis vor ein Haus im Wedding verfolgt hatte. Nachdem sie wussten, wo er wohnt, genügte eine Anfrage beim Einwohnermeldeamt, um den Mann zu identifizieren. Es ist ein 34-jähriger Sozialpädagoge, den seine Freunde Schwede nennen.

Der Mann wurde noch nie einer Straftat überführt, aber die Kriminalisten wissen, dass die »militante gruppe« von ihren Mitgliedern verlangt, unter dem polizeilichen Radar zu bleiben.[9] Außerdem: Der Mann hat vielleicht juristisch eine weiße Weste, einen Fleck im Lebenslauf entdecken sie dennoch. Vor Jahren hat der Schwede in der Lottumstraße gelebt, einem Hotspot der autonomen Szene im Prenzlauer Berg. Anfang der neunziger Jahre besetzten Aktivisten in der Gegend mehrere Häuser, die später legalisiert wurden. Seltsam ist auch, dass der Schwede offenbar nie mit Holm telefoniert oder E-Mails ausgetauscht hat. Das hätten die Kriminalisten bemerkt. Schließlich überwachen sie Holms Festnetzanschluss, sein Handy und sein Mail-Postfach. Die Männer scheinen ausschließlich über den

toten Briefkasten »opelprolls@yahoo.de« zu kommunizieren.
Die BKA-Mitarbeiter schlussfolgern, dass sich der konspirative
Kontakt zu Holm nur so erklären lasse, dass auch der Schwede
»in die terroristische Vereinigung ›militante gruppe‹ als Mitglied eingebunden ist«.[10] Eventuell ist er die Kontaktperson
zwischen den Schreibern der »militanten gruppe«, also jenen
Männern, die für die Texte verantwortlich sind, und den ausführenden Brandstiftern.[11]

Während Polizisten im gesamten Bundesgebiet Treffpunkte
der linken Szene auf den Kopf stellen, steht Kriminaloberkommissar Christian Alberti vor einem Altbau in der Tegeler Straße
in Berlin und wartet. Der 26-Jährige soll an diesem Tag zusammen mit seinen Kollegen vom Mobilen Einsatzkommando des
BKA den Schweden überwachen. Stundenlang geschieht nichts.
Gegen vierzehn Uhr öffnet sich die Haustür, und die Zielperson erscheint. Alberti sieht, dass der Schwede zur nächstgele-
genen Bushaltestelle geht und dort einen Mann begrüßt, der
augenscheinlich auf ihn gewartet hat.[12] Der Mann ist Mitte
dreißig, dunkel gekleidet, kräftig gebaut und trägt kurze Haare.
Die beiden setzen sich ohne Eile in Bewegung, durchqueren einen Park, laufen zu einem Bolzplatz und von dort zurück in
Richtung Tegeler Straße. Auf Alberti machen sie einen nervösen Eindruck. Er hat das Gefühl, dass sie versuchen, Leute oder
vorbeifahrende Autos im Blick zu haben.[13] Kurz vor halb drei
verschwindet der Unbekannte in einer Sparkassen-Filiale in
der Nazarethkirchstraße, zieht fünfzig Euro aus dem Geldautomaten und spaziert weiter. Ein Fehler, der ihm teuer zu stehen kommt. Denn damit liefert er seinen Verfolgern den ersten Hinweis auf seine Identität. Ab diesem Zeitpunkt bleiben
ihm noch gut zweieinhalb Monate in Freiheit.

Nachdem sich der Schwede von seinem Begleiter verabschiedet hat, fährt er zu seiner Arbeitsstätte, einem Pflege-
dienst. Am Abend protestieren in mehreren Städten tausende

Menschen gegen die Durchsuchungen. In Berlin demonstrieren etwa dreitausend Menschen, in Hamburg sind es zweitausend. »Militante Gruppe – Salz in der Suppe«, skandieren die Teilnehmer. Im Schanzenviertel der Hansestadt kommt es zu Ausschreitungen. Autonome bauen Barrikaden und bewerfen Beamte mit Böllern und Steinen. Die Polizei setzt Wasserwerfer ein.

In Berlin beobachten Beamte den Schweden auch zu später Stunde. Nach der Arbeit verschwand er in seiner Wohnung. Doch nach 22 Uhr steht er plötzlich wieder auf der Straße, trifft sich erneut mit dem Unbekannten. Wieder drehen sie eine Runde durch die umliegenden Straßen. Einem Polizisten gelingt es, sich bis auf fünf Meter heranzupirschen und ein Foto von den beiden zu schießen.[14] Für die Kriminalisten deutet vieles darauf hin, dass der Mann ebenfalls zur »militanten gruppe« gehört. Er ist schon der zweite Verdächtige, auf den die Ermittler durch Andrej Holm gekommen sind.

Die Ermittler wollen wissen, wen sie verfolgt haben. Also bitten sie bei der Berliner Sparkasse um die Videobänder von den Überwachungskameras der Filiale. Die Kriminalisten interessiert nur der kurze Moment, in dem der Unbekannte Geld abgehoben hat. Aber die Sparkasse stellt sich zunächst quer. Man könne die Aufnahmen nur nach einem richterlichen Beschluss oder einem staatsanwaltschaftlichen Auskunftsersuchen herausgeben, erklärt eine Mitarbeiterin. Auf telefonische Nachfrage erfahren die Kriminalisten aber von einer Sparkassen-Mitarbeiterin, dass in der fraglichen Zeit ein Kunde den Automaten benutzt hat. Sein Name: Oliver Rast.[15] Als die Sparkasse das entsprechende Video nachreicht, bestätigt sich das.

Auch der neue Verdächtige wurde bisher nie angeklagt. Keine Steinwürfe am 1. Mai, keine Prügelei mit Neonazis, nicht mal ein einfacher Landfriedensbruch oder eine banale Beförderungserschleichung wurden aktenkundig – eigentlich Standard für jeden Autonomen, der bei Demonstrationen im Schwarzen Block marschiert und mitsingt, wenn die linke Kultband »Ton Steine Scherben« Schwarzfahren als Akt der Befreiung feiert. Das heißt nicht, dass Oliver Rast jahrelang Friedenstauben gebastelt und auf Demos »Give Peace A Chance« gesungen hat. Im Gegenteil. So fuhr er immer wieder zu den Anti-Atomkraft-Protesten ins niedersächsische Gorleben. Dort kämpften Umweltschützer und Linksradikale jahrzehntelang so entschlossen gegen ein Zwischenlager für radioaktiven Abfall, dass die Atommülltransporte von tausenden Polizisten geschützt werden mussten.

Oliver Rast und seine Genossen pirschten schon Tage zuvor durch die Gegend, um Orte zu finden, an denen sie Straßen unterhöhlen oder Barrikaden errichten konnten. Ihr Ziel war es, die Castortransporte so lange wie möglich aufzuhalten. Über ihnen flogen Polizeihubschrauber, die die Waldgebiete nach herumvagabundierenden Autonomen absuchten. Oliver Rast blieb unentdeckt. Manchmal gelang es den Autonomen in der Nacht, herrenlose Polizeifahrzeuge mit Molotow-Cocktails unbrauchbar zu machen. Er habe bei solchen Aktionen Ausdauer und Genauigkeit gelernt, sagt Oliver Rast.

Nur einmal war er unaufmerksam. Im April 2000 hatten ihn Polizisten beim Plakatieren in Kreuzberg erwischt. Er hatte Werbung für die DHKP-C bei sich. Die marxistisch-leninistisch orientierte »Revolutionäre Volksbefreiungs-Front« aus der Türkei hat auch einen deutschen Ableger, aber der wurde schon Ende der neunziger Jahre verboten. Die Polizisten werteten die Klebeaktion lediglich als Verstoß gegen das Vereinsrecht und ließen Oliver Rast laufen.[16]

Als die Ermittler sieben Jahre später von seiner Sympathie für die DHKP-C erfahren, werden sie hellhörig. Beim Anschlag auf den türkischen Industriellenverband in Berlin-Mitte, drei

Monate vorher, hatten die Täter »Freiheit für DHKP-C-Gefangene« auf die Fassade gesprüht. Vielleicht ein Zufall. Aber selbst in der vergleichsweise großen und an politischen Strömungen und Splittergruppen nicht gerade armen linksradikalen Szene Berlins dürfte es nur wenige DHKP-C-Anhänger geben. Und noch etwas fällt den Kriminalisten auf: Zumindest ein Mitglied der »militanten gruppe« kennt sich an den Anschlagsorten sehr gut aus. Am häufigsten schlug die Truppe im Stadtteil Reinickendorf zu, gefolgt vom Wedding.[17] Oliver Rast wohnte jahrelang in Reinickendorf und zog danach in den Wedding.[18] Perfekt ins Profil passt auch Rasts Arbeit im Roten Antiquariat. In Berlin gibt es wahrscheinlich keinen Buchladen mit einer größeren Auswahl an Literatur zu den Themen Sozialismus, Kommunismus und Anarchismus – und auf diesen Feldern verfügen die Männer der »militanten gruppe« über ein außergewöhnliches Wissen, wie die Ermittler immer wieder feststellen. Die Kommissare vermuten, dass Oliver Rast zur Ausführungsebene der »militanten gruppe« gehört oder zumindest Kontakt zur Ausführungsebene hat.

Oliver Rast ahnt nicht, dass er im Frühjahr 2007 ins Visier des Bundeskriminalamts gerät. Wie schon bei den anderen Verdächtigen starten die Fahnder das volle Überwachungsprogramm. Besonders gründlich nehmen sie seine Finanzen unter die Lupe. Sie prüfen seine Kontoauszüge der vergangenen zwei Jahre, schauen auf jede Überweisung, sogar welche Geldautomaten und Kontoauszugsdrucker er benutzt hat, interessiert sie. Die Kriminalisten wollen das gesamte Leben des Antiquars durchleuchten, jede Kleinigkeit könnte zu neuen Ermittlungsansätzen führen. Um sicherzustellen, dass sie weiterhin ungestörten Zugriff auf alle Ausgaben und Einnahmen von Oliver Rast haben, bitten sie die Sparkasse, sein Konto auf keinen Fall zu kündigen. Dies würde die Ermittlungen gefährden.[19] Mit ähnlicher Akribie agieren sie auch beim Schweden.

Selbst eine neue Liaison ist wichtig genug für die Ermittlungsakten des Bundeskriminalamts.[20]

Als Fehlschlag entpuppt sich indes der Kleine Lauschangriff
auf Andrej Holm und den Schweden im St. Oberholz. Genau
57 Minuten und 31 Sekunden lang haben Kriminaloberkommissar Schulz und Kriminalhauptkommissar Kendler das Gespräch
der zwei Männer aufgezeichnet, während sie unauffällig am Ne-
bentisch saßen. Doch auf der Tonspur befinden sich vor allem
Stimmengewirr und Hintergrundgeräusche. Außerdem hat das
Stereomikrofon nicht richtig funktioniert. Deshalb sollen die Experten des Kriminaltechnischen Instituts in Wiesbaden die Aufnahmen digital aufbereiten. Aber die Experten müssen passen.
»Die Beeinträchtigungen sind mit Mitteln der akustisch-techni-
schen Qualitätsverbesserung nicht kompensierbar, so dass eine
Bearbeitung zu keiner wesentlichen Verbesserung der Verständ-
lichkeit des Gesprächsinhaltes führt«, schreibt eine Referen-
tin ins kriminaltechnische Gutachten.[21] Um dem Tohuwabohu
vielleicht doch noch sinnvolle Sätze zu entreißen, transkribie-
ren Techniker das Tonband, wobei sie nicht eindeutig verständ-
liche Passagen in Klammern setzen und alternative Möglichkeiten durch Querstriche kennzeichnen

*Auszug aus dem Kriminaltechnischen Gutachten KT54-2007/
2924: Technische Aufbereitung des Kleinen Lauschangriffs vom
19.04.2007 in der Kneipe St. Oberholz:*

*6:18 min, Sprecher A: (in Deutschland)/(unsere jüngeren)/(uns
von den jüngeren)/(und von den jüngeren) (konnte keiner damit umgehen)*

6:21 min: [Gläserklirren]

*6:22 min, Sprecher A: (ha'm)/(dann) (die) (dann ham)/(irgend-
wann) (in die Häuser) (von jedem)/(gegeben) (angefangen)*

6:26 min – 6:27 min: Unständlich

*6:28 min, Sprecher A: (das fanden die)/(das fand ich)/(jetzt
war'n die) (natürlich s'bisschen)*

6:30 min, Sprecher B: (das war's doch schon)
6:31 min, Sprecher B: (und man) (möchte)/(müsste) (doch hier
im Vorfeld doch) (mal'n bisschen)/(mal wissen) Unverständlich.
6:35 min, Sprecher B: (daher)/(da hört) (zwischen den) (meis-
ten)/(beiden) (andern) Unverständlich
6:37 min: Unverständlich
6:38 min: (neben einander)
6:39 min: (warum der jetzt alles weiß)
6:40 min: (verändere)/(Veränderungen) (so die werden irgend-
wie so) Unverständlich.
6:43 min: Unverständlich
6:45 min, Sprecher A: Monopol (jetzt) (in die Abhängigkeit)/
(sind die abhängig gerade)
6:47 min, Sprecher unklar: (hör auf Mann ich)/(hör auf man)
(kann's nicht mehr hören) (der hat sich ja)/(in dreißig Jahren)
Unverständlich
Ende Abschnitt 2.

Was an das Manuskript einer Live-Performance von Dadaisten
erinnert, ist ein kleiner Ausschnitt aus dem Sprachgutachten
des Kriminaltechnischen Instituts. Die übrigen Passagen be-
eindrucken mit einem ähnlichen Informationswert.

Trotzdem ist es aus Sicht der Kriminalisten eine gute Entscheidung, Andrej Holm zu überwachen. Denn während ihnen seine unbefangene Kneipenkonversation trotz technischer
Hilfsmittel kaum neue Ansätze liefert, wird es interessant,
wenn er versucht, seine Kommunikation zu verschleiern.
Holm fühlt sich offenbar sicher, wenn er von Internetcafés in
der Nähe seiner Wohnung den E-Mail-Account »opelprolls@
yahoo.de« aufruft. Für ihn scheint es eine glaubwürdige Tarnung zu sein, wenn ein Mieteraktivist auf Mantafahrer macht.
Anders lässt sich seine Korrespondenz über die Lieferung von
Autoteilen nicht erklären. Niemand im Bundeskriminalamt

dürfte ernsthaft annehmen, dass sich die Nachrichten wirklich um Winterreifen und Felgenabdeckungen drehen. Zumal Holm weder ein eigenes Auto noch eine Fahrerlaubnis besitzt. Offensichtlich benutzen Holm, der Schwede und weitere Personen Codes. Menschen, die Holm kennen und die sich in dieser Zeit im Umfeld der Untergrundzeitschrift *radikal* bewegen, werden Jahre später behaupten, sie wüssten, was sich hinter den »Radkappen« verbirgt. Sicher ist: Wer seine Worte verschlüsselt, macht das, weil er unerwünschte Mitleser fürchtet. Die sollen auf eine falsche Fährte gelockt werden. Wer blitzgescheit ist, lässt diese Fährte in eine Sphäre führen, die von der eigenen Welt nicht so weit entfernt ist wie seine Studierstube vom nächsten Opel-Tuner.

An einem Donnerstag betritt kurz vor siebzehn Uhr ein Mann ein Internetcafé in der Torstraße, nicht weit weg von Holms Wohnung. Es ist der 17. Mai 2007, der Besucher loggt sich bei den Opelprolls ein und hinterlässt folgende Nachricht:

»Hallo, hatte vom VW-Club Wiesbaden auch schon gehört, konnte aber auf den Seiten noch nichts wirklich Passendes für mich finden ... aber wenn weiter Regen angesagt ist, dann fällt unsere Tour sowieso ins Wasser, und wir werden uns mit dem Bier vor die Glotze setzen, is ja ooch mal schön. Hab die nächsten Wochen viel zu arbeiten und würde mich melden, wenn ich wieder mehr Zeit habe, die Radkappen laufen uns ja nicht weg.«[22]

Die Ermittler vermuten, dass Andrej Holm die Mail geschrieben hat.[23] Was sie bedeutet, wissen sie nicht. Worauf könnte ein Berliner Soziologe anspielen, der sich als Opelfan ausgibt und sich gleichzeitig für Volkswagen-Fans in der hessischen Landeshauptstadt interessiert? Eine Erklärung der Ermittler geht so: Es könnte sein, dass mit »VW-Club Wiesbaden« die Homepage des BKA gemeint sei, auf der Fahndungsaufrufe zur »militanten gruppe« eingestellt sind. Und die »Tour« vielleicht bedeutet, dass ein neuer Anschlag geplant ist, auf den die Linksradikalen bei »Regen« verzichten, wobei der Niederschlag für die laufende Überwachung des BKA stehen könnte. Möglicherweise haben die Verdächtigen ihre Verfolger bemerkt.[24]

Einen Tag später, kurz vor drei Uhr morgens, schleichen sich mehrere Männer auf einen Polizeiparkplatz in Berlin-Spandau. Die Videokamera übersehen sie. Unter einem Einsatzfahrzeug deponieren die nächtlichen Besucher einen Brandsatz und flüchten. Sekunden später steht das Auto in Flammen. Ein Wachmann bemerkt den Brand und ruft die Feuerwehr. Doch bevor die Löschzüge eintreffen, ist ein zweiter Polizeiwagen ein Haufen Schrott, auf den die Flammen übergegriffen haben.[25] Diesmal dürfte es eng werden für die Täter. Schließlich wurde der Anschlag von einer Kamera aufgezeichnet. Doch einige Tage später muss der Berliner Polizeipräsident eine peinliche Panne einräumen: Die Aufnahmen wurden nicht gespeichert. Außerdem habe zur Tatzeit kein Beamter auf den Beobachtungsmonitor gesehen. Man habe leichtfertig eine seltene Möglichkeit verschenkt, Bilder von Mitgliedern dieser Terrorgruppe zu sichern, kommentiert ein Sicherheitsexperte gegenüber den *Potsdamer Neuesten Nachrichten*.[26]

Obwohl die Täter am Tatort kein Bekennerschreiben hinterlassen, nicht einmal Parolen gesprüht haben, glauben die Ermittler, dass die »militante gruppe« die Polizeiwagen abgefackelt hat. Der Erste Kriminalhauptkommissar B. rechnet deshalb damit, dass die Linksradikalen ihre Tatbekennung in den nächsten Tagen an verschiedene Tageszeitungen verschicken werden.[27] B. schlägt vor, mehrere Tage lang die Post zu beschlagnahmen, die über das Briefzentrum 10 in Berlin-Mitte an *Berliner Zeitung*, *Berliner Morgenpost*, *BZ* und *Tagesspiegel* geschickt wird. Hier wurden bisher die meisten Bekennerbriefe der »militanten gruppe« abgestempelt. Falls die Ermittler eins der Schreiben in die Hände bekommen, bevor es zugestellt wird, können sie dieses auf Spuren untersuchen. Die Aktion soll unter strengster Geheimhaltung ablaufen. Keiner der betroffenen Verlage wird informiert, und im richterlichen Beschlagnahmebeschluss, der den Postmitarbeitern ausgehändigt werden muss, wird kein Name von Verdächtigen auftauchen. B. befürchtet, dass sonst etwas durchsickern könnte. In diesem Fall wären die Ermittlungen »im höchsten Maße gefährdet«, warnt er.

Ein Tag nach dem Anschlag treffen drei Polizeibeamte nachts im Briefzentrum ein, es ist 2.30 Uhr. Unter ihnen ist Kriminalkommissar-Anwärter Thierbach. Er erklärt dem Schichtleiter, wonach sie suchen. »Von Bedeutung sind die Briefe, die an das Postfach und an die Hausanschrift der Verlage adressiert sind, sagt Thierbach.

Insgesamt sind das innerhalb von zwei Tagen zwischen sechs- und neuntausend Sendungen. Weil die Beamten diese Menge unmöglich lückenlos kontrollieren können, richten sie ihr Augenmerk nur auf Briefe, die jene Kriterien erfüllen, die typisch sind für die Bekennerbriefe der »militanten gruppe«. Sie achten auf die Art der Umschläge (weiß, C6-Format), die Briefmarken (selbstklebend), die Adressaufkleber (ausgedruckt und ausgeschnitten) und fehlende Absenderangaben. Dreieinhalb Stunden brauchen die Polizisten, bis sie alles durchsucht haben.[28]

Kurz nacheinander fallen Thierbach zwei Kuverts auf, die perfekt ins Schema passen. Adressiert sind sie an die *Berliner Morgenpost* und das Boulevardblatt *BZ*. Beide Zeitungen erscheinen im Axel-Springer-Verlag. Thierbach fährt mit den ungeöffneten Briefen zum Berliner Landeskriminalamt. Dort erwarten ihn schon ein Staatsanwalt der Bundesanwaltschaft, ein LKA-Beamter sowie die Kriminaltechniker Schmitt und Schawinsky.

Schmitt ist Schriftexperte, Schawinsky zuständig für Finger-abdrücke und DNA. Um keine Spuren zu zerstören, gehen sie mit äußerster Vorsicht vor. Sie verteilen Kittel, Mundschutz, Kopf-bedeckungen und Handschuhe. Dann öffnet Schawinsky den ersten Umschlag mit einem Skalpell, zieht mit einer Pinzette die Briefe heraus. Thierbach hat sich nicht getäuscht. Zum Vor-schein kommt ein Bekennerschreiben der »militanten gruppe«. Der Anschlag auf die Polizeifahrzeuge sei eine Antwort auf die Razzia der Bundesanwaltschaft am 9. Mai 2007, schreiben die Linksradikalen. Und auch der zweite Umschlag enthält, was er erwartet hat. Schawinsky vervielfältigt alles auf einem speziell gereinigten Kopierer. Anschließend verpackt er die Ablichtungen in Seidenpapier und verschließt das Ganze luftdicht mit Plastik-folie. Die Kopien landen wieder in weißen C6-Umschlägen, die später im Briefzentrum abgestempelt und an die Empfänger ge-schickt werden. Am Montag, dem 22. Mai 2007, öffnen Redak-teure bei der *Berliner Morgenpost* und der *BZ* die Kuverts und fin-den die Bekennerschreiben. Niemand merkt, dass die Post einen Umweg über das Landeskriminalamt genommen hat.[29]

Monate später erfährt die Gewerkschaft »ver.di« von der Ak-tion und veröffentlich eine Meldung auf ihrer Webseite.[30] Me-dien und Juristen reagieren empört. Die *Berliner Morgenpost* zitiert den Rechtsbeistand des Verlags, der die Polizeiaktion als »medienpolitisch sehr problematisch« einstuft. Es bestehe die Gefahr, Pressefreiheit und Informantenschutz so sehr auszu-höhlen, dass diese nur noch zur Dekoration dienen könnten. Das Argument der Ermittler, sie hätten nur die von der »mili-tanten gruppe« favorisierten C6-Umschläge inspiziert, die mit selbstklebenden Briefmarken frankiert waren, bezeichnete er als »Unfug«. Der Anwalt sagte: »Fast alle genutzten Briefum-schläge entsprächen dieser Beschreibung. Und selbstklebende Briefmarken sind nun wirklich keine Seltenheit. Denn es gibt keine anderen.«[31]

Der Deutsche Journalistenverband (DJV) bezeichnete die Maßnahmen als »schweren Schlag gegen das Redaktionsgeheimnis« und forderte, dieses müsse grundsätzlich »Vorrang vor dem Ermittlungsinteresse staatlicher Behörden haben«. Der Axel-Springer-Konzern sieht die »Verhältnismäßigkeit« zwischen der notwendigen Strafverfolgung und dem Eingriff in das vom Grundgesetz garantierte Postgeheimnis »nicht gewahrt« und beantragt vor Gericht, die Unrechtmäßigkeit der Postbeschlagnahmung festzustellen.[32]

Protestierende Journalisten, protestierende Politiker und protestierende Globalisierungsgegner: Der Großeinsatz vom 9. Mai 2007 gegen die G8-Gegner wird für die Bundesanwaltschaft zum Desaster. Zumal die Ausbeute überschaubar ist: Den Ermittlern gehen Wecker, Drähte und Feuerwerkskörper ins Netz, die sie zum Zubehör für Brandsätze stilisieren. Außerdem angeblich gefälschte Personaldokumente. Letztere entpuppten sich laut *Spiegel* als Schülerausweise. Ein Autor des Magazins spottete: »Da war offenbar Gefahr in Verzug. Möglicherweise wollte ein 15-Jähriger die Tante an der Kinokasse hinters Licht führen?«[33] Zwei Monate später blamieren sich die Staatsschützer erneut, als Linksradikale den vermeintlichen Schlag gegen Terroristen in einen PR-Clou verwandeln.

Die Hütte ist voll an diesem 7. Juli 2007 im Kreuzberger Kulturbahnhof Kato. Normalerweise pogen sich hier Punks die Seele aus dem Leib. Diesmal erwartet die rund vierhundert Besucher ein ungewöhnliches Event. Die »Antifaschistische Linke Berlin« (ALB) versteigert einen Peilsender der Polizei. Den hatte ein Globalisierungskritiker nach den Razzien zufällig im linken vorderen Radkasten seines Autos entdeckt. Der Sender besteht aus einer GPS-Empfangsantenne, einem Modul zur Datenverarbeitung, einem Mobilfunksendemodul und mehreren Langzeitbatterien. Die Wanze wurde mit schwarzem Klebeband umwickelt und mit einem Magneten im Radkasten fixiert. Wer will, kann das Teil ersteigern. Für Polizisten bestehe jedoch Hausverbot, weil diese in der Vergangenheit durch Gewalttätigkeiten aufgefallen seien und die Stimmung verderben würden.

Die Einnahmen der Versteigerung sollen in einen Prozesskostenfonds für Betroffene von Polizeiübergriffen fließen. Am Ende bezahlt ein Berliner Aktivist 3800 Euro für das Gerät.[34] An diesem Abend bleiben Oliver Rast noch gut drei Wochen in Freiheit.

Im Bundeskriminalamt scheint man zunächst nicht registriert zu haben, dass Kreuzberger Autonome eine behördeneigene Abhöreinrichtung versteigert haben. Erst als die Beamten routinemäßig die aufgezeichneten Telefonate von Andrej Holm abhören, wird den Ermittlern klar, was ihnen entgangen ist. Einem Gespräch zwischen Holm und seiner Mutter entnehmen sie, dass Holm am 8. Juli 2008 in der *Abendschau*, den TV-Lokalnachrichten vom Rundfunk Berlin-Brandenburg, aufgetreten ist und dort von der Versteigerung des GPS-Senders erzählt hat. Die Kriminalisten analysieren: »Aufgrund der Gesamtumstände dürfte Holm auf der Versteigerung als sogenannter Spaßbieter aufgetreten sein, ohne ernsthaftes Interesse an der Ersteigerung des GPS-Peilsenders gehabt zu haben. Allerdings scheint der Auftritt zu belegen, dass Holm ein grundsätzliches Interesse an polizeilicher Überwachungstechnik hat.«[35]

Drei Wochen später stürmen Polizisten mit gezogener Waffe in Holms Wohnung, verhaften den Soziologen und nehmen ihn – nach einem Abstecher zur Bundesanwaltschaft in Karlsruhe – wegen Terrorverdacht in Untersuchungshaft. An diesem 31. Juli 2007 schnappen sie auch drei weitere Männer: Es sind Oliver Rast, der Schwede und der Lange. Nach sechs Jahren und Dutzenden Brandanschlägen scheinen die Ermittler am Ziel. Auf die mutmaßlichen Mitglieder der »militanten gruppe« wartet ein monatelanger Mammutprozess.

Kapitel 10: Paranoia

Fast auf den Tag genau vier Monate lang ist Oliver Rast Untersuchungshäftling in der Justizvollzugsanstalt Moabit, als Olaf Franke, einer seiner beiden Strafverteidiger, im Knast auftaucht und Neuigkeiten mitbringt. Gleich nachdem er den Raum für Anwaltsgespräche betreten hat, spürt Oliver Rast eine andere Stimmung als bei früheren Besuchen. »Olaf wirkt extrem entspannt«, wundert er sich. »Du kannst deine Sachen packen«, sagt Olaf Franke. Oliver Rast schaut seinen Anwalt erstaunt an und sagt nichts. »Ich habe doch mein Buch noch gar nicht zu Ende gelesen«, ist sein erster Gedanke. Erst vor wenigen Tagen hat Oliver Rast mit dem *Porträt des Nationalsozialismus*, geschrieben vom russischen Kommunisten Leo Trotzki, begonnen, und nun soll er seine ruhige Zelle verlassen?

Rasts erste Reaktion auf die gute Nachricht muss auf Leute außerhalb der Gefängnismauern seltsam wirken. Erwartet man doch, dass eine Entlassung bei jedem Häftling sofort Jubelstürme auslöst. Aber nach über drei Monaten in Moabit hat sich Oliver Rast im scheinbar Unvermeidlichen eingerichtet. Was blieb ihm auch übrig? Er konnte nicht ständig mit seiner Situation hadern. Wer jeden Morgen mit dem Gedanken aufwacht, dass er vielleicht heute entlassen wird, der geht irgendwann kaputt, wenn die Hoffnung jeden Abend erneut zerstört wird. Also hat er akzeptiert, dass eine Acht-Quadratmeter-Zelle für die kommenden Jahre sein Zuhause ist, und sich seine kleine Normalität geschaffen, sogar Pläne geschmiedet. Ein Plan war, alles zu lesen, was er schon immer lesen wollte.

Trotzkis Vierhundert-Seiten-Wälzer über die Nazis beispielsweise.

»Wie kommt das so plötzlich?«, fragt Oliver Rast. Olaf Franke erzählt von einem Beschluss des Bundesgerichtshofs, dem zufolge die »militante gruppe« nicht weiter als terroristische, sondern nur noch als kriminelle Vereinigung betrachtet wird. Die Linksradikalen seien zwar weiter verdächtig, 39 Brandanschläge begangen zu haben, aber damit hätten sie keine staatsgefährdenden Ziele verfolgt. Nur wenn die Bundesrepublik erheblich geschädigt werden soll, könne man von Terrorismus sprechen. Deshalb setzen die Richter den Haftbefehl aus. Achtzehn Stunden, nachdem ihm sein Anwalt die frohe Botschaft überbracht hat, ist Oliver Rast ein freier Mann. Jedenfalls fast frei. Und zumindest bis zu einem Urteil. Er muss sich jeden Mittwoch auf einem Polizeirevier melden und außerdem eine Kaution von 30 000 Euro hinterlegen. Oliver Rast staunt, dass das Geld schon bereitliegt. Später erfährt er, wem er das zu verdanken hat. Darüber reden möchte er nicht. Die feinsinnige Unterscheidung zwischen Kriminalität und Terrorismus ist ihm egal. Für ihn ist – oder besser gesagt war – die »militante gruppe« eine revolutionäre Organisation. Punkt. Nicht egal ist ihm, dass sich die Höchststrafe nun auf maximal fünf Jahre reduziert.

Für die Bundesanwaltschaft und für ihre Chefin Monika Harms ist die Entscheidung der obersten Richter eine Schlappe. Schon den als Hintermann der »militanten gruppe« verdächtigen Andrej Holm musste sie nach drei Wochen Untersuchungshaft freilassen, weil kein dringender Tatverdacht bestand. Jetzt auch noch die übrigen Männer. Dabei waren sie quasi in flagranti ertappt worden, als sie Bundeswehrfahrzeuge zerstören wollten.

Es ist nicht die erste Niederlage der Bundesanwaltschaft, und es wird nicht die letzte bleiben: Die Razzien gegen G8-Gegner? Rechtswidrig, sagen die Bundesrichter. Man habe »nachhaltige Zweifel«, ob sich die Globalisierungsgegner zu einer terroristischen Vereinigung zusammengeschlossen hätten.[1] Die Postkontrolle im Briefzentrum Berlin-Mitte? Rechtswidrig durchgeführt, sagen die Bundesrichter. Nicht Polizeibeamte, sondern Postmitarbeiter hätten überprüfen müssen, ob unter den Briefen an Tageszeitungen Bekennerschreiben der »militanten gruppe« waren, und verdächtige Briefe an einen Richter oder Staatsanwalt übergeben müssen.[2] Die jahrelange Überwachung der drei Aktivisten von »Libertad!«? Rechtswidrig, sagen die Bundesrichter. Zu keiner Zeit habe ein ausreichender Tatverdacht bestanden, ein entlastendes Gutachten hätten die Ermittler nicht berücksichtigt. Die Registrierung der IP-Adressen von Besuchern der BKA-Homepage? Rechtswidrig, heißt es aus dem Bundesinnenministerium. Die Speicherung der Verbindungsdaten sei ein schwerwiegender Eingriff in das Recht auf informationelle Selbstbestimmung.[3]

Die zentralen Fahndungsmaßnahmen der Kriminalisten waren nicht nur unzulässig, sondern auch jahrelang erfolglos. Im Jahr 2001 begann das Bundeskriminalamt gegen Jochen U., Markus H. und Thorben J. zu ermitteln, nachdem der Verfassungsschutz behauptet hatte, die drei Männer der Initiative »Libertad!« seien Mitglieder der »militanten gruppe«. Ab 2003 observierten die Kriminalisten zwei weitere Männer, darunter den Sohn von U. Der hatte seinen Vater um Hilfe bei einer Hausarbeit über Karl Marx gebeten. Das fanden die Ermittler verdächtig. Denn auch die »militante gruppe« zitiert Marx. Und nachdem Polizisten 2005 in einer Berliner Laube auf einige hundert Exemplare der Untergrundzeitschrift *radikal* gestoßen waren, observierten sie den Gartennutzer Herbert M., einen linken Aktivisten und Taxifahrer, sowie später drei Wissenschaftler, deren Namen sie auf einer Adressliste von Mißlitz gefunden hatten. Darunter Andrej Holm.

In der linksradikalen Szene war Holm kein Unbekannter. »Wir wussten, dass Holm zum Kollektiv der *radikal* gehört, und haben ihn kontaktiert, um dieses Interview zu platzieren«, erzählt ein ehemaliger Angehöriger der »militanten gruppe«. Ein fataler Fehler, wie sich herausstellte. Holms ungeschickter Versuch, seine Kommunikation mit einem der Militanten über den E-Mail-Account »opelprolls@yahoo.de« zu verbergen, führte die Kriminalisten erst zum Schweden, später zu Oliver Rast und am Schluss zum Langen. »Holm war das Einfallstor für punktgenaue Ermittlungen«, bedauert einer der Männer, die später verurteilt wurden.

Nachdem Oliver Rast den Knast hinter sich gelassen hat, fährt er in seine Wohnung in den Wedding. Er ist dankbar, dass seine Eltern die Miete weiter gezahlt und das Chaos beseitigt haben, das die Polizisten bei der Hausdurchsuchung hinterlassen haben. Die ersten Tage streift er ziellos durch die Straßen und Parks des Wedding, saugt alle Geräusche auf, die eine Großstadt spendet, freut sich über quäkende Kinder, streitende Pärchen, jeden aufgemotzten BMW, der durch die Straßen bollert und jene Stille verdrängt, die ihn im Gefängnis betäubt hat. Doch so allein, wie es scheint, ist Oliver Rast nicht auf seinem Weg zurück in den Alltag.

Wenn er seine Wohnung verlässt, folgen ihm Zivilpolizisten, und die geben sich offenbar keine besondere Mühe, ihre Absichten zu verbergen. »Man muss schon ein eigentümlicher Typ sein, um ständig anderen Menschen nachzusteigen«, denkt Rast, als erneut zwei Männer von der Bushaltestelle vor seinem Haus zu ihm herüberschauen. An diesem Tag erfahren die Beamten, dass er zu seiner alten Arbeitsstelle ins »Rote Antiquariat« fährt. Oliver Rast freut sich, dass sein Chef Christian Bartsch ihm die Stelle freigehalten hat. Nun kann er wieder Erstausgaben, Klassiker und Sammlerstücke präsentieren, sortieren oder archivieren. Er weiß, dass es nicht selbstver-

ständlich ist, in seinen Job zurückkehren zu können. Normalerweise kann es ein so kleiner Betrieb kaum verkraften, wenn
ein Angestellter monatelang ausfällt. Außerdem dürfte Bartsch
seinetwegen einige unruhige Nächte gehabt haben, nachdem
Ermittler seinen Laden auf den Kopf gestellt hatten. Mehrere
Zeitungen druckten Fotos von LKA-Beamten, die beschlag-
nahmte Computer aus dem Antiquariat schleppten. Doch sein
Geschäft leidet nicht unter der Negativ-PR. Kunden eines lin-
ken Buchladens bleiben nicht weg, nur weil Polizisten zwischen
Regalen nach Spuren von Terroristen suchen. Oliver Rast und
Christian Bartsch wissen zu diesem Zeitpunkt nicht, dass das
»Rote Antiquariat« Jahre später erneut zum Ziel polizeilicher
Ermittlungen wird.

Während Oliver Rast unter den wachsamen Augen des Staates in sein Leben zurückfindet, bereitet die Bundesanwaltschaft ihre Anklage gegen ihn und seine zwei Genossen vor. Im
Bundeskriminalamt treffen sich die Ermittler zu mindestens
einer Vorbereitungsrunde[4], einige Polizeibeamte besuchen den
Lehrgang »Der Polizeibeamte als Zeuge vor Gericht«. Bei dieser
Qualifizierungsmaßnahme erfahren die Kriminalkommissare,
dass man seine Worte vor Gericht sorgfältig wählen muss, weil
in Verhandlungen jedes Wort auf die Goldwaage gelegt werde.[5]
Noch erkenntnisreicher dürfte ein Treffen im März 2008 gewesen sein, bei dem sich Vertreter der Bundesanwaltschaft mit
Mitarbeitern des Berliner Landesamts für Verfassungsschutz
über den anstehenden Prozess austauschten.[6]

Die sechs Anwälte der drei Männer erwarten ein langwie-
riges Verfahren und bereiten sich ebenfalls sorgfältig vor. Sie
treffen sich regelmäßig mit dem Schweden und dem Langen
und deren Unterstützern vom »Einstellungsbündnis«, wie sich
die Soligruppe nennt, um die gemeinsame Verteidigungsstra-
tegie festzulegen.

Oliver Rast erscheint nur ab und zu. Ihm missfällt die geplante Taktik. Die sieht vor, die Indizien der Bundesanwalt-schaft rein juristisch zu zerpflücken. »Völlig illusorisch«, denkt Oliver Rast, »auf einen Freispruch aufgrund mangeln-der Beweise oder auf eine Bewährungsstrafe zu hoffen.« Wenn es nach ihm ginge, dann würden sie den Gerichtssaal in eine Bühne verwandeln, auf der sie das Recht auf militanten Wider-stand gegen Krieg und Ausbeutung deklamieren, statt spitzfin-dig Zeugenaussagen und Beweisanträge zu bewerten. In den Knast wandern sie sowieso. Allerdings steht Oliver Rast mit dieser Meinung allein. Und weil er keine Lust auf endlose Dis-kussionen verspürt, stimmt er einem Kompromiss zu, mit dem er halbwegs leben kann. Der Konsens sieht eine Doppelstrate-gie vor.

Die versuchte Brandstiftung an den Bundeswehr-LKW lässt sich kaum leugnen. Schließlich wurden sie von einem Mobilen Einsatzkommando an diesem 31. Juli 2007 observiert und auf dem Rückweg vom Tatort verhaftet. Zwar verloren die Beschat-ter den Renault Clio zeitweise aus den Augen, mit dem das Trio von Berlin nach Brandenburg an der Havel unterwegs war, und als die Brandsätze unter den schweren LKW platziert wurden, schauten ebenfalls keine Polizisten zu. Doch niemand sonst war in dieser Nacht in der Nähe der Armeefahrzeuge. Was sich nicht bestreiten lässt, kann man auch selbstbewusst rechtfer-tigen. Zumal die Bundeswehr spätestens seit dem Kosovokrieg nicht nur von Linksradikalen kritisiert wird. Dass ausgerech-net die aus der Friedensbewegung hervorgegangenen Grünen mit ihrem Außenminister Joschka Fischer einem Militärein-satz zustimmten, entsetzte auch linksliberale Kreise. Während die rot-grüne Bundesregierung beteuerte, mit deutschen Tor-nados ließen sich die Menschenrechtsverletzungen der serbi-schen Regierung im Kosovo beenden, sprechen Kriegsgegner bis heute von einem völkerrechtswidrigen Angriffskrieg. Tat-sächlich bombardierte die Bundeswehr ohne UNO-Mandat. In

Kreisen, die Auslandseinsätzen eher ablehnend gegenüberstehen, sorgt Militanz gegen das Militär eventuell für klammheimliche Freude oder zumindest für Verständnis, so das Kalkül.

Den zweiten Anklagepunkt, die Mitgliedschaft in der »militanten gruppe«, dürfte die Bundesanwaltschaft nicht ohne Weiteres beweisen können, glauben die Anwälte. Immerhin haben die Polizisten kein Bekennerschreiben gefunden. Weder am Tatort noch bei der Verhaftung. Zu allen vorangegangenen Anschlägen hatte sich die »militante gruppe« bekannt. Vielleicht präsentiert die Bundesanwaltschaft im Prozess neues Belastungsmaterial, doch mögliche Indizien lassen sich eventuell juristisch entkräften. Oliver Rast hält es für unwahrscheinlich, einer Verurteilung zu entgehen. Egal, wie die Beweislage ist. Noch eine Blamage werden die Staatsschützer nicht riskieren. Ihm wäre es lieber, auch das Gesamtprojekt »militante gruppe« zu verteidigen. Am Ende fügt er sich aber zähneknirschend seinen Genossen.

Zehn Monate nach Oliver Rasts Entlassung beginnt vor dem Berliner Kammergericht der Prozess gegen ihn und zwei weitere mutmaßliche Mitglieder der »militanten gruppe«. Drei Tage zuvor wurde das Ermittlungsverfahren gegen die Aktivisten der Initiative »Libertad!« eingestellt. Der Anfangsverdacht habe sich nicht bestätigt, lautet nach jahrelanger Totalüberwachung die lapidare Begründung.

In den Morgen des 25. September 2008 startet Oliver Rast mit einem Schreck. »Verdammt, verschlafen«, schießt es ihm durch den Kopf, als er auf den Wecker schaut, der rätselhafterweise keinen Mucks von sich gegeben hat. Zum Auftakt sollte er pünktlich erscheinen. Nicht, dass ihm der Prozess eine schlaflose Nacht bereitet hat. Er glaubt, das Ende zu kennen, und weigert sich, in dem Spektakel mehr zu sehen als eine ärgerliche Störung seines gewohnten Tagesablaufs. Oliver Rast schlüpft in die Klamotten, stürzt aus dem Haus, läuft zur U-Bahn und erreicht gerade noch rechtzeitig das Kriminalgericht Moabit, wo ihn etwa fünfzig Sympathisanten lautstark mit Plakaten und Punkrockbeschallung empfangen. »Kriegsgerät interessiert uns brennend«, hat jemand auf ein Transparent gepinselt. Ein anderes Spruchband empfiehlt: »NATO zerschlagen, Kapitalismus abschaffen«. Oliver Rast freut sich über den Zuspruch, winkt den Demonstranten und steuert den Eingang zum Gericht an.

Der 1906 fertiggestellte Prachtbau wirkt schon von außen imposant. Mehr als zweihundert Meter erstreckt sich die Straßenfront, flankiert von zwei Türmen, die sechzig Meter in den Himmel ragen. Wer die Empfangshalle betritt, wähnt sich in einer Kathedrale. Hier schrumpfen Menschen zu Zwergen, verlieren sich unter einem Gewölbe, das auf zwölf kunstvoll verzierten Pfeilern ruht. Über eine breite Doppeltreppe, bewacht von sechs Frauenskulpturen aus Sandstein, die Gerechtigkeit, Religion, Friedfertigkeit, Streitsucht, Lüge und Wahrheit symbolisieren, erreichen Besucher die Verhandlungssäle. Verbunden sind diese holzvertäfelten Altare des Rechts durch scheinbar endlose Flure, die sich zu einem kafkaesken Labyrinth vereinigen. Verborgene Gänge führen zum benachbarten Untersuchungsgefängnis Moabit. So können Delinquenten unbemerkt von Zeugen oder Prozessbesuchern zwischen Zelle und Anklagebank hin und her gelotst werden. Als »kaiserlichen Faustschlag in das Gesicht der Moabiter Arbeiterklasse«[7] bezeichnete ein Berliner Generalstaatsanwalt einst den Bau, in dem gegenwärtig zweihundert Richter täglich rund dreihundert Urteile fällen.

In Moabit landen Kleinkriminelle und Schwerverbrecher, Staatschefs, Sportler, Schauspielstars. In den Aktenregalen unterm Dach verstaubt ein Jahrhundert deutscher Geschichte.

Hier verantwortete sich der Hauptmann von Köpenick Wilhelm Voigt, für Freiheitsberaubung, Betrug und Urkundenfälschung. Der Publizist Carl von Ossietzky erklärte, warum er den Satz »Soldaten sind Mörder« in der *Weltbühne* veröffentlichen ließ. Ein Richter verurteilte den Rechtsanwalt Horst Mahler für seine Beteiligung an der Befreiung von Andreas Baader, der wiederum unmittelbar danach die RAF mitgründete. In einem der Säle endete Arno Funkes Karriere als genialer Kaufhauserpresser Dagobert. Hier holte den ehemaligen Chef der DDR-Staatssicherheit, Erich Mielke, ein lange zurückliegender Polizistenmord ein, und hier musste Erich Honecker, einst Generalsekretär des Zentralkomitees der SED, wegen der Mauertoten vor den Kadi des Klassenfeinds.

Wer an diesem Donnerstagmorgen im Herbst 2008 in die Turmstraße einbiegt, der merkt, dass auch an diesem Tag kein gewöhnlicher Prozess beginnt. Um das Gerichtsgebäude windet sich eine Schlange aus Polizeibussen, besetzt mit martialisch ausgerüsteten Beamten – als sei zu befürchten, dass das Häuflein Demonstranten auf dem Gehweg einen Bürgerkrieg anzettelt. Die wenigen freien Plätze am Straßenrand haben sich Übertragungswagen gesichert. Deren ausgefahrenen Parabolantennen suggerieren, dass in Moabit gleich Weltgeschichte geschrieben wird, die unverzüglich in jeden Winkel der Erde, zumindest aber bis in die Sendestudios nach Berlin-Mitte posaunt werden muss. Zwischen Polizisten und Protestierern hasten Reporter wie aufgescheuchte Hühner umher und versuchen, mit Mikrofon oder Notizblock eine Prise von der bedrohlich wirkenden Atmosphäre einzufangen. Skurrile Szenen spielen sich auch hinter den Mauern des Justizpalastes ab.

Dort filzen Polizisten penibel jeden Besucher. Erst suchen Metalldetektoren nach Waffen, anschließend tasten sich Beamtenhände durch entlegene Körperregionen, inspizieren Hosentaschen und Portemonnaies. Selbst im Schuhwerk schnüffeln

Sicherheitskräfte nach verborgenen Gefahren, manche riskieren sogar einen Blick in die Socken. Bleiben auch im Strumpfbereich unerwünschte Überraschungen aus, verschwinden Personalausweise in einem Schlitz in der Wand, hinter dem sich ein Raum verbirgt, wo ein Kopierer alle Daten festhält, bevor die Wand den Ausweis wieder ausspuckt. Jeder Prozessbesucher darf ein unbeschriebenes Blatt Papier und einen Bleistift bei sich tragen. Nicht klar ist, ob Taschentücher mit in den Hochsicherheitssaal 700 des Kriminalgerichts dürfen. Einige Beamte sind diesbezüglich kulant, andere restriktiv. Erst eine Woche später wird der Vorsitzende Richter Josef Hoch Prozessbesuchern offiziell gestatten, eine Packung Papiertaschentücher mitzuführen. Allerdings dürfte die von den Hygieneartikeln ausgehende Gefahr überschaubar sein, angesichts von bewaffneten Polizisten und breitschultrigen BKA-Personenschützern, die das Publikum während der Verhandlung beobachten.

Wegen der strengen Sicherheitsvorkehrungen sind zu Verhandlungsbeginn die fünfzig Zuschauerplätze erst zur Hälfte besetzt. Es ist neun Uhr, und im Saal herrscht eine aufgeheizte Stimmung. Der fünfköpfige Strafsenat unter der Leitung von Richter Hoch hat gerade Platz genommen, da beklagen die Verteidiger, dass Einlasskontrollen, Personalienfeststellung und Polizeipräsenz die Prozessbesucher einschüchtern sollen. Herbert Diemer von der Bundesanwaltschaft erwidert empört: »Keiner der hier eingesetzten Beamten hat einen Grund, sich rechtswidrig zu verhalten.«[8] Höhnisches Gelächter vom Publikum. Worauf Hoch mit bis zu eintausend Euro Ordnungsgeld oder einer Woche Ordnungshaft wegen Störung des Gerichts droht.

Als halbwegs Ruhe einkehrt, beantragen die Verteidiger, das Verfahren einzustellen. Sofort herrscht wieder Aufruhr. »Ein fairer Prozess ist nicht zu erwarten, da uns die Bundesanwaltschaft wichtige Akten vorenthält und andere Akten kaum lesbar sind«, sagt einer der Verteidiger. »Das nächste Mal kopieren Sie die Akten doch selber«, tönt es aus den Reihen der Bundesanwaltschaft zurück, was das Publikum erneut zu Buhrufen animiert. Der nächste Streit dreht sich um die im Sicherheitsbereich fehlenden Toiletten. Prozessbesucher werden deshalb nach jedem Gang zum Klo erneut durchsucht. »Das ist eine bewusste Behinderung der Öffentlichkeit«, sagen die Anwälte. »Das ist zumutbar«, sagt der Richter. Von der vielbeschworenen Würde des Gerichts ist an diesem Morgen wenig zu spüren. Ankläger und Verteidiger liefern sich einen erbitterten Schlagabtausch, und Hoch muss die Verhandlung immer wieder unterbrechen. Nur Oliver Rast, der Schwede und der Lange hocken gelangweilt auf der Anklagebank, als ginge sie das alles nichts an. Als Richter Hoch die Personalien der Männer feststellen will, erwacht zumindest Oliver Rast aus der demonstrativen Lethargie. »Erst mal ein herzliches Rotfront«, sagt er und grüßt mit geballter Faust die Zuschauer. Wieder ist es mit der Ruhe im Gerichtssaal vorbei, und Hoch hat Mühe, die Gemüter zu beruhigen.

Erst Stunden nach Prozessbeginn kann Diemer die Anklageschrift verlesen. Wer dem Bundesanwalt und seinen Kollegen in diesen Minuten zuhört, glaubt wirklich, dass ein Sozialpädagoge, ein Krankenpfleger und ein Antiquar kurz davor waren, in der Bundesrepublik die Diktatur des Proletariats zu errichten. Ziel der »militanten gruppe« sei es gewesen, »eine kommunistische Gesellschaftsordnung zu etablieren, die an die Stelle der bestehenden staatlichen und gesellschaftlichen Strukturen treten soll«, liest Diemer. Die Gruppe nehme innerhalb der militanten Szene eine Führungsrolle ein und schließe den bewaffneten Kampf nicht aus. »Wollen Sie sich dazu äußern?«, fragt Richter Hoch den Angeklagten Oliver Rast, nachdem Diemer am Ende seines Schreckensszenarios angekommen ist.

»Nein«, sagt Rast. Auch der Schwede verweigert die Aussage. »Ich werde mich zur Sache nicht äußern, möchte aber eine Erklärung verlesen«, sagt der Lange. »Bitte«, sagt Richter Hoch.

»Hier sitzen die falschen Leute auf der Anklagebank«, liest der Lange. »Auf die Anklagebank gehören Kriegstreiber, Kriegsbefürworter und Rüstungskonzerne. Sie sind die kriminellen Vereinigungen, sie sind anzuklagen.« Anschließend kritisiert er den Bundeswehreinsatz in Afghanistan, erinnert daran, dass beim sogenannten Krieg gegen den Terror afghanische Frauen und Kinder durch Waffen des Westens sterben und dass deutsche Firmen wie Heckler & Koch von solchen Krisen profitieren. Deshalb sei es legitim, Armeeausrüstung zu sabotieren. »Nie wieder Krieg! Für eine kommunistische Weltgesellschaft!«, ruft der Lange am Schluss seines Appells und erntet dafür Applaus aus dem Zuschauerraum.

Richter Hoch scheint die Begeisterung für antimilitaristische Brandreden nicht zu teilen. »Halten Sie sich zurück, wir sind hier nicht beim Fernsehgericht«, maßregelt er die Sympathisanten der Militanten und droht erneut mit Ordnungshaft. Der 48-jährige Jurist hat Erfahrung mit aufsehenerregenden Prozessen. Hoch war am Verfahren gegen den ehemaligen Stasichef Erich Mielke und die früheren SED-Politbüromitglieder Egon Krenz und Günter Schabowski beteiligt, die alle zu Haftstrafen verurteilt wurden. Auch im Prozess gegen die »militante gruppe« demonstriert er Härte. Er werde die Sicherheitsregeln beibehalten, entscheidet er trotz des Protests der Anwälte, kurz bevor der erste Verhandlungstag am Nachmittag endet.

Das mehrstündige Hickhack zwischen Richter, Bundesanwaltschaft und Verteidigerteam war nur der harmlose Auftakt zu einem spektakulären Schauspiel, das 63 Folgen lang zwischen Komödie und Tragödie mäandert und in dem ein buntes Ensemble aus skurril kostümierten Zeugen, erinnerungsschwachen Kriminalisten und geheimnisvollen Informanten für überraschende Wendungen sorgt. Neben Richter Hoch und den Angeklagten treten in weiteren Hauptrollen auf: ein gewitzter Rechtsanwalt, ein Verfassungsschützer in suboptimaler Verfassung und ein BKA-Beamter, den ein kleiner Kopierfehler in ein großes Dilemma stürzt.

Kapitel 11: Kriminalgericht

Dritter Verhandlungstag, Mittwoch, 8. Oktober 2008:
Besucher unter Beobachtung

Josef Hoch ist sichtlich nervös, und schuld daran ist Sven Lindemann. »Wer sind die beiden Herren in der ersten Reihe der Pressebänke?«, hatte Rechtsanwalt Lindemann soeben den Vorsitzenden Richter am Berliner Kammergericht gefragt. Hoch zögert einige Sekunden.

»*Das sind Beamte des Bundeskriminalamts*«, antwortet er.

»*Was machen die hier?*«, hakt Lindemann nach.

»*Sie beobachten, ob aus dem Umfeld der Angeklagten Straftaten geplant werden.*«

»*Ich bin empört, das ist eine Einschüchterung der Öffentlichkeit*«, schimpft Lindemann.

»*Das BKA ist nicht für die Beobachtung des Publikums zuständig.*«

»*Ich habe den Beamten die Anwesenheit genehmigt, wie übrigens auch den Praktikanten der Verteidigung*«, rechtfertigt sich Hoch.

»*Und warum wurden wir Verteidiger darüber nicht informiert?*«

»*Das müssen wir nicht im Hauptverfahren klären.*«

»*Ich möchte, dass die Zivilpolizisten sagen, wer sie sind, warum sie hier sitzen und ob sie möglicherweise als Zeugen in diesem Prozess in Betracht kommen.*«

»*Die Beamten waren nicht als Ermittler in diesem Verfahren eingesetzt.*«

»*Aber es besteht die Gefahr der Zeugenmanipulation*«, entgeg-

net Lindemann. »Wenn die Beamten Aussagen von Polizeizeugen mitschreiben, können künftige Zeugen aufgrund dieser Protokolle beeinflusst werden.«

»Außerdem dürfen laut Ihrer eigenen Sicherheitsverfügung maximal sechs Polizisten im Saal sein, und ich zähle elf Beamte«, fügt Lindemann hinzu.

»Ich sehe nur zwei zusätzliche Beamte, und die sind als Beobachter da«, widerspricht Hoch

»Ich beantrage eine Sitzungspause, um einen Befangenheitsantrag gegen den Vorsitzenden Richter zu formulieren«, sagt Lindemann.

»Die Sitzung wird um eine Stunde unterbrochen«, sagt der Vorsitzende Richter.

Die Beamten des Bundeskriminalamts in der ersten Reihe bleiben still, während Hoch und Lindemann über ihre Anwesenheit streiten. Die beiden gehören zu einer Gruppe von Kriminalisten, die den Prozess beobachten soll. Zur Fortbildung und Lageerkundung, wie es offiziell heißt. Die Bundestagsabgeordnete Ulla Jelpke von der Linkspartei will es später genauer wissen und fragt bei der Bundesregierung nach. In der Antwort heißt es: »Die Prozessbeobachtung wird durch das BKA (...) mit dem Ziel geführt, neue, im Rahmen der Ermittlungen bisher nicht bekannt gewordene Hinweise unmittelbar aufzunehmen und polizeilich zu bewerten.« Aufgrund der bereits im Vorfeld feststellbaren Reaktionen aus dem Bereich des linken Spektrums sei mit einer »Gefährdung der öffentlichen Sicherheit und Ordnung oder Straftaten im Zusammenhang mit dem Prozess zu rechnen«.[1] Welche Straftaten von den mit Bleistift und Papiertaschentüchern ausgerüsteten Linken im Saal zu erwarten sind, konkretisiert die Regierung nicht.

Dafür stößt Jelpke auf eine Merkwürdigkeit. Der Vorsitzende Richter hatte versichert, dass die BKA-Polizisten im

Saal nicht in Ermittlungen gegen die »militante gruppe« eingebunden waren. Die Linken-Politikerin fragt sich, wie Polizisten, die mit der jahrelangen Fahndung nach der »militanten gruppe« nicht vertraut sind, wissen können, ob im Gerichtssaal neue Hinweise zur »militanten gruppe« auftauchen. Das könnten nur involvierte Beamte beurteilen, und diese seien als Zeugen zu betrachten, die Verhandlungen weder selbst beobachten noch von Kollegen darüber unterrichtet werden dürften, erklärt Jelpke in einer Pressemitteilung.[2] Doch das ist nicht alles. Im Bundeskriminalamt schließt man nicht aus, dass sich unter den Prozessbesuchern Mitglieder der »militanten gruppe« befinden.[3] Ein Grund, die Verhandlung zu observieren.

Doch wenn stimmt, was Richter Hoch sagt, dann sollen Polizeibeamte im Saal, die bislang nicht gegen die »militante gruppe« ermittelt haben, schaffen, was ihre ermittelnden Kollegen sechs Jahre lang nicht erreicht haben – Mitglieder der »militanten gruppe« zu enttarnen. Trotz dieser Widersprüche scheitern die Verteidiger mit ihrem Befangenheitsantrag gegen Hoch.

Vierter Verhandlungstag, Donnerstag, 9. Oktober 2008: Erinnerungslücken

Der bislang am meisten gehörte Satz der Verteidiger im Hochsicherheitssaal des Berliner Kriminalgerichts dreht sich nicht um Brandsätze, Bekennerschreiben oder Beschlagnahmungen. Er lautet: »Ich kann den Zeugen nicht verstehen.« Tatsächlich ist die Akustik trotz Mikrofonen miserabel. Zeitweise ist es für Prozessbeteiligte, Presse und Publikum unmöglich, den Zeugenaussagen zu folgen. Beschweren sich Anwälte oder Zuschauer über den ungenießbaren Wortsalat, der aus den Boxen schwappt, stellt sich Hoch taub. Oder droht mit »saalpolizeilichen Maßnahmen«. Aber für faktenarme Verhandlungen sind nicht allein die altertümlichen Tonverstärker verantwortlich, sondern auch die partielle Amnesie der Zeugen von Landeskriminalamt und Bundeskriminalamt. An diesem Tag sind Experten für Spurensicherung geladen und jene Beamte, die in den Wohnungen der Angeklagten nach belastendem Material gesucht haben. Kriminalhauptkommissar Kai Kelsen erzählt, dass er DNA-Abriebspuren am Tatort in Brandenburg an der Havel und im Auto des Langen gesichert hat.

»Was haben Sie gefunden?«, erkundigt sich Richter Hoch.

»Im Auto waren mehrere Wasserflaschen jener Marke, die auch zum Bau der Brandsätze verwendet wurden«, sagt Kelsen.

»Haben Sie die mit den Flaschen vom Tatort verglichen?«, fragt Hoch.

»Das waren die Kollegen in Wiesbaden, aber die haben keine Spuren gefunden.«

(...)

»Haben Sie sonst noch etwas gefunden?«

»Ich wüsste nicht, was wir großartig entdeckt haben.«

Nach Kelsen tritt Kriminaloberkommissar Ulf Rademacher vom Berliner LKA in den Zeugenstand. Rademacher hatte nach der Festnahme der drei Männer mit zehn weiteren Beamten die Tür zur Wohnung des Langen aufgebrochen, um nach Beweisen zu suchen.

»Waren bei der Durchsuchung Zeugen dabei?«, fragt ein Verteidiger.

»Ich glaube nicht. Ich hatte das Gefühl, dass in der Wohnung weitere Personen sind, und wir wollten mögliche Zeugen keiner Gefahr aussetzen.«

»Haben Sie denn versucht, Zeugen zu finden?«

»Nein.«

»Warum nicht?«

»Das ist mir nicht mehr erinnerlich.«

Erinnerlich ist ihm, dass vom Bundeskriminalamt der Befehl kam, mit der Razzia zu warten, bis BKA-Beamte in Berlin eingetroffen sind. Sie warteten drei Stunden. Als die Verstärkung aus Meckenheim schließlich kam, übernahm der Erste Kriminalhauptkommissar Helmut H. die Durchsuchungsleitung. Ein Jahr später vor Gericht weiß er nur noch wenig von Ereignissen.

»Haben Sie Zeugen hinzugezogen?«, fragt ein Verteidiger.

»Nein, das war wegen der Eilbedürftigkeit nicht möglich.«

»Was waren die Gründe für die Eilbedürftigkeit? Sie haben die Wohnung doch erst am Mittag vom LKA übernommen?«

»Daran kann ich mich nicht mehr erinnern.«

»Wonach haben Sie gesucht?«

»Es ging um Publikationen, die auf einen militanten Hintergrund schließen lassen.«

»Welche Titel trugen denn die verdächtigen Werke?«

»Das ist mir entfallen.«

Siebter Verhandlungstag, Mittwoch, 29. Oktober 2008: Geheimnisse im Panzerschrank

In seiner Dienststelle, dem Bundeskriminalamt, wurde Kriminaloberkommissar Rainer Horn sorgfältig auf diesen Auftritt vorbereitet. Eine Stunde lang besuchte er eine spezielle Gesprächsrunde zum Verfahren gegen die »militante gruppe«. Horn arbeitet als Sachbearbeiter, er hat Informationen über den Langen gesammelt, heute soll er seine Erkenntnisse dem Gericht präsentieren.

»Was können Sie zu den Lebensumständen des Angeklagten sagen?«, fragt Richter Hoch.

»Wir konnten feststellen, dass er zum Tatzeitpunkt nicht verheiratet war.«

(...)

»Haben Sie weitere Erkenntnisse?«

»Anhand eines bei der Hausdurchsuchung sichergestellten Lebenslaufes konnten wir seine Arbeitsstelle herausfinden.«

(...)

»Das war's?«

»Wir haben auch Informationen vom Bundesamt für Verfassungsschutz über den Angeklagten erhalten, aber die können wir nur teilweise im Prozess verwenden. Weitergehende Aussagen sind von meiner Aussagegenehmigung nicht gedeckt.«

Am folgenden Verhandlungstag wird die Ermittlungsführerin des BKA, Ute Andernach, bestätigen, dass bei einem Vorbereitungstreffen Unterlagen des Verfassungsschutzes übergeben wurden, die der Geheimdienst als »nicht gerichtsverwertbar« eingestuft hat. Die Papiere seien von BKA-Mitarbeitern in einem Panzerschrank weggeschlossen worden. Die Verteidiger reagieren empört. »Für ein faires Verfahren ist es inakzeptabel, wenn bestimmte Ergebnisse in den Ermittlungsakten landen, andere Angaben jedoch verweigert werden«, moniert Verteidiger Thomas Herzog. »Es liegt der Verdacht nahe, dass die Aussagen im Vorfeld abgesprochen werden.«

Zehnter Verhandlungstag, Donnerstag, 6. November 2008: Explosive Stimmung

Christian Alberti ist 28 Jahre alt, stark geschminkt, er trägt eine Perücke und arbeitet beim Landeskriminalamt Berlin. Wie die meisten Polizeizeugen hat auch der Kriminaloberkommissar sein Aussehen verändert. Die Observationsspezialisten wollen vermeiden, bei späteren Einsätzen wiedererkannt zu werden. Adler hatte am 9. Mai 2007 Oliver Rast und den Schweden verfolgt, die zweimal durch ihr Wohnviertel spaziert sind. Es war jener Tag, an dem fast eintausend Polizisten Wohnungen und Büros von Globalisierungsgegnern durchsucht hatten. Es sei ein lustiger Tag gewesen, erzählt Alberti vor Gericht. Einer der Männer habe ausgerechnet in dem Moment das Haus verlassen, als ihm und seinen Kollegen das Essen geliefert wurde. »Insgesamt ist die Essensbeschaffung an diesem Tag sehr schwierig gewesen«, berichtet der Kriminalkommissar.

Rechtsanwalt Sven Lindemann interessiert sich nicht für polizeiliche Proviantprobleme. Ihm ist aufgefallen, dass der Beamte den Observationsbericht nachträglich ergänzt hat. Ursprünglich fehlten die Hinweise auf das konspirative Verhalten von Rast und dem Schweden. Die Antwort auf die Frage, warum das mehrmalige Umschauen der Männer erst ein Jahr später aktenkundig wurde, dürfte nicht prozessentscheidend sein. Aber die Petitesse illustriert die Atmosphäre im Gerichtssaal. Selbst hinter Aktenzeichen verbirgt sich genügend Sprengstoff, um Juristen explodieren zu lassen. »Wie viele Aktenzeichen wurden zu diesem Observationsvorgang auf Ihrer Dienststelle angelegt?«, fragte Lindemann den Zeugen Alberti. »Was hat das mit dem Verfahren zu tun?«, pampt Jochen Weingarten von der Bundesanwaltschaft. Nachdem der Vorsitzende Richter Hoch den Zeugen Adler vor die Tür gebeten hat, erklärt Lindemann, warum ihm die Anzahl der Aktenzeichen wichtig erscheint. Für juristische Laien ist der Streit um Nummern und Buchstaben kaum nachvollziehbar. Aber in diesem Stil geht es weiter.

»Herr Lindemann, warum gehen Sie und ihre Verteidigerkollegen ständig davon aus, dass das BKA und andere Behörden gegen Gesetze verstoßen?«, fragt Weingarten.

»Das ist eine Unterstellung«, sagt Lindemann.

»Vielleicht deshalb, weil ein Gespräch zwischen mir und meinem Mandanten abgehört wurde und später in den Akten aufgetaucht ist«, schaltet sich Lindemanns Anwaltskollege Hoffmann ein.

Staatsanwalt Weingarten schüttelt genervt den Kopf. Als Lindemann kurz darauf für die Bundesanwaltschaft die Abkürzung »BAW« verwendet, verliert er endgültig die Contenance. »Diese Abkürzung ist ein politischer Kampfbegriff der Linken«, schimpft er. Außerdem wisse der Zeuge vielleicht nicht, was mit »BAW« gemeint ist. Er wisse, was damit gemeint ist, antwortet der Zeuge, und Lindemann kann Adlers Befragung fortsetzen.

Dreizehnter Verhandlungstag, Mittwoch, 10. Dezember 2008:
Verdächtige Vokabeln
Für BKA-Ermittlungsführerin Ute Andernach ist es bereits der dritte Auftritt im Prozess gegen drei mutmaßliche Mitglieder der »militanten gruppe«. Die Anwälte der Angeklagten wollen sie diesmal zu den Textvergleichen befragen, mit denen ihre Mitarbeiter die Linksradikalen aufspüren wollten. 2006 hatte Andernachs Kollege Narodniki im Internet einen Artikel des Politologen Matthias B. aus der Zeitschrift *telegraph* gefunden. Narodniki glaubte, darin Übereinstimmungen zu einem Text der »militanten gruppe« zu erkennen. Tatsächlich tauchten Wörter, wie »Reproduktion« oder »Diffusität« in beiden Beiträgen auf. Eine Gutachterin des Kriminaltechnischen Instituts konnte eine Autorenidentität zwar nicht völlig ausschließen, aber auch nicht feststellen. Dennoch ermittelten die Beamten weiter gegen Matthias B.

»*Enthielt der Text aus dem* telegraph *aus Ihrer Sicht Parallelen zum Text der ›militanten gruppe‹*«?, erkundigt sich Anwalt Olaf Franke.

»*Das kann ich nicht sagen«, antwortet Andernach.*

»*Warum nicht?«*

»*Ich habe nicht jeden Text der ›militanten gruppe‹ gelesen.«*

»*Haben Sie nicht den entsprechenden Auswertungsbericht überprüft?«*

177

»Nein.«

»Warum nicht?«

»Ich bin davon ausgegangen, dass das die Bundesanwaltschaft macht. Außerdem fehlt mir dafür das Hintergrundwissen.«

»Wurde die Auswertung mit Hilfe einer Schlagwortrecherche gemacht?«

»Dazu kann ich nichts sagen.«

»Warum nicht?«

»Dafür habe ich keine Aussagegenehmigung.«

Frankes Anwaltskollegin Undine Weyers beantragt, das Gericht möge die Aussageverweigerung protokollieren. Richter Hoch lehnt das ab. Also versucht es Olaf Franke mit der nächsten Frage.

»Kennen Sie das vom Verfassungsschutz verwendete Datenbanksystem ›GLINS‹?«

»Ich habe davon gehört, habe aber dazu keine Aussagegenehmigung.«

»Warum nicht? ›GLINS‹ wird doch in den Akten erwähnt.«

»Die Recherche hat das Bundesamt für Verfassungsschutz durchgeführt, und dazu habe ich keine Aussagegenehmigung.«

Für alle im Gerichtssaal dürfte klar sein, wohin Franke steuert. Er will zeigen, wie absurd es ist, in verschiedenen Texten nach übereinstimmenden Begriffen zu suchen und daraus eine Autorenidentität abzuleiten. Ute Andernach scheint das auch zu durchschauen. Im Prinzip kann sie bei jeder Frage des Verteidigers auf ihre Geheimhaltungspflichten verweisen.

»Können Sie sich an bestimmte Begriffe erinnern?«, versucht es Franke erneut.

»Es sind zumindest keine Allerweltsbegriffe gewesen.«

»Ist das Wort ›Reproduktion‹ für Sie ein Allerweltsbegriff?«

»Das kommt auf den Kontext an. Üblicherweise werden solche Worte nicht in jedem Text verwendet.«

»Den Akten zufolge kommt der Begriff ›Reproduktion‹ in 78 untersuchten Texten vor, die nicht der ›militanten gruppe‹ zugerechnet werden. Welche Schlussfolgerungen ziehen Sie daraus?«

Endlich hat Franke die Zeugin so weit, wie er wollte. Doch nun fährt ihm der Vorsitzende Richter in die Parade. Für Schlussfolgerungen seien nicht die Zeugen, sondern Sachverständige da, sagt Hoch. Franke gibt nicht auf.

»Aber um zu wissen, warum die Zeugin welche Entscheidungen getroffen hat, müssen wir ihre Schlussfolgerungen kennen.«

»Bitte beantworten Sie die Frage«, lenkt Richter Hoch überraschend ein.

»Für mich waren die Schlussfolgerungen des Kollegen, der den Auswertungsbericht geschrieben hat, nachvollziehbar.«

»Aber wie würden Sie es selbst bewerten, wenn ein häufig benutztes Wort wie ›Reproduktion‹ eine Mitgliedschaft in der ›militanten gruppe‹ begründen soll?«

»Dazu kann ich nichts sagen.«

Olaf Franke wirkt frustriert. Mal kann Andernach nichts sagen, mal darf Andernach nichts sagen. Und damit ist sie nicht allein. Die Befragung der meisten Polizeizeugen verläuft ähnlich. So haben sich die Beamten vom Mobilen Einsatzkommando des LKA Berlin zwar mit Langhaarperücken, aufgeklebten Schnauzbärten, Brillen und Schminke vor ihren Zeugenaussagen aufwendig kostümiert, aber im Zeugenstand dosieren sie ihre Aussagen sparsam. Sie berufen sich auf Erinnerungslücken, Observationslücken oder eben auf eingeschränkte Aussagegenehmigungen.

Die Berliner Senatsverwaltung für Inneres, der die MEK-Beamten unterstellt sind, verteidigt die zugeknöpften Zeugen.

»Die letzten Jahre haben gezeigt, dass gerade die linksextremistische Szene immer wieder bestrebt ist, Strafverfahren gegen Gewalttäter zu nutzen, um Dienstinterna der Polizei in Erfahrung zu bringen und für ihre Zwecke zu nutzen«, schreibt die Senatsverwaltung in einer Stellungnahme an das Gericht. Es bestehe die Gefahr, dass »dem Wohle des Landes Berlin Nachteile« entstehen.[4]

Wenn die Sicherheit einer Millionenstadt gefährdet ist, müssen Anwälte Abstriche bei ihren Rechten als Verteidiger hinnehmen – auch wenn ihren Mandanten im Falle einer Verurteilung hohe Haftstrafen drohen. Das Geheimhaltungsinteresse des Landeskriminalamts sei »abzuwägen gegen den rechtsstaatlichen Anspruch auf gerichtliche Wahrheitsfindung«, schreibt die Berliner Innenverwaltung. In diesem Fall hätten die Belange der Behörde Vorrang vor dem Interesse der Beschuldigten nach entlastenden Beweisen.

Also vergehen die Wochen mit ermüdenden und erkenntnisarmen Befragungen. Vor den Panzerglasscheiben des Kriminalgerichts pustet der Winter das Herbstlaub von den Straßen, Wolken verwandeln Wege in Wasserläufe, und nach der Jahreswende legt sich arktische Kälte über die Stadt und lässt Autos und Züge stillstehen. Wer nicht vor die Tür muss, verkriecht sich in seinen vier Wänden. Im Gerichtssaal mühen sich die Verteidiger, den Polizisten, die hinter Rouge und Puder verschwinden, wenigstens einen Zipfel ungeschminkter Wahrheit abzuringen. Doch statt harter Fakten bekommen sie Worte wie Seifenblasen, die träge, durchsichtig und leer durch den Raum schweben, vorbei an Bundesanwälten, Angeklagten und sich lichtenden Pressebänken, bis nach ganz hinten, wo sie an alternativ gekleideten Zuhörern abprallen, um schließlich zu zerplatzen. In Luft löst sich auch ein Teil der Indizienkette der Bundesanwaltschaft auf. Trotz Totalüberwachung hat kein Polizist gesehen, wie die Brandsätze unter den LKW platziert wurden. Die am Tatort gefundenen DNA-Spuren und Faserreste lassen sich den Angeklagten nicht zweifelsfrei zuordnen. Was bleibt, ist eine Drogeriemarkt-Quittung. Beamte fanden sie bei der Durchsuchung von Oliver Rasts Wohnung. Der Bon belegt, dass er Haushaltshandschuhe und Gefrierbeutel gekauft hat. Ermittlungschefin Andernach sagt: »Das sind Sachen, die man kauft, wenn man Brandsätze bauen will.«

Während sich Bundesanwälte und Verteidiger um Fakten, Vermutungen und Verfahrensregeln streiten und die Angeklagten stumm auf das Ende eines jeden Verhandlungstages warten, verirrt sich der Vorsitzende Richter regelmäßig auf Nebenschauplätze. Einmal zitiert er zwei Zuschauerinnen, augenscheinlich aus der linken Szene, nach vorne, schaut streng und sagt: »Ich werfe Ihnen vor, gelacht zu haben, und das ist verboten.«

25. Verhandlungstag, Donnerstag, 19. Februar 2009:
Fehlende Akten

Fünf Monate dauert mittlerweile die Verhandlung, und noch immer haben die Verteidiger keinen vollständigen Einblick in die Ermittlungsergebnisse des Bundeskriminalamts. »Es ist keine vernünftige Zeugenbefragung und damit auch kein faires Verfahren möglich, wenn uns die Bundesanwaltschaft bestimmte Erkenntnisse vorenthält«, sagt Rechtsanwalt Sven Lindemann. In den fehlenden Unterlagen sollen Informationen über die drei Angeklagten zusammengefasst sein, die das Bundeskriminalamt aus Observationen und abgehörten Telefongesprächen gewonnen hat. »Es drängt sich der Verdacht auf, dass die Bundesanwaltschaft etwas zu verbergen hat«, kritisiert Lindemanns Kollege Alexander Hoffmann. Anette Greger von der Bundesanwaltschaft widerspricht: »Die fehlenden Sachstandsberichte enthalten lediglich Einschätzungen einzelner Polizeibeamter, und die sind irrelevant.« Der Vorsitzende Richter Hoch teilt Gregers Sicht, und deshalb werden die Strafverteidiger vorerst nicht erfahren, ob die Einschätzungen tatsächlich irrelevant sind.

26. Verhandlungstag, Mittwoch, 25. Februar 2009:
Spitzelgerüchte

Kein Verhandlungstag im Berliner Kriminalgericht ohne den obligatorischen Rüffel des Richters Richtung Publikum. Diesmal offenbart Josef Hoch eine befremdliche Sicht auf das Thema Transparenz. Später demonstriert ein Polizist, welche alternativen Möglichkeiten existieren, um Probleme mit Prozessbeobachtern zu lösen, und zwischendurch markiert der Auftritt eines ranghohen Geheimdienstmitarbeiters den vorläufigen Tiefpunkt eines an Tiefpunkten nicht armen Prozesses.

Josef Hoch ist genervt. Schuld daran sind die Zuschauer. Die hatten sich erneut über die miserable Akustik beschwert. »Sie verstehen nicht, was Öffentlichkeit bedeutet«, sagt Hoch, um gleich danach die Antwort zu präsentieren: »Sie können an der Verhandlung teilnehmen, haben aber keinen Anspruch darauf, alle Vorgänge mitzubekommen.« Verstehen, was passiert, ohne zu hören, wer was sagt. Nicht allen Anwesenden im Gerichtsaal erschließt sich diese Logik. Durchschaubarer ist das Verständnis von Öffentlichkeitsarbeit, das ein Zivilpolizist in einer Verhandlungsunterbrechung kultiviert. Ein freier Fernsehreporter aus Hamburg fragt den Beamten, ob er in der Pause filmen dürfe. »Wir treffen uns sicher einmal nachts im Park«, antwortet der Beamte. Man kann das als Drohung interpretieren. Obwohl ein Kollege des Journalisten den Richter über die Provokation informiert, sieht der keinen dringenden Aufklärungsbedarf. Empört reagieren die Verteidiger. »Es ist unglaublich, dass die Verhandlung wegen eines Zuschauerzwischenrufs unterbrochen, eine Bedrohung der Presse aber einfach hingenommen wird«, beschwert sich Rechtsanwalt Alexander Hoffmann. Hoch verspricht, den Fall aufklären zu wollen – allerdings erst nach der Zeugenvernehmung. Die verspricht spannend zu werden. Als Zeuge geladen ist Hans Elmar Remberg, 63 Jahre alt und Vizepräsident des Bundesamts für Verfassungsschutz.

Gleich zu Beginn gibt Remberg zu verstehen, was er davon hält, aussagen zu müssen: nicht viel. »Ich bin nur befugt, das zu sagen, was in den Behördenzeugnissen steht«, sagt Remberg auf die Frage von Hoch, welche Erkenntnisse er über die »militante gruppe« habe. Behördenzeugnisse, also Dossiers über Verdächtige, deren Informationen oft aus verdeckten Ermittlungen stammen, hatten die Verfassungsschützer unter anderem über die drei Mitglieder der Initiative »Libertad!« angelegt. Deren Verfahren wurde kurz vor Prozessbeginn aus Mangel an Beweisen eingestellt. Aber auch für Oliver Rast, den Schweden und den Langen hat der Geheimdienst Behördenzeugnisse angelegt.

Darin heißt es: »Nach einer hier vorliegenden, vertraulichen und unbestätigten Information sollen Oliver Rast und (...) der ›militanten gruppe‹ angehören. Über diesen Personenkreis hinaus soll es weitere Mitglieder geben. Der Informationsgeber wird seitens des BfV als im Allgemeinen zuverlässig berichtend und nachrichtenehrlich eingestuft.«[5]

»Wie glaubwürdig ist diese Quelle?«, fragt Richter Hoch.

»Sehr glaubwürdig. Wir haben von dieser Quelle schon mehrere Informationen bekommen, die sich als zutreffend herausstellten«, antwortet Verfassungsschutz-Vize Remberg.

(...)

»Wie sehr ist diese Quelle in der linken Szene verwurzelt?«

»Das darf ich nicht sagen, weil das die Quelle gefährden würde.«

»Wir können vor Gericht aber nur gesicherte Erkenntnisse verwerten«, stellt Hoch klar.

Remberg sagt vor allem, was er nicht weiß. Er weiß nicht, dass seine Behörde gegenüber dem BKA behauptet hat, drei Aktivisten von »Libertad!« seien Gründungsmitglieder der »militanten gruppe«, er weiß nicht, seit wann die »militante gruppe« existiert, und er weiß nicht, wie viele Mitglieder die Gruppe hat. Immerhin weiß Remberg, dass die »militante gruppe« den Kapitalismus bekämpft und er selbst seit drei Jahren beim Bundesamt für Verfassungsschutz arbeitet. Richter Hoch scheint nicht restlos zufrieden. Deshalb wird er später ein Fax an Rembergs Vorgesetzten, den Verfassungsschutzpräsidenten Heinz Fromm, schicken und um weitere Angaben bitten. So will er wissen, ob der Informant ein Mitglied der »militanten gruppe« ist oder in einem anderen Verhältnis zu den Angeklagten steht.

Die Antwort der Verfassungsschützer bietet wenig Neues – bis auf einen kurzen Satz, fast am Ende des Schreibens. Darin erklärt der Inlandsgeheimdienst: »Die Erkenntnisse des Informationsgebers stammen vom Hörensagen.«[6] Ein erstaunliches Geständnis. Seit Wochen berufen sich BKA-Beamte auf den Verfassungsschutz, um zu belegen, dass die Männer zur »militanten gruppe« gehören. Die Bundesanwaltschaft stützt ihren wichtigsten Anklagepunkt, die Mitgliedschaft in einer kriminellen Vereinigung, auf diese Information des Verfassungsschutzes. Der zweithöchste Verfassungsschutz-Beamte betont die Zuverlässigkeit seines Informanten. Und dann stellt sich heraus: Der unbekannte Informant hat die Information über drei Ecken aufgeschnappt. Spitzel und Staatsschützer spielen Stille Post, und am Ende der Schlange sammelt die Bundesanwaltschaft alle Obskuritäten aus der Gerüchteküche und braut daraus ein Hypothesensüppchen. »Hörensagen als Beweis«, spottet die *Berliner Zeitung*, und die Verteidiger erklären: »Der Beweiswert dieses Behördenzeugnisses ist bezüglich des V-Mannes gleich null.«

34. Verhandlungstag, Donnerstag, 26. März 2009:
Fahnder in der Falle

Nachdem Richter Hoch die Verhandlung eröffnet hat, vertieft sich Oliver Rast wie immer in die aktuelle Ausgabe der *Berliner Fußballwoche*. Gründlich studiert er Spielberichte und Tabellenstände unterklassiger Ligen. Für den Fall, dass die Verhandlung länger dauert, hat er sich auch den *Kicker* mitgebracht. Manchmal verschwimmen die Buchstaben vor seinen Augen, und er döst ein, denn ein Tag im Kriminalgericht kann lang und ermüdend sein. Meist weckt ihn nach wenigen Minuten ein Vertreter der Bundesanwaltschaft, der erklärt, dass er der Verhandlung zu folgen habe. Daraufhin zitiert sein Anwalt ein Gerichtsurteil, nachdem Angeklagte einer Verhandlung auch mit geschlossenen Augen folgen dürfen. Dann schlummert Oliver Rast weiter. Auch an diesem Donnerstagmorgen rechnet er mit geruhsamen Stunden. Dass er heute Zeuge eines außergewöhnlichen Schauspiels wird, ahnt er noch nicht.

Auf dem Stuhl neben ihm richtet sich sein Anwalt Thomas Herzog ebenfalls auf einen unspektakulären Tag ein. Zum wiederholten Mal ist BKA-Ermittlungsführer Oskar Damelshausen geladen. Keiner der Verteidiger erwartet von seinem Auftritt bahnbrechende Neuigkeiten. Routiniert blättert Herzog durch einen Ordner mit Sachstandsberichten, die Damelshausen geschrieben und die das Bundeskriminalamt erst vor wenigen Wochen nachgeliefert hat. Herzog ist geübt darin, hunderte Seiten rasch zu überfliegen und trotzdem das Wichtigste zu erfassen.

Oliver Rast schaut zu Herzog, der sich immer noch durch die Seiten wühlt. »Nur gut, dass ich diesen Quatsch nicht lesen muss«, denkt er und beugt sich über die *Fußballwoche*. Minuten später stößt ihn Herzog mit dem Ellenbogen in die Seite. »Schau mal«, flüstert er und schiebt den Ordner herüber. Vor Oliver Rast liegt ein Artikel, den die Ermittler aus der linksradikalen Zeitschrift *interim* kopiert haben. Er kennt den Text. Irgendeine autonome Gruppe hatte sich damit vor Jahren an der Militanzdebatte beteiligt und die »militante gruppe« scharf angegriffen, weil die bei einem nächtlichen Anschlag auf eine halbfertige Lidl-Filiale einen Bauarbeiter im Dachstuhl des Rohbaus übersehen hatte. Der Mann war zu keiner Zeit in Gefahr, aber »Die Zwei aus der Muppet Show«, wie sich die Verfasser nannten, empörten sich über die Unachtsamkeit ihrer linksradikalen Genossen. Es dauert einige Sekunden, bis Oliver Rast versteht, was er sieht. Über dem *interim*-Beitrag prangt ein Aktenvermerk: »Nur für die Handakte: Der Text wurde vom BKA verfasst und an die *Interim* versandt, um eine Reaktion bei der ›militanten gruppe‹ zu provozieren und gleichzeitig auf die Homepage des BKA (Homepageüberwachung) hinzuweisen.«

Herzog macht einen Knick in die Seite und grinst. Oliver Rast grinst zurück. »Die Bullen schreiben für die interim, wer hätte das gedacht«, denkt er. Offensichtlich frisiert das BKA Akten, und Damelshausen hat den Verteidigern versehentlich eine Ablichtung der unbereinigten Version zugeschickt. »Dafür bekommt er beim BKA lebenslanges Kopierverbot«, freut sich Oliver Rast. Er legt die Fußballwoche beiseite und wartet, wie Herzog die Steilvorlage des Chefermittlers in einen Punktsieg für ihn und seine Genossen verwandelt. Herzog bittet darum, die Verhandlung zu unterbrechen, und informiert seine Anwaltskollegen. Sie entscheiden, dass Olaf Franke Damelshausens Befragung übernimmt. Als der auf dem Zeugenstuhl sitzt, legt Franke sofort los.

»Haben Sie die Beiträge zur Militanzdebatte selbst gelesen?«
»Ja«, sagt Damelshausen
»Wissen Sie, wer die Texte der Militanzdebatte verfasst hat?«
»Nein«, sagt Damelshausen.
»Wirklich nicht?«
»Nein.«

»Volltreffer«, denkt Oliver Rast, »der Herr Kriminalhauptkommissar ist in die Falle getappt.« Er blickt zu Olaf Franke, dem es gut gelingt, seine Genugtuung zu verbergen, bevor er auf das Finale zusteuert.

»Kann es sein, dass das BKA selbst Texte zur Militanzdebatte verfasst hat?«, erkundigt sich Franke.

Der Ermittlungschef zögert. Zu lange, um die Antwort glaubwürdig zu verpacken.

»Dazu kann ich nichts sagen«, sagt er schließlich.

Allmählich merken auch die Zuschauer, dass sich etwas Ungewöhnliches anbahnt. Olaf Franke greift zu dem Ordner, der vor ihm auf dem Tisch liegt und sagt:

»In Ihrem Sachstandsbericht vom 7. Juni 2006 heißt es, dass der Beitrag ›Quo vadis mg?‹, erschienen in der interim Nr. 611 am 10. Februar 2005 von den Autoren ›Die Zwei aus der Muppet Show‹ vom BKA verfasst wurde. Wie erklären Sie sich das?«

»Da muss wohl aus Versehen diese falsche Version in die Akten gelangt sein«, sagt Damelshausen.

»Sie kennen also den Verfasser des Textes, es ist nämlich Ihre eigene Behörde.«

»Ich konnte mich nicht mehr daran erinnern.«

»Sie haben gerade gelogen«, schimpft Franke. »Hier sitzt ein Polizeibeamter und lügt uns an. Ich lass mich doch von Ihnen nicht vorführen. Keine weiteren Fragen mehr.«

Einige Zuschauer kichern, die Bundesanwälte geben sich überrascht, und der Vorsitzende Richter Josef Hoch ist sichtlich irritiert. »Ich unterbreche die Verhandlung für zehn Minuten«, sagt Hoch.

Nach der Pause erklärt er, dass sich der BKA-Vermerk nicht in seinen Akten befindet. Man sieht Hoch an, dass er darüber wenig erfreut ist. Verständlich. Dass ein Ermittlungsführer des BKA dem Vorsitzenden eines Strafsenats wichtige Informationen vorenthält, ist ein ungeheuerlicher Affront.

Erstaunlich schweigsam sind die Bundesanwälte. Die von Jochen Weingarten sonst zur Schau getragene Selbstsicherheit wird von einer nervösen Blässe überdeckt. Die Verteidiger nutzen das plötzlich entstandene Vakuum im Verhandlungssaal und legen nach.

»Es ist eine Frechheit, dass der Herr vom Bundeskriminalamt nach eigenem Ermessen entscheidet, welche Aktenversionen er dem Gericht vorlegt«, sagt Olaf Franke.

»Es kann sein, dass der Zeuge eine Straftat begangen hat«, sagt Sven Lindemann.

»Wir müssen uns jetzt über die neue Situation klar werden«, sagt Richter Hoch.

Dann bricht er die Sitzung ab. Einige Tage später erklärt die Bundesanwaltschaft, dass sie vom BKA-Beitrag zur Militanzdebatte wusste. Die Aktion sei dem Gericht nicht bewusst verschwiegen worden. Es sei ein Versehen gewesen, und Kriminalhauptkommissar Damelshausen habe sich schließlich noch rechtzeitig korrigiert. Damit ist der Fall für die Bundesanwaltschaft und die Richter erledigt.

40. Verhandlungstag, Donnerstag, 30. April 2009:
Kommissar Muppet mauert

Kriminalhauptkommissar Narodniki gibt sich Mühe, ruhig und gefasst zu wirken. Doch unter seinem Stuhl rudert der 39-jährige BKA-Beamte ununterbrochen mit den Beinen. Es ist kurz nach neun Uhr, und mittlerweile wissen die Verteidiger, dass Narodniki und sein Kollege Kraushaar nicht nur einen Text als vermeintliche Linksradikale verfasst haben, sondern zwei. Die Idee dazu habe er gehabt, erzählt Narodniki. Er habe die Bundesanwaltschaft über seinen Plan informiert. Gut ein Jahr später erschien ihr zweiter Beitrag zur Militanzdebatte. Ebenfalls in der *interim*. »Warum gibt es in den offiziellen Akten keine Hinweis auf die Urheberschaft der Texte?«, will Richter Hoch wissen. »Für die Aktenführung bin ich nicht zuständig«, sagt Narodniki. Auch sonst gibt sich der Textauswerter wortkarg. Er spricht von »Indizien« und »Thesen«, er »vermutet« und »nimmt an«, meist weiß er »nichts Genaues«. Ob er irgendetwas Konkretes sagen könne, fragt ihn Hoch am Ende der dreistündigen Vernehmung. »Nein«, sagt Narodniki.

44. Verhandlungstag, Mittwoch, 10. Juni 2008:
Aus Köln nichts Neues

Seinen richtigen Namen, sagt Guido Eggebrecht, dürfe er nicht sagen. Was man weiß: Der Mann ist 53 Jahre alt, Mitarbeiter beim Bundesamt für Verfassungsschutz, und er sammelt seit 1996 Informationen über ein Gruppe Linksradikaler, die erst als »Selbstporträtgruppe« und später als »militante gruppe« firmierte. Eggebrecht zählt zu jenen Geheimdienstmitarbeitern, die Texte auswerten. Insgesamt habe das Bundesamt für Verfassungsschutz 87 Bekennerschreiben und Stellungnahmen linksradikaler Gruppen untersucht.

»Welche Erkenntnisse haben Sie daraus gewonnen?«, fragt Richter Hoch.

»Die ›militante gruppe‹ war eine Männercombo mit hohem Schreibeifer«, sagt Eggebrecht.

(...)

»Wussten Sie, dass sich BKA-Beamte an der Militanzdebatte beteiligt haben?«, fragt Herzog.

»Wir hatten Zweifel an der Authentizität der Texte und haben

diese deshalb nicht in unsere Analyse einbezogen«, antwortet Eggebrecht.

Seine Kollegen vom Berliner Landesamt für Verfassungsschutz hat er offenbar nicht über seine Zweifel informiert. Die stuften die Texte in ihren Jahresberichten als echt ein.

»Konnten Sie aus den Texten Erkenntnisse gewinnen, die auf die Angeklagten hinweisen?«, fragt Hoch.

»Es gibt keine Erkenntnisse, die auf die Angeklagten hinweisen«, antwortet Eggebrecht.

49. Verhandlungstag, Mittwoch 8. Juli 2009:
Revolutionäre Lyrik

Heute ist Stefan Finkels großer Auftritt. Der Stellvertreter des Vorsitzenden Richters Josef Hoch fungiert an diesem Tag als Vorleser und rezitiert voller Emphase mehr als eine Stunde die Texte der »militanten gruppe«. Richter Finkel deklamiert pointiert Passagen zur kommunistischen Theorie und kämpft sich bravourös durch Bandwurmsätze zur »Legitimität revolutionärer Gewalt«. Nur manchmal unterbricht er seine Rede, schaut mit pädagogisch wirkendem Blick zu den Angeklagten und seufzt: »Was für ein Deutsch.«

Die Bundesanwälte haben diese Lesestunde beantragt. Was sie damit bezwecken, bleibt ihr Geheimnis. Vielleicht wollen sie die Männer so als gefährliche Staatsfeinde demaskieren. Das Problem dabei: Die Ankläger wissen nicht, wer die radikalen Phrasen verfasst hat. Der Beweiswert von Finkels furiosem Vortrag tendiert gegen null. Außerdem studieren Richter, Ankläger und Verteidiger prozessrelevante Texte normalerweise im sogenannten Selbstleseverfahren, also außerhalb der Verhandlung. »Wahrscheinlich«, stöhnt Verteidiger Sven Lindemann, »will uns die Bundesanwaltschaft einfach nur mürbe machen.«

59. Verhandlungstag, Donnerstag, 24. September 2009:
Ausgebremste Anwälte

Über ein Dutzend Beweisanträge haben die Verteidiger der drei Männer bislang gestellt. Die Anwälte wollten die Verfassungsschützer Ganser und Ochsenbrücher in den Zeugenstand rufen und zu ihren Textanalysen befragen, die sie ohne sprachwissenschaftliche Ausbildung erstellt haben. Sie sollten auch erzählen, warum sie ein Treffen ehemaliger *taz*-Mitarbeiter in Berlin-Kreuzberg zu einem konspirativen »Runden Tisch der Militanten« aufgebauscht hatten. »Antrag abgelehnt«, sagt Richter Hoch.

Außerdem wollten die Anwälte die Justizminister Großbritanniens und Irlands als Zeugen laden. In beiden Ländern sprachen verschiedene Gerichte Aktivisten frei, die Kriegsgerät zerstört hatten, darunter Computer einer Rüstungsfirma und ein Kampfflugzeug, das auf dem militärischen Teil eines Flughafens geparkt war. Im Sinne einer einheitlichen europäischen Rechtsprechung sei es nötig, die Minister zu befragen, begründeten die Verteidiger ihren Antrag. »Antrag abgelehnt«, sagt Richter Hoch. Damit endete auch dieser Verhandlungstag.

61. Verhandlungstag, Donnerstag, 8. Oktober 2009:
Puzzle aus Indizien

Die Erleichterung über das nahende Prozessende ist Jochen Weingarten anzusehen. Und deshalb genießt der Vertreter der Bundesanwaltschaft seine kleine Pointe: »Das wird die Leidensfähigkeit der Verfahrensbeteiligten bis an die Grenze des Unerträglichen strapazieren«, beginnt er sein Plädoyer. Doch wer vermutet, dass Weingarten gleich die Ermittlungspannen während der jahrelangen Jagd auf die »militante gruppe« oder die skurrilen Szenen der vergangenen zwölf

Monate im Berliner Kriminalgericht zusammenfassen wird, der irrt. Weingarten meint die Positionspapiere der »militanten gruppe«, die er während seines dreistündigen Vortrags ausführlich wiedergibt. Aber Weingarten schmückt sich nicht nur mit fremden Federn.

Er und seine Kollegin, Staatsanwältin Greger, zählen alle Indizien gegen Oliver Rast und seine Mitangeklagten auf. Für die versuchte Brandstiftung spräche vor allem, dass die Beschuldigten in der Nähe des Tatortes von Beamten beobachtet wurden. Zudem sei bei abgehörten Telefongesprächen die Anmietung eines Fahrzeuges besprochen worden, was auf eine Verabredung zum Anschlag schließen lasse. Als weiteren Hinweis präsentieren die Ankläger den Kassenbon. Der belege den Kauf von Haushaltshandschuhen und Gefrierbeuteln. Beides werde zum Bau der verwendeten Brandsätze der Marke »Nobelkarossentod« benötigt.

Für die Mitgliedschaft in der »militanten gruppe« spreche, dass nach der Verhaftung der drei Verdächtigen keine Erklärungen der Linksradikalen aufgetaucht sei. Eine Anfang Juli 2009 in der Szenezeitschrift *interim* publizierte Auflösungserklärung, in der die »militante gruppe« abstreitet, dass die Männer zu ihnen gehören, bezeichnet Weingarten als »durchsichtiges Manöver«, um die Beschuldigten zu entlasten. »Jedes einzelne Beweisanzeichen mag als nicht ausreichend betrachtet werden, in der Summe belegen sie jedoch den versuchten Anschlag sowie die Mitgliedschaft in einer kriminellen Vereinigung«, sagt Weingarten. Für Oliver Rast und den Langen fordert er drei Jahre und sechs Monate Haft, für den Schweden drei Jahre.

62. Verhandlungstag, Mittwoch, 14. Oktober 2009:
Ohne Plädoyer

Am Ende gelingt den sechs Verteidigern noch ein kleiner Coup. Eigentlich sollten sie am vorletzten Prozesstag alles zusammenfassen, was für die Unschuld ihrer Mandanten spricht. Aber die Anwälte glauben nicht, dass das Gericht ihre Argumente bei der Urteilsfindung ernsthaft prüft. Deshalb verzichten sie auf ein Plädoyer. Stattdessen verliest Olaf Franke eine Erklärung, in der er kritisiert, dass die Richter die Bundesanwaltschaft begünstigt und die Rechte der Angeklagten missachtet hat. Auch Frankes Anwaltskollege Sven Lindemann fällt ein vernichtendes Urteil. Gegenüber dem Autor sagte er: »Nicht das Gericht ist Herr des Verfahrens, sondern Verfassungsschutz, Bundesanwaltschaft und Bundeskriminalamt. Wir haben erlebt, dass das BKA Akten unterdrückt und manipuliert hat, ein BKA-Beamter musste zugeben, dass verschiedene Versionen von Akten erstellt worden sind, eine Version für BKA und BAW, eine andere für Gericht und Verteidigung. Wir haben erlebt, dass Kriminalbeamte unter falschem Namen an einer Debatte über Militanz teilgenommen haben und dass dies der BKA-Ermittlungsführer im Prozess verschweigen wollte. Dafür schreckte er nicht einmal vor einer Lüge zurück.«

63. Verhandlungstag, Freitag, 16. Oktober 2009:
Das Urteil

Ein Jahr lang haben die drei Männer geschwiegen, und auch an diesem Tag, an dem Josef Hoch das Urteil verliest, zeigen sie kaum eine Regung. »Es gibt keinen Zweifel, dass die Angeklagten Mitglieder der ›militanten gruppe‹ sind«, sagt Hoch. Noch eindeutiger sei, dass die Männer hinter der versuchten Brandstiftung an Bundeswehrfahrzeugen stecken. Als mildernde Umstände lasse er gelten, dass sie keine Menschenleben gefährden wollten und nicht vorbestraft sind. Dennoch folgt Hoch dem Antrag der Staatsanwaltschaft: Oliver Rast und der Lange müssen dreieinhalb Jahre hinter Gitter, der Schwede muss drei Jahre absitzen.

Nachdem Hoch die Entscheidung begründet hat, verlässt Oliver Rast den Gerichtssaal. Seine Anwälte werden Revision einlegen, bis dahin ist er auf freiem Fuß.

Mehr als anderthalb Jahre später, im Juni 2011, bestätigt der Bundesgerichtshof das Urteil. Zwei Wochen später fährt Oliver Rast nach Berlin-Spandau. Dort befindet sich die Justizvollzugsanstalt Hakenfelde. Hakenfelde heißt: offener Vollzug. »Es hätte schlimmer kommen können«, denkt Oliver Rast. Er muss nicht mehr 23 Stunden in einer Einzelzelle die Zeit totschlagen, sondern kann tagsüber das Gefängnis verlassen, um im Roten Antiquariat zu arbeiten. Parallel dazu absolviert er eine Lehre zum Buchhändler. Eine Ausbildung ist ein Grund, um den begehrten Freigängerstatus zu erhalten. Nur die Zeit zwischen 22 Uhr und acht Uhr muss er in der Justizvollzugsanstalt verbringen. Die Zeit vergeht, und im Frühjahr 2013 trennen ihn nur wenige Wochen von der vorzeitigen Entlassung. Er hat vor der Haftprüfungskommission den geläuterten Linksradikalen gespielt und brav die gewünschten Floskeln serviert. »Es ist nicht mein Interesse, zum Wiederholungstäter zu werden«, war so ein Satz. Wenn alles gut läuft, sind die Nächte in Hakenfelde nach zwei Drittel der Strafe Geschichte. Weil auch die vier Monate Untersuchungshaft in Moabit auf die Haftzeit angerechnet werden, müsste sich die Knasttür am 19. Juli 2013[7] hinter ihm schließen und er wäre ein freier Mann. Doch Oliver Rast irrt sich.

194

Kapitel 12: Déjà-vu

Christian Bartsch hat ein Smartphone, das nicht nur ihn überwacht, wie das solche Geräte nun einmal tun, sondern auch seinen Laden. Es ist mit der elektronischen Einbruchsicherung
des »Roten Antiquariats« verbunden, und deshalb endet für
ihn die Nachtruhe an diesem Mittwoch schon um 6.30 Uhr.
Zunächst versteht er nicht, warum dieses Ding neben ihm
ununterbrochen schrillt, erst der Blick auf das Display verrät den Grund der morgendlichen Störung. »Alarm Antiquariat«, blinkt ihm entgegen. Er schaut auf die Uhr und denkt:
»Das muss ein Fehler sein.« Mitarbeiter, die ungeschickter-
weise den Notruf ausgelöst haben könnten, sind um diese Zeit
nicht im Geschäft, und für Diebe ist es eigentlich schon zu hell.
Also schlummert Christian Bartsch wieder ein. Minuten später
meldet sich das Handy erneut. Diesmal ist es ein Anruf. »Ja?«,
murmelt Bartsch noch im Halbschlaf. »Bundeskriminalamt«,
sagt eine Stimme am anderen Ende der Leitung, »wir durchsuchen gerade Ihren Laden, kommen Sie bitte vorbei.« »Woher
hat das BKA meine private Mobilnummer?«, wundert er sich,
merkt aber schnell, dass es in diesem Moment wenig sinnvoll
ist, über diese Frage nachzudenken. Er schlüpft in seine Klamotten, stürmt aus dem Haus und startet den Van.

Für die gut zehn Kilometer von seiner Wohnung im Berliner Ortsteil Britz bis nach Mitte braucht er fast eine Dreivier-
telstunde. Kurz vor halb acht biegt er in die Rungestraße ein.
Schon vom weitem sieht Bartsch mehrere Polizeifahrzeuge, ein
Einsatzbus versperrt den Eingang zum Antiquariat, Zivilpoli-

zisten hasten rein und wieder raus. Für den 44-Jährigen ist das wie ein Déjà-vu. Im August 2007 hatten Beamte des Landeskriminalamts seinen Buchladen schon einmal auf den Kopf gestellt. Damals suchten sie Material, das seinen Mitarbeiter Oliver Rast belasten könnte. Rast sollte in der Nacht zuvor mit zwei weiteren Männern versucht haben, Bundeswehrfahrzeuge zu zerstören. Außerdem glaubten die Ermittler, dass alle drei zur linksradikalen »militanten gruppe« gehören. Im Antiquariat fanden die Polizisten keine Beweise. Oliver Rast wurde trotzdem verurteilt. Andere Indizien sprachen aus Sicht der Richter gegen ihn. Aber das war vor einer halben Ewigkeit. Mittlerweile verbüßt er die Strafe im offenen Vollzug, arbeitet tagsüber im Laden, beendet demnächst seine Ausbildung zum Buchhändler und soll in wenigen Wochen vorzeitig entlassen werden. »Was wollen die?«, fragt sich Bartsch und steuert die Ladentür an. Kurz davor fangen ihn zwei Männer ab.

Wie sich herausstellt, sind es ein Staatsanwalt und Kriminalhauptkommissar Oskar Damelshausen vom BKA. »Sie können noch nicht hinein, unsere Sprengstoffhunde sind noch drin«, sagt Damelshausen. »Sprengstoff?«, denkt Christian Bartsch, »was für ein Irrsinn, der gefährlichste Stoff im Laden ist Staub.« Er späht durch die Schaufensterscheibe und sieht, wie Polizisten jedes Regal unter die Lupe nehmen und sich in dem kleinen Verkaufsraum gegenseitig fast auf den Füßen stehen. Zwischen den Regalen schnüffelt ein Hund. Als das Tier seine Suche erfolglos beendet hat, darf Christian Bartsch hinein. Dort präsentiert ihm der Staatsanwalt einen Durchsuchungsbeschluss. Wie vor sechs Jahren sind die Ermittler auf der Fährte von Oliver Rast. Wieder verdächtigen sie ihn, einer kriminellen Organisation anzugehören. Zusammen mit mindestens acht weiteren Personen soll er eine Nachfolgeorganisation der »militanten gruppe« gegründet haben, die sich »Revolutionäre Aktionszellen« nennt und sich zu mehreren

Sprengstoffanschlägen auf staatliche Einrichtungen bekannt hat.

»Was ist in dem Tresor?«, fragt ein Beamter. »Keine Ahnung«, sagt Bartsch. Vor Jahren gehörte der Stahlschrank zum Inventar eines Krankenhauses, bis er ihn ersteigerte. Benutzt wurde der Koloss nie. Als Christian Bartsch darin Dokumente verstauen wollte, waren die Schlüssel verschwunden, und seitdem steht er verschlossen und ungenutzt in seiner kleinen Teeküche. Die Polizisten rufen einen Schlüsseldienst, und kurz darauf rücken Spezialisten mit Schneidbrenner an. »Hoffentlich fackeln die mir nicht die Bude ab«, denkt Bartsch angesichts der vielen Bücher und Zeitschriften. Er hat Glück. Die Handwerker beschädigen zwar den Tresor, richten aber ansonsten keinen weiteren Schaden an. Als die Polizisten die schwere Tür öffnen, erleben sie eine Überraschung.

Im Tresor lagern weder Umsturzpläne noch Waffen, sondern Goldzähne. Die müssen noch aus der Zeit stammen, als der Schrank in der Klinik stand. Doch die Beamten interessieren sich nicht für die funkelnden Prothesen. Sie beschlagnahmen Computer, Drucker, Festplatten und eine Digitalkamera. Auch eine Ausgabe der Untergrundzeitschrift *radikal* fällt ihnen in die Hände. Am Nachmittag endet die Durchsuchung. Für Christian Bartsch ist der Tag gelaufen. Er schließt seinen Laden und fährt nach Hause. Im Auto überlegt er, wie die Polizisten, ohne die Tür aufzubrechen, ins Antiquariat gelangt sind.

Anderthalb Stunden bevor Christian Bartsch von seinem Handy aus den Schlaf gerissen wurde, hört Oliver Rast, wie seine Zellentür in der Justizvollzugsanstalt Hakenfelde aufgeschlossen wird. »Anziehen und mitkommen«, sagt der Wärter. Es ist kurz nach fünf Uhr, und der Bedienstete führt ihn in die Ausnüchterungszelle eine Etage tiefer. Zwanzig Minuten später versteht er, warum. Während seiner Abwesenheit haben Polizisten seine Zelle durchsucht. Sie glauben, er sei Mitglied der »Revolutionären Aktionszellen«. Die Beamten finden nichts Besonderes. Nur den Schlüssel zum »Roten Antiquariat«. Mit dem verschaffen sie sich eine Stunde später Zutritt zum Buchladen. Dass man auch eine Alarmanlage deaktivieren muss, hatte Oliver Rast den Ermittlern vorsorglich verschwiegen. Dadurch würde Christian Bartsch so schnell wie möglich von der Razzia erfahren.

Die ungebetenen Besuche in Oliver Rasts Zelle und im »Roten Antiquariat« bleiben nicht die einzigen Polizeieinsätze an diesem 22. Mai 2013. Bundesweit durchsuchen etwa dreihundert Polizisten, darunter Spezialeinheiten, 21 Wohnungen und Büros der linken Szene.[1] In Magdeburg stürmen Polizisten ein alternatives Kulturzentrum, in Stuttgart einen Treffpunkt der SPD-nahen Jugendorganisation »Die Falken«.

Die Razzien erfolgen zu einem ungewöhnlichen Zeitpunkt. Von den »Revolutionären Aktionszellen«, die nie Menschenleben gefährdet hatten, gibt es seit über zwei Jahren kein Lebenszeichen. Dafür diskutiert das halbe Land über Rechtsterroristen, die Menschen mit ausländischen Wurzeln und eine Polizistin getötet haben sollen. Erst zwei Wochen zuvor hatte in München der Prozess gegen Beate Zschäpe und weitere mutmaßliche Unterstützer des »Nationalsozialistischen Untergrunds« (NSU) begonnen. Die Bundesanwaltschaft wird vertreten von Herbert Diemer, Jochen Weingarten und Anette Greger – es sind dieselben Ankläger wie im Prozess gegen die »militante gruppe«.

Während die Behörden bei der Jagd auf die »militante gruppe« jahrelang Unschuldige verfolgten, waren die Staatsschützer im Fall des NSU den Richtigen auf der Spur. Mindestens 25 V-Leute[2] verschiedener Verfassungsschutzämter und des LKA Berlin bewegten sich im Umfeld der untergetauchten Neonazis. Sie verrieten Aufenthaltsorte und wie das Trio versuchte, an Waffen zu gelangen. Trotzdem konnten die Terroristen Menschen töten. Die mit der Aufklärung dieser Verbrechen beauftragten Polizisten schlossen einen rechtsextremen Hintergrund aus und verdächtigten stattdessen die türkische Mafia oder sogar Familienangehörige der Opfer. Nachdem der NSU im November 2011 aufgeflogen war, präsentierte die Bundesanwaltschaft schnell ihre Theorie: Demnach waren für zehn Morde, zwei Sprengstoffanschläge und fünfzehn Raubüberfälle allein Uwe Böhnhardt, Uwe Mundlos und Beate Zschäpe verantwortlich. Eine nützliche These. Böhnhardt und Mundlos sind tot, Zschäpe schweigt, und die Frage, ob V-Leute von den Morden wussten, bleibt unbeantwortet. Nachdem eine Untersuchungskommission unter dem Vorsitz eines ehemaligen Richters am Bundesgerichtshof aufgelistet hat, wie Polizei und Geheimdienste versagt haben, und während mehrere parlamentarische Untersuchungsausschüsse versuchen, die Gründe für dieses Versagen im Kampf gegen die Neonazis zu finden, warnen die Strafverfolger vor einer Gefahr durch Linksradikale. Diese würden den »Umsturz des staatlichen Systems der Bundesrepublik Deutschland betreiben«. So steht es im Durchsuchungsbeschluss des Bundesgerichtshofs. Wer also sind die »Revolutionären Aktionszellen«?

Rückblick: Zum ersten Mal tauchte die Gruppe am 30. Dezember 2009 auf, als sie sich zu einem Sprengstoffanschlag auf die Arbeitsagentur in Berlin-Wedding bekannte. Sie sähen sich an der Seite von Lohnabhängigen und Arbeitslosen und bekämpften Institutionen, die mit Sanktionen die Menschen schikanierten, hieß es in dem Bekennerschreiben.

Die Ermittler sprachen seinerzeit von einer neuen Qualität der Gewalt. Tatsächlich hatten die Linksradikalen im Vergleich zu Anschlägen früherer militanter Gruppen aufgerüstet. Den üblichen Brandsatz der Marke »Nobelkarossentod« entwickelten sie mit Hilfe von Campingkocher-Gaskartuschen zu einem Sprengsatz mit großer Zerstörungskraft weiter. »Gasaki« heißt das neue Modell in der Szene. In der Autonomenpostille *radikal* veröffentlichten die »Revolutionären Aktionszellen« eine Bauanleitung, warnten Nachahmer aber gleichzeitig, dass die »Gasaki« nur an Orten ohne Publikumsverkehr eingesetzt werden dürfen. Zu hoch sei die Gefahr, dass Menschen verletzt würden.

Am 4. Februar 2010 deponierten die »Revolutionären Aktionszellen« einen »Gasaki«-Sprengsatz am Haus der Wirtschaft in Berlin-Charlottenburg. Später übernahm die Gruppe die Verantwortung für Anschläge auf ein Gebäude der Bundesregierung, den Sitz der Berliner Senatsverwaltung für Stadtentwicklung und das Amtsgericht Wedding. Ende März 2011 versendeten die Unbekannten ein 8-Millimeter-Projektil an Bundesinnenminister Hans-Peter Friedrich von der CSU. Im beiliegenden Schreiben erklärten sie: »Wenn der repressive Staatsapparat der Meinung ist, uns durch eine Kette von Depressionsschlägen einzuschüchtern, dann hat er sich verspekuliert.« Auch dem Bundesanwalt Rainer Griesbaum, dem Dresdner Extremismusforscher Uwe Backes und seinem Chemnitzer Kollegen Eckhard Jesse drohten die Staatsfeinde mit Patronen. Dass Backes und Jesse ins Visier gerieten, war kein Zufall. Kritiker werfen ihnen vor, sie bagatellisierten Rechtsradikalismus, stilisierten Linke zur Gefahr für die Demokratie und blendeten mit ihrer umstrittenen Extremismustheorie aus, dass ausländerfeindliche und antisemitische Ressentiments auch in der Mitte der Gesellschaft existieren.

Neu ist die Patronenaktion nicht. Im Juni 2001 hatte die »militante gruppe« ähnliche Geschosse verschickt, unter anderem an den Regierungsbeauftragten für die Entschädigung der NS-Zwangsarbeiter, Otto Graf Lambsdorff. Auch deshalb glauben die Ermittler, dass die »Revolutionären Zellen« die Nachfolger der »militanten gruppe« sind. Neun Personen verdächtigt die Bundesanwaltschaft, darunter Oliver Rast. Wenige Monate bevor die »Revolutionären Aktionszellen« ihren ersten Anschlag verübten, hatte ein Gericht den 38-Jährigen zu dreieinhalb Jahren Haft verurteilt. Aber seine Anwälte legten Revision ein. Deshalb war das Urteil 2008 noch nicht rechtskräftig, und Oliver Rast blieb weiter auf freiem Fuß.

Die Ermittler des Bundeskriminalamts vermuten, dass die neue Untergrundorganisation unter zwei Namen agiert. Als Redaktionskollektiv »Revolutionäre Linke« (RL) hätten die Frauen und Männer die Herausgeberschaft der Zeitschrift *radikal* übernommen, während sie unter dem Markenzeichen »Revolutionäre Zellen« (RAZ) Sprengstoffanschläge verübten. Falls diese These stimmt, wäre das ein cleverer Schachzug. Mit der *radikal* besäßen die Autonomen eine Plattform, um ihre Anschläge zu begründen, Diskussionen anzustoßen und mögliche Nachahmer zu animieren. Das würde ihnen nicht nur mehr Aufmerksamkeit innerhalb der Szene verschaffen, sondern auch die eigene Sicherheit erhöhen. Schließlich war das Ende der »militanten gruppe« in dem Augenblick besiegelt, als ein Mitglied Kontakt zum damaligen *radikal*-Mitarbeiter Andrej Holm aufnahm, der seine E-Mail-Kommunikation nur stümperhaft gesichert hatte. Wenn Medium und Militanz in einer Hand sind, entfällt eine unsichere Schnittstelle, über die sich zwei verschiedene Gruppen austauschen müssen. Holm wurde 2007 nach wenigen Wochen aus der Untersuchungshaft entlassen, während Oliver Rast und seine zwei Genossen Monate hinter Gittern verbrachten.

Seit Mai 2010 ermittelt die Bundesanwaltschaft gegen Oliver Rast. Der Anfangsverdacht beruhte zu diesem Zeitpunkt auf Informationen des Landesamts für Verfassungsschutz Baden-Württemberg. Die Erkenntnisse des Geheimdienstes sind als »Verschlusssache« eingestuft.[3] Möglicherweise war Oliver

Rast erstmals am 5. Juli 2008 im Musterländle auf dem Radar des Verfassungsschutzes aufgetaucht. An diesem Tag demonstrierten in Stuttgart linke Aktivisten vom »Netzwerk Freiheit für alle politischen Gefangenen«. Unter den Demonstranten war auch Oliver Rast. Bei der Demo traf er einen Aktivisten, der später ebenfalls verdächtigt wurde, den »Revolutionären Zellen« anzugehören.[4]

Um handfeste Beweise gegen Oliver Rast zu finden, verlassen sich die Ermittler des Bundeskriminalamts auf die übliche Kombination aus Telefon-, Video-, und Internetüberwachung, ergänzt um eine umfangreiche Observation. Diesmal beschatten nicht nur Beamte des LKA Berlin, sondern auch Polizisten der Landeskriminalämter Sachsen und Thüringen. Minutiös notieren die Ermittler, wann, mit wem und wie lange Oliver Rast welches Lokal frequentiert hat. Sie registrieren auch, mit welchen Rucksäcken oder Sporttaschen die Männer die Wirtschaften aufsuchen, und spekulieren darüber, ob sich darin Exemplare der *radikal* befinden.[5] Aus abgehörten Telefonaten erfahren die Staatsschützer, dass Rast über ein außergewöhnliches Spezialwissen zu Autoren und Veröffentlichungen im Bereich Frühanarchismus Ende des 19. Jahrhunderts/Anfang des 20. Jahrhunderts verfügt.[6]

Während die Kriminalisten Kneipenpräferenzen und Geschichtskompetenzen recherchieren, zeichnet das Bundesamt für Verfassungsschutz ein deutlich dramatischeres Bild von dem Hauptverdächtigen. Geheimdienstmitarbeiter befürchten, dass Oliver Rast Zugang zu Schusswaffen und Munition besitzt.[7]

Ein ähnlich düsteres Szenario präsentiert der *Focus* seinen Lesern. Das Magazin hatte sich 2003 mit einer vermeintlichen Enthüllung über eine Vorläuferorganisation der »Revolutionären Zellen« blamiert. Seinerzeit veröffentlichte das Blatt Vornamen und abgekürzte Nachnamen von angeblichen Mitgliedern der »militanten gruppe«. Doch die Männer waren unschuldig, der *Focus* musste eine Gegendarstellung drucken. 2010 reanimiert ein Autor erneut das Gespenst des Kommunismus und beamt es aus der Besenkammer der Weltgeschichte ins Bewusstsein braver Bundesbürger. Unter der Überschrift »Mentor der Militanten« verquirlt die Illustrierte altbekannte Zitate der »militanten gruppe« (»Wir sind in unserer Existenz nicht gefährdet.«) mit Plattitüden anonymer Ermittler (»Wir nehmen die Drohung sehr ernst.«) und jeder Menge Konjunktive zu einer fantastischen Geschichte. Tenor: Der 2008 nach 26 Jahren Knast entlassene Christian Klar – laut *Focus* ein »RAF-Spitzenmann« – wirke als Berater und »Befruchter« für eine neue Generation von Linksradikalen. Worin genau die Beratertätigkeit eines Mannes bestehen könnte, der mehr als zweieinhalb Jahrzehnte lang in einer verschlossenen Zelle gelebt hat, bleibt im Dunkeln. Dafür serviert der *Focus* originelle Kronzeugen für die These. Ein »hochrangiger« Sicherheitsbeamter offenbart schonungslos: »Das läuft nach dem Motto: Alt berät Jung.« Nur, worin besteht der Generationentransfer? Man weiß es nicht. Ähnlich aussagekräftig sind die Beiträge eines anonymen Internetnutzers, den der *Focus* in den Weiten des World Wide Web aufgestöbert hat. Der User nennt sich »Likedeeler« und schwärmt in einem linksradikalen Diskussionsforum vom »brachliegenden Feld der RAF-Erfahrungen«, das man endlich »beackern« müsse.[8] Nun kann im Netz zwar jeder seine Identität verschleiern, sich – egal, ob Staatsfeind, Staatsschützer oder Spinner – nennen, wie er will, aber beim *Focus* gilt offenbar das Motto: Wir haben den Beweis – es stand im Internet.

Oliver Rast vermutet, dass den *Focus* seine damalige Wohnsituation zur Story über die Mehrgenerationen-Militanz inspiriert hat. Rast hatte seinerzeit mit zwei früheren RAF-Mitgliedern in einer Kreuzberger Wohngemeinschaft gelebt. Eine

»Terror-WG« seien sie nicht gewesen. »Ich habe kurzfristig ein Zimmer gesucht, und die beiden Genossen hatten eins frei«, erinnert er sich.

Als »völligen Quatsch« bezeichnet ein Insider aus der militanten Szene den Bericht. Weder die »Revolutionären Aktionszellen« noch andere Gruppen ließen sich von ehemaligen RAF-Mitgliedern beraten. »Die RAF agierte unter völlig anderen Bedingungen mit völlig anderen Mitteln und ist außerdem gescheitert«, erklärt der Linksradikale. »Heutzutage sind wir mit Handyortung, Onlinedurchsuchungen und modernsten DNA-Analysen konfrontiert – als Klar verhaftet wurde, gab es das alles gar nicht.«

Später wird publik, dass Christian Klar nach seiner Entlassung tatsächlich als eine Art Berater arbeitet: Doch sein Klient ist keine linksradikale Untergrundorganisation, sondern ein Bundestagsabgeordneter der Linkspartei, dessen Webseite er technisch betreut. Für die üblichen Verdächtigen ist das ein Skandal. Ein CDU-Hinterbänkler sichert sich seine dreißig Sekunden Aufmerksamkeit, indem er im Bundestag erklärt: »Der Feind der Demokratie hat nichts im Herzstück der Demokratie zu suchen.«[9] Die *Bild*-Zeitung hyperventiliert: »Ein einstiger Staatsfeind im Staatsdienst!«[10] So als wäre der frühere RAF-Mann zum verbeamteten Staatssekretär ernannt worden.

Sollte Klar die »Revolutionären Aktionszellen« beraten haben, dann war sein Coaching nicht sehr nachhaltig. Denn nach nur zwei Jahren, 2011, verschwindet die mysteriöse Truppe von der Bildfläche. Erst am 22. Mai 2013 taucht der Name in der Öffentlichkeit wieder auf, als die Polizei bundesweit gegen die linke Szene vorgeht. Noch am gleichen Tag verlegen die Ermittler Oliver Rast vom offenen in den geschlossenen Vollzug der JVA Berlin-Tegel. Er ist jetzt Beschuldigter in einem neuen Ermittlungsverfahren.

Er bezieht eine Zelle im Hafthaus 5E, einem Bau aus den

sechziger Jahren, in dem sich achtzig Gefangene auf zwei Etagen verteilen. Bis zum abendlichen Einschluss steht seine Zellentür offen, er könnte sich auf seiner Station frei bewegen und andere Gefangene in ihren Zellen besuchen. Aber Oliver Rast ist zurückhaltend, spricht niemanden an. Das ist auch nicht nötig, denn die Mithäftlinge kommen zu ihm. Sie wollen ihn abklopfen, so wie jeden Neuzugang. Vor allem warum jemand sitzt, ist wichtig, um ihn in die Knasthierarchie einzusortieren. Wer für Kindesmissbrauch bestraft wurde, eignet sich als Opfer, ein verurteilter Schläger ist dagegen mit Vorsicht zu genießen. Auf die Abklopfer folgen die Isolierten. Das sind jene Häftlinge, die von den anderen aus irgendwelchen Gründen gemieden werden und die in jedem Neuling einen potentiellen Verbündeten sehen. Zu dieser Spezies zählt der Anscheißer.

Oliver Rast lernt ihn an seinem zweiten Tag kennen. Der Anscheißer hat aus Eifersucht seine Lebensgefährtin und ihren vermeintlichen Liebhaber umgebracht, wohnt nun in der Zelle nebenan und kam zu seinem Namen, weil er Mithäftlinge bei den Wärtern verpfeift. Letzteres weiß Oliver Rast zu diesem Zeitpunkt jedoch nicht. Der Anscheißer gibt sich leutselig. Schon bald schleppt er einen Ordner voller Kopien an. »Lies mal«, sagt er stolz. Es ist seine Anklageschrift. »Was für eine merkwürdige Offenheit«, denkt Oliver Rast irritiert. Dann sieht er, dass von den durchnummerierten Seiten einige Blätter fehlen. Ob man nicht mal zusammen Backgammon spielen wolle, fragt der Anscheißer. »Das passt schlecht in meinen Tagesablauf«, sagt Oliver Rast. Seitdem lässt ihn der Anscheißer in Ruhe. Dafür entdeckt ihn die Drogendealerfraktion. Oliver Rast soll für sie im Knast Kurierdienste übernehmen. Auch dieses Angebot lehnt er ab.

Nach drei Wochen Knast hat Oliver Rast sondiert, mit welchen Leuten sich die kommenden Jahre halbwegs erträglich überstehen lassen. Da wäre zunächst Timo, Mitte dreißig, ein eloquenter Sozialwissenschaftler, der mit illegalen Internetgeschäften Millionen erbeutete und der scharfsinnig über Politik diskutieren kann. Zeit verbringt er auch mit Siggi. Der ist schon Anfang siebzig, stammt aus der DDR und hat sich auf Raubüberfälle spezialisiert. Allerdings mit mäßigem Erfolg, weshalb der Knast sein Hauptwohnsitz ist, wo er sich bis ins hohe Alter seinem zweiten Hobby widmet: Bodybuilding. Zusammen mit Siggi bekämpft Oliver Rast in der Muckibude Lethargie und Leibesfülle. Eine Lebensversicherung gegen aggressive Mithäftlinge sind die zwei Albaner, mit denen er sich regelmäßig auf dem Flur sehen lässt. Normalerweise bleiben Ausländer im Knast unter sich. Doch Oliver Rast punktet mit seinem Wissen über ihren früheren Staatschef Enver Hodscha und den albanischen Sozialismus. Dass sich ein Westberliner Bengel für ihre Heimat interessiert, beeindruckt die beiden verurteilten Totschläger so sehr, dass sie ihn regelmäßig zum Fernsehen einladen.

Doch bald bleibt für die Glotze wenig Zeit. In Tegel herrscht Arbeitspflicht, und Oliver Rast muss sich für einen Job in einem der vierzehn knasteigenen Betriebe entscheiden. Die JVA Tegel ist nicht nur Verwahranstalt, sondern auch ein mittelständisches Unternehmen. In der Polsterei entstehen Stühle für das Berliner Abgeordnetenhaus, in der Schlosserei montieren Häftlinge Edelstahlgrills, und in der Tischlerei bekommen antike Möbel neuen Glanz. Oliver Rast entscheidet sich für die Buchbinderei. »Hauptsache etwas mit Büchern«, denkt er. Doch dann landet er in der Kartonage-Abteilung und produziert von Montag bis Freitag Stehordner für Bibliotheken und Schulen. Immerhin kann er während der stupiden Beschäftigung darüber nachdenken, wie er als Aktivist im Knast auftreten will. Ihm ist klar, dass seine Möglichkeiten bescheiden sind.

Gefangenenkollektive, die versuchen, mit Hungerstreiks

Hafterleichterungen zu erzwingen, wie zu Zeiten der RAF in den siebziger und achtziger Jahren, sind Geschichte. Als Linksradikaler ist Oliver Rast im Tegeler Knast isoliert. Außer ihm sitzt niemand hier, der dem Staat den Krieg erklärt hat. Für seine Mitgefangenen ist er ein Exot, ein Fremdkörper. Er könnte sich mit dieser Rolle begnügen, seinen Genossen draußen Briefe schreiben in der Hoffnung, damit wenigstens ein bisschen politischen Widerhall zu erzeugen, und ansonsten warten, bis er seine Zeit abgesessen hat. Doch das ist ihm zu wenig. Wenn er den Knastalltag widerspruchslos über sich ergehen lässt, macht das seine Niederlage noch schmerzhafter. Er will den Staat piesacken. Auch hinter Gittern. Doch wo den Hebel ansetzen? Mit flammenden Vorträgen über die Notwendigkeit der Weltrevolution wird er den anderen Häftlingen bestenfalls ein müdes Lächeln entlocken. Beim Pappefalten in der Buchbinderei hat Oliver Rast schließlich eine zündende Idee.

Der Einfall ereilt ihn, als er merkt, welche unterschiedlichen Typen das Schicksal hier zusammengeführt hat. Manchen kommen von der Sonnenseite des Lebens, andere aus der Gosse. Doch Bildung, Einkommen oder Straftat – all das spielt an der Werkbank keine Rolle. Scheren, Nietzangen und missgelaunte Werkmeister lassen die Grenze zwischen Großbetrüger und Kleindealer verschwinden. Der wegen Steuerhinterziehung verurteilte Banker verwandelt sich hier in einen Proletarier, genauso wie ein Junkie, der noch nie ein Konto besessen hat. Manche haben studiert, andere im Knast einen Facharbeiterabschluss gemacht, einige schlagen sich als Ungelernte durchs Leben. Aber alle teilen dasselbe Los: Sie werden lausig entlohnt. Zwischen neun und fünfzehn Euro erhalten die Häftlinge – am Tag.[11] Rund 41 000 der etwa 62 000 Häftlinge in Deutschland arbeiten. Sie putzen Büros, jobben in der Gefängniswäscherei oder montieren Teile für Automobilzulieferer. Doch von dem so verdienten Geld können sie ihre Familien nicht unterstützen oder für die Zeit nach der Haft sparen. Weil Häftlinge auch nicht in die Rentenversicherung einzahlen dürfen, rutschen viele Exknackis nach ihrer Entlassung in die Altersarmut. Trotz Vollzeitjob. »Wir brauchen eine Gewerkschaft für Gefangene«, denkt Oliver Rast und macht sich auf die Suche nach Verbündeten. Wie so oft, hilft dabei der Zufall.

Weil ihn die Arbeit in der Buchbinderei nicht auslastet, beginnt Oliver Rast ein Studium der Kulturwissenschaft an der Fern-Uni Hagen. Die Hochschule schickt die Studienunterlagen per Post in den Knast, und Oliver Rast vertieft sich in seiner Zelle in die Lektüre. Manchmal darf er in den Studierraum. Dort gibt es Schreibtische und Computer, mit denen die Gefangenen auf Webseiten der Uni zugreifen können. Im Studierraum trifft Oliver Rast auf Mehmet Aykol. Der 47-Jährige sitzt seit sechzehn Jahren im Knast. Verurteilt wegen Anstiftung zum versuchten Mord. Aykol hat hinter Gittern als Drucker gearbeitet und als sogenannter Hausarbeiter Essen verteilt, nun studiert er Rechtswissenschaften. Er kennt sich aus mit dem Strafvollzugsgesetz, mit Tarifrecht und Vereinsrecht, und er mag Rasts Idee. Aykol wühlt sich durch Paragraphen und sucht nach einer geeigneten Rechtsform für die geplante Gewerkschaft. Währenddessen kümmert sich Rast um ein Programm. Heimlich verfassen sie an den Rechnern im Studierraum erste Artikel für die erste Ausgabe einer Gefangenenzeitung. *Outbreak* nennen sie das Blatt.

Am 21. Mai 2014 gründen Oliver Rast und Mehmet Aykol die »Gefangenengewerkschaft in der JVA Tegel«. Sie fordern einen Mindestlohn für arbeitende Gefangene und die Einbeziehung Gefangener in die Rentenversicherung. »Die JVA Tegel ist nun seitens der Gefangenen keine gewerkschaftsfreie Zone mehr«, schreiben Rast und Aykol in die Gründungserklärung. In den Tagen danach verteilen sie Unterschriftenlisten in den Hafthäusern. Wer unterschreibt, erklärt sich mit den Zielen der Gefangenengewerkschaft einverstanden. Die Aktion wird zum Erfolg. »Von den rund tausendzweihundert Inhaftierten setzten etwa dreihundert ihren Namen unter die Liste«, sagt Oliver Rast.

Erst eine Woche später erfährt die Gefängnisleitung von der Aktion und ist wenig begeistert. Während Oliver Rast im Studierraum lernt, durchsuchen Justizvollzugsbeamte seine Zelle. »Haftraumkontrolle«, heißt das. Die Beamten beschlagnahmen die übrigen Unterschriftenlisten und ein Buch über Gewerkschaftsgeschichte. Einige Tage später muss sich Oliver Rast vor Mitarbeitern der Justizvollzugsanstalt rechtfertigen. Er beruft sich auf die im Grundgesetz verankerte Koalitionsfreiheit. Nach dieser Regelung dürfen sich Arbeitnehmer zusammenschließen. Rast hat den Eindruck, dass die Gefängnisleitung nicht genau weiß, wie sie mit dem neuen Phänomen umgehen soll. Der Verweis auf das Grundgesetz scheint Eindruck hinterlassen zu haben. Nach einigen Tagen geben ihm Justizvollzugsbeamte die beschlagnahmten Unterschriftenlisten zurück. Trotzdem rechnet Rast damit, dass die Gefangenengewerkschaft jederzeit verboten werden könnte. »Wir müssen so schnell wie möglich viele Mitglieder gewinnen, dann wird ein Verbot schwierig«, sagt er zu Mehmet Aykol. Also entwerfen sie am Computer im Studierraum Mitgliedsanträge, drucken diese heimlich aus und verteilen sie im Knast. Sie schreiben eine Pressemitteilung, die Freunde, die sie im Knast besuchen, an Journalisten übergeben. Nur wenige Tage nach der Gewerkschaftsgründung berichten die *taz* und das *Neue Deutschland*, kurz darauf erscheinen Artikel im britischen *Guardian* und in der türkischen *Hürriyet*. Aus den Zeitungen erfahren Gefangene in anderen Knästen von der neuen Interessenvertretung. In den Justizvollzugsanstalten Willich und Aschaffenburg gründen sich weitere Sektionen.

In der JVA Tegel und beim Berliner Justizsenator Thomas

Heilmann (CDU) stößt das Engagement auf wenig Begeisterung. Heilmann begründet die Ablehnung eines Mindestlohns für Gefangene unter anderem mit der niedrigen Produktivität. Doch so niedrig kann die Produktivität nicht sein. Schließlich wirbt die Justizvollzugsanstalt in Tegel mit der »Durchführung aller branchenüblichen Arbeiten in solider handwerklicher Qualität« und verspricht: »Nach kurzer Anlernzeit können auch komplexere Arbeiten durchgeführt werden.« Eine Sprecherin des Justizsenators fügt auf Anfrage hinzu: »Abgesehen davon steht Arbeit im Vollzug immer im Resozialisierungsauftrag und ist kein Arbeitgeber-Arbeitnehmer-Verhältnis.«[12] Rast sieht das anders: »Wenn Arbeit der Resozialisierung dienen soll, müssen die Gefangenen spüren, dass sie sich lohnt.«[13]

Am 10. September 2014 endet Oliver Rasts reguläre Haftzeit. Doch er zweifelt daran, dass er den Knast verlassen darf. Seine Strafe wegen Mitgliedschaft in der »militanten gruppe« hat er zwar abgesessen, aber die Bundesanwaltschaft ermittelt weiter gegen ihn wegen des Verdachts, der Nachfolgeorganisation »Revolutionäre Aktionszellen« anzugehören. »Möglicherweise präsentieren die mir am Entlassungstag einen Überhaftbefehl«, befürchtet er. In diesem Fall würde sich an die verbüßte Strafhaft eine erneute Untersuchungshaft anschließen. Doch kurz nach neun Uhr hat er die Gefängnisschleuse passiert, und das letzte Tor schließt sich hinter ihm. Draußen warten etwa zwanzig Freunde und Genossen. Nach dreieinhalb Jahren Knast ist Oliver Rast ein freier Mann.

Epilog

Vielleicht wird in den kommenden Jahren in den Medien nie wieder so intensiv über militanten Linksradikalismus diskutiert wie 2017. Nicht, weil Autonome, Antiimps oder Anarchisten plötzlich einen Ausweg aus ihrer gesellschaftlichen Marginalisierung gefunden hätten. Zwar funktionieren die Reflexe noch, pflegen Konservative, Staatsschützer und Staatsfeinde ihre jeweilige Folklore. Wie jedes Jahr warnt die CDU pünktlich zum 1. Mai vor einem »Wiedererstarken der linksextremen Szene«[1], die Berliner Polizei bewacht mit sechstausend Beamten ein zum »MyFest« stilisiertes Massenbesäufnis rund um den Kreuzberger Mariannenplatz sowie einige Dutzend mit Böllern und Bengalos durch die Straßen ziehende Vermummte. Die Autonomen hatten zuvor angekündigt, ihren traditionellen Umzug diesmal unangemeldet zu veranstalten, was im Land der Formulare und Federfuchser schon fast ein revolutionärer Akt ist. Doch das sind Scheingefechte.

Die Mehrheit der Systemgegner versammelt sich nicht am linken, sondern am rechten Rand. »Pegida«-Bewegung und »Alternative für Deutschland« (AfD) beschwören den Untergang Deutschlands durch Merkel, Muslime und Homosexuelle und empfehlen als Rettungsanker Patriotismus, Kopftuchverbot und eine Abschottungspolitik, für die die »AfD« den unfreiwillig komischen Euphemismus »Minuszuwanderung« erfand. »Besorgte Bürger« verleihen ihrer Sorge Ausdruck, indem sie für die Bundeskanzlerin und ihren Vizekanzler einen Galgen errichten. Vorerst symbolisch. Ein wegen Körperverletzung, Drogenhandel,

211

Diebstahl und Volksverhetzung vorbestrafter Koch namens Lutz Bachmann nennt Flüchtlinge »Viehzeug« und avanciert in den Augen des sächsischen Wutbürgertums zum Retter des christlichen Abendlandes. »Gutmensch« ist ein Schimpfwort, so als ob »Schlechtmensch« die bessere Alternative für Deutschland wäre. Mit Ressentiments erobern »AfD«-Politiker die Parlamente. Selbst innerhalb der Linkspartei hinterlässt die Rhetorik der Rechten ihre Spuren, etwa wenn Sahra Wagenknecht mit Blick auf Zuwanderer von den »Grenzen der Aufnahmebereitschaft« und »verwirktem Gastrecht« schwadroniert und dafür Lob von der »AfD«-Führung erntet.[2]

Von einem ähnlichen Einfluss auf den politischen Diskurs können Linksradikale nur träumen. Dass sie 2017 ins Licht der Öffentlichkeit rücken, verdanken sie ihrer allmählichen Historisierung. Zum vierzigsten Mal jährt sich der Deutsche Herbst, der eigentlich schon im April 1977 mit der Ermordung von Generalbundesanwalt Siegfried Buback und zwei seiner Fahrer begann und mit der Todesnacht von Stammheim am 18. Oktober 1977 endete. Was in den Monaten dazwischen geschah wird zum Reservoir für Historiker und Zeitzeugen, die mit ihren Gewissheiten Talkshows und TV-Dokumentationen bevölkern. Meist ist der Erkenntnisgewinn überschaubar, auch weil die früheren Feinde schweigen. Fast alle ehemaligen RAF-Mitglieder meiden die Öffentlichkeit.

Heute ist die Geschichte der selbsternannten Stadtguerilla vor allem eins: Geschichte.

1998 hatte sich die RAF aufgelöst. In ihre Fußstapfen traten kleine Gruppen, die sich »Antiimperialistische Zelle«, »militante gruppe« oder »Revolutionäre Aktionszellen« nannten, und deren Mitglieder nicht aus dem Untergrund zuschlugen, sondern ein bürgerliches Leben lebten. Um diese »Feierabendterroristen« bildete sich ein überschaubarer Kreis aus Unterstützern. Die Sympathisanten organisierten, wenn nötig, Geld und Anwälte, produzierten Zeitschriften, wie *radikal* oder *interim*, die den verschiedenen linksradikalen Zirkeln als Diskussionsplattformen dienten. Doch auch das ist weitgehend Vergangenheit. Ganz von der Bildfläche verschwunden sind die Menschen hinter den martialischen Gruppennamen aber nicht. Was ist aus ihnen geworden? Dreien ist der Autor zwischen Herbst 2016 und Frühjahr 2017 begegnet. Bernhard Falk, Gründer der »Antiimperialistischen Zellen«, kämpft weiter gegen den Kapitalismus – nun im Namen des Islam. Der frühere *radikal*-Mitarbeiter Andrej Holm hat erfolglos versucht, als gutbezahlter Beamter im Staatsdienst zu reüssieren, und Oliver Rast, verurteilt wegen Mitgliedschaft in der »militanten gruppe«, versucht sich an einem Spagat zwischen Linksradikalismus und Sozialdemokratie.

Der Konvertit

Bernhard Falk will nicht mehr mit Journalisten reden. Vor einiger Zeit habe ihn eine Reporterin zwei Stunden lang interviewt, doch fast nichts davon wurde gedruckt, im Artikel sei er als Verrückter vorgeführt worden, begründet er zunächst seine Interviewabsage. Das soll ihm nicht noch einmal passieren. Sein Leben ist zweifellos verrückt. Falk war jahrgangsbester Abiturient in Schleswig-Holstein, galt an der renommierten RWTH Aachen als begabter Physikstudent. Er wollte promovieren, eine wissenschaftliche Karriere schien sicher. Doch Falk verzichtete und gründete mit einem Schulfreund die »Antiimperialistischen Zellen«. Sie verübten Sprengstoffanschläge auf Wohnungen und Büros von CDU-Politikern. Verletzt wurde niemand, aber Falk wanderte für zwölf Jahre ins Gefängnis. Dort entdeckte er den Islam. Seit seiner Entlassung 2008 nennt sich Bernhard Falk Muntasir bi-llah. Auf Deutsch: »Derjenige, der versucht, für Allah einen Sieg zu erringen.« Seinem Sohn gab er den Vornamen des früheren Al-Qaida-Chefs Osama bin Laden, der als Verantwortlicher für die Terroranschläge vom 11. September 2001 gilt.

Manche sagen, Falk sei der deutsche Statthalter von al-Qaida. Zu den Waffen greife er nicht mehr, betont Falk. Trotzdem gilt er als gefährlich. Hans-Georg Maaßen, der Präsident des Bundesamts für Verfassungsschutz, erklärte in einem ARD-Interview, dass Falk die salafistische Szene stärke, indem er junge Leute radikalisiere.[3] Falk hat die »Islamische Gefangenenhilfe« gegründet. Er besorgt inhaftierten Islamisten Anwälte, besucht Prozesse, sammelt Spendengelder, kümmert sich um ihre Familien. Aber nur, wenn seine Schützlinge nicht mit den Ermittlern zusammenarbeiten. Ihn zu treffen ist nicht einfach. Über hundert Glaubensbrüder betreut er eigenen Angaben zufolge. Dafür tourt er bundesweit durch die Gerichtssäle, postet Videos und Spendenaufrufe auf seiner Facebook-Seite. Wenn Falk in Berlin ist, macht er einen Abstecher in seinem Lieblingsbuchladen. Dort schwelgt er in seiner linksradikalen Vergangenheit, die ihn nicht loslässt. Dort kann man ihn abpassen. Zwischen den Regalen stimmt er immerhin einem Vorgespräch zu, aus dem aber nicht zitiert werden darf. Nur so viel: Nicht nur diverse Zeitungsberichte haben ihn geärgert, er fühle sich auch vom Verfassungsschutz verfolgt. »Ich muss aufpassen, was ich sage«, sagt Bernhard Falk. Als er erfährt, dass es vor allem um seine Zeit bei den »Antiimperialistischen Zellen« gehen soll, willigt er doch noch ein.

Es ist Ende September 2016, einer der letzten warmen Herbsttage des Jahres in Berlin. Der 49-Jährige parkt vor einem türkischen Restaurant in Berlin-Mitte und schält seinen massigen Körper mühsam aus dem Mietwagen, der ihn von seinem Wohnort Dortmund in die Hauptstadt gebracht hat. Falk ist ein großer Mann mit grauem Rauschebart, der die Blicke auf sich zieht. Wenn er durch die Straßen geht, wankt und schnauft er wie ein Dampfer, der sich auf hoher See durch meterhohe Wellen kämpfen muss. Er hat eine seiner beiden Frauen mitgebracht, mit denen er nach islamischem Recht verheiratet ist. Sie ist Deutsche, ebenfalls konvertiert. »Ich passe auf, dass Bernhard nichts Falsches sagt«, erklärt sie. Mehrmals wird sie ihrem Mann ins Wort fallen, ihn korrigieren, seine Sätze ergänzen. »Musst du das wirklich erzählen?«, fragt sie immer wieder. »Ich muss«, antwortet Falk jedes Mal. An diesem Sonntagvormittag ist das Dönerlokal fast leer, auf dem Tisch dampft pappsüßer Tee, Falks Frau trägt ein Kopftuch, er einen armeegrünen Parka, auf dessen Ärmel ein Aufnäher mit arabischen Schriftzeichen gestickt ist.

»Herr Falk, was bedeutet der Spruch auf Ihrer Jacke?«

»›Es gibt keinen anbetungswürdigeren Gott außer Allah, und Mohammed ist sein Prophet.‹ Das ist das islamische Glaubensbekenntnis. Aber wir wollten über meine Zeit bei der ›AIZ‹ sprechen.«

»Es ist schwierig, über Ihre Vergangenheit zu reden und die Gegenwart auszusparen.«

»Versuchen Sie es.«

»Sie waren Linksradikaler und Marxist. Nach Karl Marx ist Religion das Opium des Volkes. Was berauscht Sie an einem Regelwerk, das die Unterwerfung unter Gott verlangt?«

»Ich sehe darin keinen Widerspruch. Ich komme aus einer katholischen Familie und war Messdiener.«

»Ja, als Kind. Später lasen Sie das Kommunistische Manifest.«

»Der Marxismus ist dogmatisch und beruht – wie der Islam – auf Autorität.«

»Ich dachte, Linksradikale sind antiautoritär.«

»Ich bin es nicht. Ich hatte beispielsweise schon immer eine Affinität zur DDR.«

»In der DDR dominierte eine Partei die Gesellschaft. Das war Ihr Sehnsuchtsziel?«

»*Jede Gesellschaft braucht Regeln. Mit den anarchistischen Utopien der Autonomen konnte ich noch nie viel anfangen.*«

»*Trotzdem haben Sie sich vom Marxismus entfernt. Warum?*«

»*Es fällt doch auf, dass viele Anhänger, besonders die intelligenteren, sich von marxistischen Gruppen abwenden. Manche waren zwanzig Jahre aktiv, haben auf eine bürgerliche Karriere verzichtet, und nun steigen sie aus.*«

»*Woran liegt das aus Ihrer Sicht?*«

»*Offenbar ist das marxistische Konzept nicht ausreichend, um die Probleme unserer Zeit zu lösen.*«

»*Welche Probleme?*«

»*Das Problem ist der Kapitalismus, der auf Ausbeutung und Konkurrenz beruht. Die marxistische Kapitalismuskritik ist nach wie vor aktuell. Doch dem Marxismus fehlt ein lohnenswertes Ziel.*«

»*Und ein islamischer Staat ist ein lohnenswertes Ziel?*«

»*Ein islamischer Staat ist für Muslime eine Alternative zum Kapitalismus. Mehr möchte ich dazu nicht sagen.*«

»*Sie kommen gerade aus einem Antiquariat und haben einen Stapel linksradikaler Literatur gekauft. Wozu?*«

»*Ich sehe mich bis heute als Antiimperialist.*«

»*Ihre früheren Freunde aus diesem Milieu sehen das anders.*«

»*Das stimmt.*«

»*Warum?*«

»*Viele Linke lehnen Religion ab. Besonders den Islam, der in ihren Augen rückständig ist. Sie haben kein Verständnis dafür, wenn jemand die Religion ernst nimmt.*«

»*Vielleicht resultiert diese Skepsis auch aus den Attentaten und Bombenanschlägen, die Terroristen im Namen des Islam verüben.*«

»*Die Gewalt geht von den USA und ihren Verbündeten aus. Sie unterdrücken Muslime weltweit. Dagegen müssen sich Muslime wehren. Können wir jetzt das Thema beenden?*«

»Einverstanden. Mit den ›Antiimperialistischen Zellen‹ haben Sie Repräsentanten des Staates angegriffen. Erreicht haben Sie damit nichts.«

»Das bestreite ich.«

»Im Ernst?«

»Ja. Wenn Sie einem reichen, dicken Mann mit einem Messer den Lack seines Mercedes zerkratzen, dann fährt der Wagen dennoch. Der Mercedes sieht nicht einmal besonders demoliert aus. Aber der Mann wird sich unglaublich ärgern, vielleicht sogar schreien, er merkt, dass er nicht willkommen ist.«

»Für einen Kratzer im Lack waren Sie zwölf Jahre im Gefängnis. Ist das nicht ein hoher Preis?«

»Nein«, sagt Bernhard Falk und lächelt.

Eine Stunde ist vergangen. Nicht alles, was in dieser Zeit gesagt wurde, wird später in der schriftlichen Version des Gesprächs auftauchen. Manche Sätze fielen der vereinbarten Autorisierung zum Opfer. »Ich sitze zwischen vielen Stühlen«, sagt Bernhard Falk zum Abschied. »Für die Linken bin ich ein Islamist, und viele Muslime fragen sich: Was will dieser frühere Linke bei uns?« Dann rauscht er zur Tür hinaus.

Der Verdränger

Für einen Aktivisten ist Andrej Holm erstaunlich passiv. Zumindest bekommt diesen Eindruck, wer seine Auftritte bei Podiumsdiskussionen und seine Interviewaussagen verfolgt. Seine Laufbahn beim Ministerium für Staatssicherheit »war für ihn geplant«, er folgte einem »vorgezeichneten Weg« und wusste offenbar nicht, was »ihm bei der Stasi passieren sollte«. Später ist er in die Politik »hineingeraten«. Wer im Passiv spricht, der delegiert die Verantwortung und degradiert sich selbst zur Marionette. Erstaunlich, dass jemand, der Entscheidungen offenbar gern anderen überlasst, in Berlin aktiv Politik gestalten wollte.

Nun war Holm erst achtzehn, als er eine Laufbahn als Offizier bei der DDR-Geheimdienstpolizei einschlug. Andererseits: In diesem Alter darf man Auto fahren, Alkohol trinken, heiraten und ist strafmündig. All das erfordert die Fähigkeit, sein Handeln zu reflektieren. Als Holm im Dezember 2016 den Job als Staatssekretär in der Senatsverwaltung für Stadtentwicklung und Wohnen antrat, war er immerhin schon 45. Doch sein Rücktritt nach nur wenigen Wochen im Amt war nicht Folge seiner juvenilen Begeisterung für einen Spitzelapparat, sondern resultierte aus den falschen Angaben, die er bei seiner Einstellung an der Berliner Humboldt-Universität gemacht hat. Dort hatte er seine hauptamtliche Tätigkeit bei der Stasi verschwiegen und lediglich zugegeben, dass er seinen Wehrdienst beim Stasi-Wachregiment »Feliks Dzierzynski« abgeleistet habe. Die Linkspartei, die den parteilosen Soziologen für den Posten des Staatssekretärs nominierte, hatte es offenbar versäumt, Holms Angaben zu überprüfen. Der *Tagesspiegel* enthüllte schließlich die Falschdarstellung und löste im Dezember 2016 eine wochenlange, sehr hitzig geführte Debatte aus.

Am Rande drehte sich der Disput auch um Holms angebliche Mitgliedschaft in der »militanten gruppe«. Nach Aussagen von früheren Mitgliedern der Untergrundorganisation war Holm nie Teil der Truppe, aber als Redakteur der *radikal* ihr Ansprechpartner für ein Interview, das sie im Heft platzieren wollten. Über diese Zeit sprechen möchte der Soziologe nicht. Entsprechende Anfragen lässt er unbeantwortet. Am Telefon sagt Holm auf Nachfrage: »Ich bekomme täglich so viele Mails, ich kann mich nicht um alles kümmern.« Wer wissen will, was der Kurzzeit-Staatssekretär denkt, muss öffentliche Veranstaltungen besuchen, auf denen er über Stasi und Linksradikalismus spricht. Dort präsentiert er eine Mischung aus Verdrängung, Dolchstoßlegende und Selbstmitleid.

Ein Freitagabend im Berliner Kulturzentrum »Sebastian Haffner«: Es ist der 6. Januar 2017, und schon eine halbe Stunde vor Veranstaltungsbeginn ist der Gang vor dem Saal im dritten Stock völlig verstopft. Etwa siebzig Menschen müssen draußen bleiben. Drinnen spricht zunächst ein ehemaliger ostdeutscher Bürgerrechtler und Historiker vor vollbesetzten Stuhlreihen über seine Erfahrungen in der DDR. »Ich kann Andrej Holm nicht glauben, dass er nicht wusste, dass er hauptamtlicher Mitarbeiter war«, sagt er. Andrej Holm sagt: »Man erinnert sich an das, an was man sich erinnert.« Schließlich wisse er auch nicht mehr, welche Ferienorte er 1991 besucht habe. Ansonsten, beteuert er, sei er immer ehrlich gewesen. »Ich habe Freunden erzählt, was mit mir passieren sollte, was die Pläne mit mir waren, dass eine Stasikarriere für mich geplant war«, erklärt Holm, so als sei er als Jugendlicher fremdgesteuert durchs Leben gestolpert. Die Moderatorin des Abends, eine Journalistin des Fernsehsenders »rbb«, lässt ihm das nicht durchgehen.

»Ich verstehe das nicht: Mit siebzehn oder achtzehn Jahren ist man doch ein erwachsener Mensch, und viele von uns können sich genau erinnern, was sie damals gemacht haben«, wundert sie sich.

»Ich kann mich ja an vieles erinnern«, sagt Holm.

»Sie haben gesagt, Sie waren kein hauptamtlicher Mitarbeiter, aber wenn man eine Berufsoffizierskarriere bei der Stasi einschlägt und man sich – von der Stasi delegiert – für ein Journalistikstudium bewirbt, dann muss einem doch klar sein, dass man hauptamtlich tätig ist.«

»Ich war in der Ausbildung und sollte bei der Stasi arbeiten, aber wie sich die konkreten Definitionen in den Akten darstellen, war für mich zweitrangig.«

»Das ist Salamitaktik, Sie geben immer nur das zu, was man beweisen kann«, kritisiert die Moderatorin.

»Ich finde, das ist ein unfairer Umgang«, klagt Holm.

Dieses Niveau hält Holm den gesamten Abend durch.

»Ich habe meinen Status vielleicht nicht als Offiziersschüler bezeichnet, aber ich habe allen erklärt, was mit mir geplant war«, betont er.

»Warum haben Sie das dann im Fragebogen der Humboldt-Uni nicht angekreuzt?«, erkundigt sich die Moderatorin.

»Da muss ich jetzt alle enttäuschen, die das wissen wollen. Es gibt eine arbeitsrechtliche Auseinandersetzung, und mein Anwalt ist auch hier im Saal, und der würde mich in den Folterkeller verbringen, wenn ich Details zu dieser Frage formuliere.«

Später erklärt Holm: »Mein Sohn ist vierzehn und isst Fleisch. Wenn er mal mit dreißig Vegetarier wird, ist er dann ein glaubwürdiger Vegetarier?« Ein schräger Vergleich, den die linke Tageszeitung *taz* so kommentiert: »Problematisch wäre es ja eben nicht, wenn ein Fleischesser zum Vegetarier wird, sondern wenn er erklärt, nie Fleisch gegessen zu haben.«[4]

Anwälte mit »Folterkeller«, die Stasi als Steakhaus und Holm ein verkannter Tierschützer – es ist eine wundersame Welt, in der der Soziologe lebt, und nicht alle im Saal können ihm darin folgen.

Drei Monate später im »Studio R« des Maxim-Gorki-Theaters: Holm ist mittlerweile kein Staatssekretär mehr. In der linksradikalen Zeitschrift *interim* erklärt ein Autonom-anarchistischer Arbeitskreis: »Autonome Freund*innen haben sich über seine Rückkehr von diesem ›Irrweg‹ und ›hässlichen Ausflug‹ gefreut und heißen ihn wieder in ihren Reihen willkommen.«[5] Holm schrieb in seiner Rücktrittserklärung: Seine Kritiker hätten »Angst vor einer Wende im Bereich der Stadt- und Wohnungspolitik«[6] gehabt. Damit suggeriert Holm, dass sozialer Wohnungsbau in Berlin ausschließlich mit ihm möglich sei und er nicht an seiner Falschdarstellung, sondern an der angeblich mächtigen Immobilienlobby gescheitert sei, für die er zur Gefahr geworden war. Dass diese Mischung aus Larmoyanz und Hybris noch steigerungsfähig ist, beweist Holm auf der Bühne.

Im Gespräch mit dem Verleger der Wochenzeitung *Der Freitag*, Jakob Augstein, identifiziert er einen zweiten Schuldigen für sein Scheitern: Es ist der Personalfragebogen der Humboldt-Universität. Auf Augsteins Frage, warum er die Frage nach einer hauptamtlichen Stasimitarbeit verneint habe, erklärt Holm: »Der Fragebogen ist auch nicht so konstruiert, dass ich als Soziologe sagen würde, da bleiben keine Fragen offen. Der ist so gehalten, dass man einen großen Interpretationsspielraum hat, und inzwischen wissen wir, dass dieser Interpretationsspielraum ganz bewusst gesetzt wurde, um einen Haken zu haben, mit dem man im Einzelfall eine Entscheidung wegen falscher Angaben treffen kann.« Anders ausgedrückt: Dunkle Mächte inszenieren eine Fragebogenverschwörung, die so perfide ist, dass sich ein promovierter Wissenschaftler außerstande sieht, sein Kreuz an der richtigen Stelle zu setzen. Augstein staunt.

»Normalerweise sind ja nicht nur die anderen schuld. Welchen Fehler haben Sie denn gemacht?«, fragt Augstein.

»Ich glaube, für den Politikbetrieb, in den ich hineingeraten bin, war es ein großer Fehler zu denken, ich könne jemanden überzeugen, indem ich erzähle, was war. Letztlich habe ich eine naive Offenheit an den Tag gelegt. Ich wollte alles erklären, aber das wollte niemand hören«, sagt Holm.

Ähnlich aufschlussreich argumentiert Holm, als ihn Augstein auf seine Verhaftung wegen Terrorverdachts im Sommer 2007 anspricht.

»Ich kenne nicht viele Wissenschaftler, die in Untersuchungshaft saßen, wie kam es dazu?«

»Das schockiert einige, wenn sie mich sehen. Der Ruf des terrorverdächtigen Stasioffiziers schwebt mir voraus, und dann sind die Leute enttäuscht, weil sie einen kleinen übergewichtigen Mann sehen, der lächelt, wenn er spricht.«

»Aber worum ging es?«, fragt Augstein.

»Niemand ist eindimensional. Welcher Wissenschaftler sitzt denn nur in der Bibliothek? Allerdings war in meinem Fall sogar das Sitzen in der Bibliothek verdächtig, weil man da wunderbar für Anschlagserklärungen recherchieren kann. So wurde der Beginn der Ermittlungen gegen mich begründet«, behauptet Holm.

Tatsächlich waren die Ermittler des Bundeskriminalamts auf Holm gestoßen, nachdem Polizisten in einer Gartenlaube sechshundert Exemplare der Zeitschrift *radikal* gefunden hatten. Selbst in der linksradikalen *interim* ist von einer »Inszenierung« Holms als »unschuldiger Wissenschaftler« die Rede. »Damit wurde ausgeblendet, dass er als militanter Aktivist unterwegs war«, schreiben die Autoren.[7]

Irgendwann an diesem Abend in Berlin-Mitte dreht sich das Gespräch um Holms Fachgebiet, die Stadtsoziologie. Eins seiner wohnungspolitischen Konzepte skizziert Holm so: »Wenn die Schlagzeile nicht ›Holm war bei der Stasi‹ gelautet hätte, sondern ›Berlin wird jetzt sozialistisch‹, dann hätte das zwar nicht gestimmt, aber in der stimmungsabhängigen Immobilienindustrie wären Zweifel an der einen oder anderen Investition geweckt worden.« Außerdem habe die Berliner Verwaltung viele Möglichkeiten, Investoren »Steine in den Weg zu legen«, erzählt Holm und schwärmt von einer »Enteignungsbehörde« bei der Senatsverwaltung für Stadtentwicklung. Augstein stutzt. »Sind Sie sicher«, fragt er, »dass Sie nicht mehr bei der Stasi sind?«

Der Gewerkschaftsführer

Das »Ponte Carlo« ist ein kleines italienisches Restaurant in Berlin-Mitte, etwas versteckt gelegen an der Brückenstraße, die den Alexanderplatz mit Kreuzberg verbindet. Draußen ziehen Touristen aus aller Welt vorbei, wie ein nie abreißender Strom, der zwischen überteuerten Bars und billigen Hostels hin und her schwappt. Auswärtige Besucher lassen das Lokal meist links liegen. Wer sich den Bauch mit Pizza und Plörre füllen möchte, bevorzugt andere Adressen. Dem Besitzer ist das recht. C. C. Gambeex aus Turin, früher ein Punk und Mitglied der legendären Aktionskünstlertruppe »Mutoid Waste Company«, will kein Sattmacher sein, sondern sieht sich als Botschafter am Herd. Manchmal tritt er mit Schauspielern und Musikern auf, verrührt Kochkunst und Kapitalismuskritik zu einem wilden Spektakel. »Cooking your live«, heißt die Bühnenshow. In dieser Welt aus Anarchie und Antipasti ist Oliver Rast Dauergast, und deshalb hat er das »Ponte Carlo« für ein letztes Gespräch zu diesem Buch vorgeschlagen.

»Herr Rast, ist es Ihnen manchmal peinlich, als ehemaliger Linksradikaler mittlerweile zum gesellschaftlichen Establishment zu gehören?«

»Wie kommen Sie auf diese Idee? Ich bin Antiquar und zähle mich zur Arbeiterklasse.«

»Sie bekamen stellvertretend für die von Ihnen mitgegründete Gefangenengewerkschaft einen Menschenrechtspreis verliehen, eine renommierte Juraprofessorin hielt die Laudatio.«

»Eben, ich bin Basis-Gewerkschafter.«

»Sicher. Das auch. Aber das Bundesverfassungsgericht bittet Sie um eine Stellungnahme zum Thema Mindestlohn für Gefangene. Parteien laden Sie ein zu Podiumsdiskussionen. Sogar beim Evangelischen Kirchentag wollte man nicht auf Sie verzichten. Regelmäßig werden Sie in großen Medien zitiert. Ei-

nen Linksradikalen stelle ich mir anders vor. Sind Sie im Mainstream gelandet?«

»Sich für die Rechte von Gefangenen einzusetzen, würde ich nicht als Mainstream bezeichnen. Aber es stimmt: Was die soziale Frage hinter Gittern betrifft, wird die Gefangenengewerkschaft als ernstzunehmender Ansprechpartner akzeptiert. Vom höchsten deutschen Gericht, aber auch von WDR, ZDF, Deutschlandfunk, Zeit, Tagesspiegel, Berliner Kurier und anderen Medien. Dabei haben wir kein Budget für Pressearbeit und arbeiten alle ehrenamtlich. Manchmal bin ich selbst erstaunt über unsere Präsenz.«

»Präsent sind vor allem Sie. Es fällt auf, dass Sie das Gesicht und die Stimme der Gefangengewerkschaft sind. In Ihrer früheren politischen Heimat, der linksradikalen Szene, ist eine solche Personalisierung eher verpönt. Dort wird ja nicht zufällig ständig von ›Strukturen‹ und ›Zusammenhängen‹ gesprochen. Mangelt es der Gefangenengewerkschaft an kompetenten Aktivisten, oder drängt es Sie aus Eitelkeit in die Öffentlichkeit?«

»Weder noch. Richtig ist, dass ich das Rampenlicht nicht meide, und es wäre gelogen, würde ich behaupten, diese Aufmerksamkeit wäre mir lästig. Aber Journalisten interviewen mich nicht, weil sie mein Ego streicheln wollen, sondern weil ich offenbar etwas zu sagen habe. Es geht auch weniger um mich oder die anderen Mitglieder draußen. Die Ideen kommen aus den Knästen, und wir sind nur die Unterstützer. Außerdem hat die Gefangenengewerkschaft außerhalb der Gefängnismauern mehrere kompetente Ansprechpartner, etwa in Leipzig und Chemnitz, in Bayern und Sachsen-Anhalt. Auch dort pflegt man einen guten Draht zu den Medien. Vielleicht nehmen Sie das in Berlin nicht wahr.«

»Was in Berlin wahrgenommen wurde, ist Ihre Verurteilung als Mitglied der ›militanten gruppe‹. Ist das Engagement für die Gefangenengewerkschaft eine Kompensation für Ihr Scheitern als Linksradikaler?«

»Wie kommen Sie darauf, dass ich als Linksradikaler gescheitert bin?«

»Die Aktionen der ›militanten gruppe‹, meist ein paar abgefackelte Polizeifahrzeuge, waren doch reine Symbolik, linke Folklore. In den Medien galten die Mitglieder als ›Chaoten‹ und ›irre Polizeihasser‹, selbst in der eigenen Szene waren Sie umstritten. Dafür verbrachten Sie dreieinhalb Jahre Ihres Lebens im Gefängnis. Erfolg sieht anders aus.«

»Also erst einmal: Als Mitglied der ›militanten gruppe‹ verurteilt worden zu sein ist für mich weder politischer Makel noch biografischer Schandfleck. Die Anschläge dieser Gruppe waren auch nicht nur symbolisch. Der ›militanten gruppe‹ ging es darum, so zu intervenieren, dass es in der Öffentlichkeit wahrgenommen wird. Außerdem griffen die Aktivisten eine Infrastruktur an, die Teil des kapitalistischen Repressionsapparates ist. Sozialämter und Polizeireviere beispielsweise. Oder das Deutsche Institut für Wirtschaftsforschung, das als Denkfabrik des Kapitals fungiert. Dazu kamen Firmen, wie Lidl, Daimler-Chrysler, Renault und Deutsche Telekom, die von Ausbeutung profitieren. Außerdem wissen wir, dass die Anschläge nur eine Seite der Strategie waren. Sie vergessen außerdem, dass die ›militante gruppe‹ mit vielen Texten eine große Debatte über Sinn und Ziel klandestiner Militanz dominierte und sich auch zu tagesaktuellen Themen, etwa der Mobilisierung zum 1. Mai, geäußert hat.«

»Überschätzen Sie nicht die Wirkung einer Debatte, die ausschließlich in Szenepostillen, wie radikal oder interim geführt wurde?«

»Nein. Die Beiträge versprühten anfangs eine große Euphorie. Innerhalb der radikalen Linken war die ›militante gruppe‹ stilprägend und Stichwortgeber. Die Initiatoren verstanden sich als Kern eines neuen revolutionären Projekts, das sich als dauerhafte Widerstandsbewegung etablieren sollte.«

»Soweit ich weiß, wurde die ›Militanzdebatte‹ nicht von der ›militanten gruppe‹ begonnen.«

»Das stimmt. Auslöser war das Papier einer Gruppe, die sich ›autonome miliz‹ nannte. Interessant daran ist, dass sich der Text um Strategien gegen die Aufwertung von Berliner Stadtvierteln und die Verdrängung ärmerer Bevölkerungsschichten drehte.«

»Eine ›autonome miliz‹ kümmert sich um das Thema Gentrifizierung?«

»Ja.«

»Zurück zur ›militanten gruppe‹. Für Normalsterbliche waren die Texte schwer verdaulich. Wen wollte die ›militante gruppe‹ mit solchen Sätzen begeistern: ›Wenn wir versuchen, militante Gruppen als eine eigenständige Komponente innerhalb einer widerstandsübergreifenden Struktur zu etablieren, so kommt uns die Aufgabe zu, nicht nur Teilbereichskämpfe militant zu kommentieren, sie zu flankieren, sondern eine inhaltlich-praktisch orientierende und Themen initiierende Rolle einzunehmen. ‹«

»Ich glaube, die Mitglieder der ›militanten gruppe‹ wollten keinen Literaturwettbewerb gewinnen. Aber es stimmt: Teilweise wimmelte es von Schachtelsätzen und abstrakten Formulierungen. Aber keiner von denen, die daran mitgewirkt haben, hatte ein Germanistikstudium absolviert. Wer spätere Texte liest, der merkt, dass sich die ›militante gruppe‹ stilistisch gesteigert hat.«

»Mich erinnern die Texte der ›Militanzdebatte‹ an eine linksradikale Nabelschau, bei der sich die Beteiligten vor allem um sich selbst drehten.«

»Rückblickend kann man das so sehen.«

»Woran lag das?«

»An der Unfähigkeit von Teilen der Linksradikalen, über Teilbereiche der politischen Auseinandersetzung hinauszudenken, und dem Unwillen, andere Positionen zu akzeptieren.«

»Von der ›Militanzdebatte‹ ist nicht viel geblieben – abgesehen von der Pointe, dass sich daran auch zwei BKA-Beamte beteiligt haben.«

»Ich bin nicht der Pressesprecher der ›militanten gruppe‹. Aber unterm Strich hat es nach der Auflösung 2009 keinen klandestin-militanten Gruppenzusammenhang mehr gegeben, der eine derartige inhaltliche, praktische und organisatorische Kontinuität erreicht hat, die über einen Markennamen vermittelt wurde.«

»Warum können Sie nicht zugeben, dass die ›militante gruppe‹ gescheitert ist?«

»Ich will nicht ausschließen, dass ein bestimmtes Konzept klandestin-militanter Politik ein Auslaufmodell ist, und möglicherweise ist die ›militante gruppe‹ dafür unfreiwillig das beste Beispiel gewesen.«

»Man könnte auch sagen: Sie haben alles richtig gemacht.«

»Wie kommen Sie darauf?«

»Einen Teil Ihrer Strafe haben Sie in der Justizvollzugsanstalt Tegel abgesessen und dort die Gefangenengewerkschaft mitgegründet, die mittlerweile rund eintausend Mitglieder in achtzig Knästen hat. Ohne die ›militante gruppe‹ gäbe es keine Gefangenengewerkschaft.«

»Das ist richtig.«

»Ärgert es Sie manchmal, dass Sie mit klassischen sozialdemokratischen Forderungen, wie nach einem Mindestlohn für arbeitende Häftlinge, staatliche Institutionen viel stärker herausfordern, als es die ›militante gruppe‹ mit ihren mindestens 25 Anschlägen geschafft hat?«

»Wie kommen Sie darauf, dass mich das ärgern könnte?«

»Auf Ihren Veranstaltungen entschuldigen Sie sich regelmäßig für Ihre ›Sozialdemokratisierung‹.«

»Da ist sicher auch etwas Koketterie dabei.«

»Früher kämpften Sie für eine kommunistische Gesellschaft, heute für eine Rentenversicherung für Knackis. Als Mitglied der

›militanten gruppe‹ saßen Sie im Knast, nun engagieren Sie sich für schönere Knäste. Ist das noch linksradikal?«

Oliver Rast lacht. »Ich habe gewusst, dass diese Frage kommt«, sagt er, greift in seinen Rucksack und überreicht eine reichlich zerknitterte Broschüre. Auf der ersten Seite prangen ein fünfzackiger Stern und eine Maschinenpistole der Marke Heckler & Koch. Es ist das Logo der RAF. Darunter steht:»Provisorisches Kampfprogramm für den Kampf um die politischen Rechte der gefangenen Arbeiter«. Im Heft heißt es: »Wir kämpfen für freie Selbstorganisation der Gefangenen, für tarifgerechte Bezahlung, für Rente und Krankenversicherung.« Geschrieben hat diese Zeilen Ulrike Meinhof im Jahr 1974. »Beantwortet das Ihre Frage?«, fragt Oliver Rast. Dann steht er auf und verlässt das »Ponte Carlo«.

Nachtrag:

Das Bundeskriminalamt möchte sich zu den Ermittlungen gegen die »militante gruppe« nicht äußern. »Bitte richten Sie Ihre Anfrage an die Bundesanwaltschaft«, heißt es aus der Behörde. Anfrage an die Generalbundesanwaltschaft im Mai 2017: »Welche Konsequenzen zieht die Generalbundesanwaltschaft aus den rechtswidrigen Ermittlungen gegen drei Aktivisten, aus der rechtswidrigen Überwachung der BKA-Homepage und aus der rechtswidrig durchgeführten Beschlagnahmung von Postsendungen an Berliner Tageszeitungen?«

Die Antwort der Behörde an den Autor: »Soweit Ermittlungshandlungen, denen auch Anordnungen des Ermittlungsrichter des Bundesgerichtshofs zu Grunde lagen, im Nachhinein beanstandet wurden, hat die Bundesanwaltschaft die anderslautende Rechtsauffassung des Bundesgerichtshofs zur Kenntnis genommen und in allen nachfolgenden Ermittlungsverfahren beachtet.«

Zwei Jahrzehnte Überwachung

13. September 1996, Berlin: In der Szenezeitschrift *interim* erscheint der Artikel: »Selbstporträt einer militanten Gruppe«. Darin beschreiben Linksradikale, wie sie die Bundesrepublik bekämpfen wollen. Das Bundesamt für Verfassungsschutz hält die »Selbstporträtgruppe« für brandgefährlich.

13. Dezember 1997, Berlin: Unbekannte verüben einen Brandanschlag auf ein Autohaus. Verfassungsschützer vermuten dahinter die »Selbstporträtgruppe«. Drei Aktivisten der legalen Gefangenenhilfsorganisation »Libertad!« geraten in Verdacht und werden nahezu lückenlos überwacht.

15. März 2000, Berlin: Verfassungsschützer observieren ein angebliches Geheimtreffen von militanten Linksradikalen in Kreuzberg. Tatsächlich handelt es sich um eine Zusammenkunft von ehemaligen Mitarbeitern der *taz*.

14. Juni 2001, Berlin: Die »militante gruppe« tritt erstmals an die Öffentlichkeit. Die Linksradikalen verschicken Drohschreiben und scharfe Patronen an hochrangige Wirtschaftsvertreter und den FDP-Politiker Otto Graf Lambsdorff. Das BKA übernimmt die Ermittlungen.

3. Juli 2001, Köln: Der Verfassungsschutz informiert das BKA, dass die drei Aktivisten von »Libertad!« hinter der »militanten gruppe« stecken, und stützt sich dabei auf einen Textvergleich.

16. Juli 2001, Karlsruhe: Obwohl ein BKA-Gutachten keine Belege dafür findet, dass Bekennerschreiben der »mg« und Texte von »Libertad!« von denselben Autoren stammen, eröffnet die Generalbundesanwaltschaft ein Ermittlungsverfahren gegen die drei Aktivisten.

9. März 2002, Berlin: In einer Nacht-und-Nebel-Aktion verwanzen Polizisten den Wagen eines der Aktivisten mit einem GPS-Sender zur Positionsbestimmung. Zwei Monate später installieren sie eine Wanze, die Gespräche im Fahrzeuginnenraum aufzeichnet.

2. Oktober 2002, Berlin: Durch einen Fehler in der Abrechnungssoftware seines Mobilfunkanbieters erfährt einer der Aktivisten, dass BKA und Verfassungsschutz sein Handy abhören.

8. November 2003, München: Der *Focus* veröffentlicht online einen Bericht, nachdem das BKA Mitglieder der »militanten gruppe« entlarvt hat, und nennt Vornamen und Anfangsbuchstaben des Nachnamens der drei »Libertad!«-Aktivisten.

10. November 2003, München: In seiner Druckausgabe behauptet der *Focus*, einer der als Terrorist verdächtigten Männer habe in einer Kreuzberger Pizzeria Kontakt zu Bundeskanzler Gerhard Schröder und seiner Frau gesucht.

27. Februar 2004, Meckenheim: Nachdem einer der Männer ersichtlich gegen den *Focus* vorgegangen ist und das Blatt eine Gegendarstellung drucken musste, glaubt der zuständige BKA-Ermittlungsführer, dass man möglicherweise die falschen Verdächtigen verfolge. Dennoch werden die Männer weiter observiert.

10. Februar 2005, Berlin: In der Szenezeitschrift *interim* erscheint ein Beitrag zur »Militanzdebatte« der Autonomen. Verfasst haben den Text zwei BKA-Mitarbeiter, die sich als Linksradikale ausgeben, um eine Reaktion der »militanten gruppe« zu provozieren.

3. März 2005, Berlin: In einer Laube finden Polizisten sechshundert Exemplare der Untergrundzeitschrift *radikal*. Als Beamte später den Computer des Gartennutzers untersuchen, stoßen sie auf Hinweise zu dem Soziologen Andrej Holm. In den Wochen danach weitet das BKA seine Ermittlungen auf Holm, zwei weitere Wissenschaftler und einen ehemaligen DDR-Bürgerrechtler aus.

5. April 2006, Berlin: Das Berliner Landesamt für Verfassungsschutz stellt den Verfassungsschutzbericht 2005 vor. Darin wird der Beitrag der BKA-Mitarbeiter zur »Militanzdebatte« fälschlicherweise als linksradikales Diskussionspapier eingestuft.

9. April 2006, Berlin: Die »militante gruppe« verübt einen Brandanschlag auf das Polizeipräsidium in Tempelhof. Es ist der 19. Anschlag, zu dem sich die Linksradikalen bekennen. Ins Visier der Ermittler gerät auch ein Leipziger Politologe. Ein sieben Jahre alter Text des Forschers weise Ähnlichkeiten mit dem Schreibstil der »militanten gruppe« auf, so die Staatsschützer.

2. November 2006, Wiesbaden: Eine Linguistin des Kriminaltechnischen Instituts des BKA findet keine eindeutigen Belege dafür, dass der Politologe Texte der »militanten gruppe« verfasst hat. Trotzdem werden mittlerweile acht Verdächtige mit Telefonüberwachung Videokameras, GPS-Sendern und Observationsteams ausgeforscht.

19. Dezember 2006, Dessau. Nach einem Anschlag der »militanten gruppe« auf das Haus eines Polizisten, kann – trotz Totalüberwachung – keinem der Beschuldigten eine Beteiligung nachgewiesen werden.

14. Februar 2007, Berlin: Während einer Observation von Andrej Holm bemerken die Ermittler, dass der Soziologe über einen konspirativen E-Mail-Account kodierte Nachrichten verschickt.

19. April 2007, Berlin: Spezialkräfte von BKA und LKA verfolgen Holm zu einem Treffen in eine Szenekneipe, wo er sich mit einem für die Ermittler bislang unbekannten Mann trifft. Holms Begleiter wird Verdächtiger Nummer neun.

9. Mai 2007: Bei einer bundesweiten Razzia durchsuchen neunhundert Polizisten vierzig Wohnungen und Büros von Globalisierungsgegnern, darunter auch die Wohnungen der drei »Libertad!«-Aktivisten. Am selben Tag observieren sie Holms Bekannten aus der Kneipe. Der trifft sich an diesem Tag mit Oliver Rast. Der Antiquar wird neben Holm zum neuen Hauptverdächtigen.

19. Mai 2007, Berlin: Nach einem Brandanschlag auf Polizeifahrzeuge durchsuchen Polizisten in einem Briefzentrum in Berlin-Mitte die Post an mehrere Tageszeitungen und finden zwei Bekennerschreiben der »militanten gruppe«.

7. Juli 2007, Berlin: In einem Kreuzberger Kulturzentrum versteigern linke Aktivisten einen Peilsender des BKA, den ein Globalisierungsgegner am Radkasten seines Autos entdeckt hatte.

31. Juli 2007, Brandenburg an der Havel: Spezialkräfte des Mobilen Einsatzkommandos verhaften Oliver Rast und zwei weitere Männer. Ihnen wird ein versuchter Anschlag auf Bundeswehr-LKWs und die Mitgliedschaft in der »militanten gruppe« vorgeworfen.

1. August 2007, Berlin: Polizisten stürmen die Wohnung des Soziologen Holm und nehmen ihn fest.

29. November 2007, Berlin: Oliver Rast und seine zwei Genossen werden aus der Untersuchungshaft entlassen. Zuvor hatte der Bundesgerichtshof die »militante gruppe« von einer terroristischen zu einer kriminellen Vereinigung herabgestuft.

4. Januar 2008, Karlsruhe: Der Bundesgerichtshof erklärt die Razzien bei den Globalisierungsgegnern im Mai 2007 für rechtswidrig.

7. Juni 2008, Karlsruhe: Der Bundesgerichtshof rügt, dass BKA-Fahnder die Briefe an Tageszeitungen durchsucht haben. Die Kontrollen hätten Postmitarbeiter durchführen müssen.

25. September 2008, Berlin: Vor dem Berliner Kammergericht beginnt der Prozess gegen Rast und zwei weitere mutmaßliche Mitglieder der »militanten gruppe«.

26. März 2009, Berlin: Der BKA-Ermittlungsführer muss einräumen, dass sich das BKA verdeckt an der »Militanzdebatte« der Autonomen beteiligt hat.

20. April 2009, Köln: Das Bundesamt für Verfassungsschutz muss einräumen, dass die Informationen über die angebliche Mitgliedschaft der drei Angeklagten in der »militanten

gruppe« von einen V-Mann stammen, dessen Wissen auf »Hörensagen« beruht.

16. Oktober 2009, Berlin: Das Berliner Kammergericht verurteilt Oliver Rast und seine zwei Mitangeklagten wegen versuchter schwerer Brandstiftung und Mitgliedschaft in der kriminellen Vereinigung »militante gruppe« zu Gefängnisstrafen zwischen drei und dreieinhalb Jahren. Die Männer gehen in Revision.

4. Februar 2010, Berlin: Auf das Haus der Wirtschaft in Charlottenburg wird ein Sprengstoffanschlag verübt, zu dem sich die »Revolutionären Aktionszellen« bekennen. Die Ermittler verdächtigen unter anderem Oliver Rast, der bis zum endgültigen Urteil auf freiem Fuß ist.

28. März 2011, Berlin: Die »Revolutionären Aktionszellen« verschicken ein Drohschreiben mit Patrone an Bundesinnenminister Hans-Peter Friedrich (CSU).

Juni 2011, Karlsruhe: Der Bundesgerichtshof bestätigt das Urteil gegen die drei Männer, und Oliver Rast tritt seine Haft im offenen Vollzug an.

3. Dezember 2011, Göttingen: Die »Revolutionären Aktionszellen« verüben einen Sprengstoffanschlag auf das Amtsgericht Göttingen.

22. Mai 2013: Bei einer Großrazzia in Berlin, Stuttgart und Magdeburg werden 21 Objekte durchsucht, in denen Mitglieder der »Revolutionären Aktionszellen« vermutet werden. Oliver Rast wird in den geschlossenen Vollzug der Justizvollzugsanstalt Tegel verlegt.

21. Mai 2014: Oliver Rast und Mehmet Aykol gründen in der JVA Tegel die Gefangengewerkschaft.

10. September 2014: Oliver Rast wird entlassen. Das Verfahren gegen ihn wegen Mitgliedschaft in den »Revolutionären Aktionszellen« läuft weiter.

17. September 2016: Die Gefangenengewerkschaft/Bundesweite Organisation erhält den Menschenrechtspreis der Humanistischen Union Deutschlands.

Anmerkungen

Jahrelange Ermittlungen, wie die gegen die »militante gruppe«, erfordern nicht nur einen hohen personellen, technischen und finanziellen Aufwand, sie produzieren auch Unmengen an Papier. Observationsprotokolle, Telefonabhörprotokolle, Videoüberwachungsprotokolle, Textanalysen, Gutachten des Verfassungsschutzes, kriminaltechnische Gutachten zu Bekennerschreiben oder DNA-Spuren, Auskünfte von Ämtern, Banken und Telefonanbietern können sich im Laufe der Jahre zu tausenden Seiten summieren. Besonders, wenn mehrere Verdächtige ins Visier der Staatsschützer geraten. Alle diese Informationen fassen die Ermittler in regelmäßigen Abständen in sogenannten Sachstandsberichten zusammen, die den jeweils aktuellen Stand der Ermittlungen dokumentieren. Solche Unterlagen sind eigentlich nicht für die Öffentlichkeit bestimmt, geben sie doch einen Einblick in die Methoden von Polizei und Geheimdienst. Doch manchmal haben Journalisten die Möglichkeit, Sachstandsberichte und andere Schriftstücke einzusehen. Welche Details aus diesem Buch aus den Akten von Bundeskriminalamt und Bundesamt für Verfassungsschutz entnommen wurden, kann anhand des Quellenverzeichnisses nachvollzogen werden. Andere Informationen ergaben sich aus den Zeugenaussagen der ermittelnden Beamten, die während der insgesamt 63 Prozesstage (PT) vor dem Berliner Kammergericht ihre Sicht geschildert haben. Zuverlässige Hinweisgeber, die aber anonym bleiben wollten, ergänzten die Recherche. Diese Quellen tauchen im Quellenverzeichnis selbstverständlich nicht auf.

Kapitel 1: Verhaftung

1 http://www.berliner-kurier.de/nach-rathaus-anschlag-chaoten-drohen-mit-mord-21553278, http://www.berliner-kurier.de/brandanschlag-auf-streifenwagen-feuer-attentat-eine--militante-gruppe--bezichtigt-sich-in-einem-brief-selbst-irre-polizeihasser-unterwegs-21471328

2 Kammergericht Berlin: Urteil (1) 2 StE 2/08-2 (21/08), Berlin, 16.10.2009, S. 82

3 Bundeskriminalamt: ST 14 – 140011/06, Meckenheim, 3.08.2007, S. 62 (PDF 8, S. 89)

4 Kammergericht Berlin: Urteil (1) 2 StE 2/08-2 (21/08), Berlin, 16.10.2009, S. 80

5 http://www.taz.de/!279338/

6 Zeugenaussage K.K., 07.01.2009, Kammergericht Berlin (PT 17)

7 Zeugenaussage F.S., 17.12.2008, Kammergericht Berlin (PT 15)

8 Zeugenaussagen K.K. 07.01.2009, Kammergericht Berlin (PT 17)

9 Ebd.

10 Zeugenaussage Weiß, 11.12.2008, Kammergericht Berlin (PT 14) und Zeugenaussage U. a., 16.10.08, Kammergericht Berlin (PT 6)

11 Zeugenaussage K.K., 07.01.2009, Kammergericht Berlin, (PT 17)

12 Zeugenaussage F.S. 17.12.2008, Kammergericht Berlin (PT 15)

13 Zeugenaussage C.G., 05.11.2008, Kammergericht Berlin (PT 9)

14 Ebd.

15 Zeugenaussage N.A., 08.1.2009, Kammergericht, (PT 18)

16 Urteil Kammergericht, S. 84

17 Zeugenaussage N.A., 08.01.2009. Kammergericht Berlin (PT 18)

18 Zeugenaussage G.B., 28.01. 2009, Kammergericht Berlin (PT 20)

19 Zeugenaussage Weiß, 11.12.2008, Kammergericht Berlin (PT 14)

20 Gericht von KHK C.G. (LKA 622/MEK) vom 31.07.2007

21 Zeugenaussage KK G.B., 28.01. 2009, Kammergericht Berlin (PT 20)

22 Zeugenaussage F.S. 17.12.2008, Kammergericht Berlin (PT 15)

23 Zeugenaussage K.K., 9.10.2008, Kammergericht Berlin (PT 4)

24 Behördengutachten, verlesen im Kammergericht Berlin, am 29.10.2008 (PT 7)

Kapitel 2: Ausnahmezustand

[1] »Menschen im Experiment«, in: *Der Spiegel*, 2.11.1970
[2] Ebd.
[3] Zeugenaussage Achilles, 26.02.2009 (PT 27)
[4] Bundeskriminalamt Meckenheim: ST 14 – 14011/06, 3.08.2007 (PDF 18, S. 101 f.)
[5] Bundeskriminalamt Meckenheim: ST 14 – 14011/06, 3.08.2007 (PDF 18, S. 95 ff.)
[6] Zitiert nach: »Wissenschaftler im Visier der Linksterror-Fahnder«, in: Spiegel-Online, 2.08.2007
[7] Interview Holm in: http://www.taz.de/!5191866/
[8] http://www.taz.de/!5191866/
[9] Zitiert nach: »Dringend tatverdächtig. Die Verhaftung des Soziologen Andrej Holm«, in: https://einstellung.so36.net/ps/1343
[10] http://www.taz.de/!5191866/
[11] http://www.taz.de/!5191866/
[12] Bundeskriminalamt Meckenheim: ST 14 – 14011/06, 3.08.2007 (PDF 18, S. 10)
[13] Ebd., S. 12 ff.
[14] Ebd., S. 12 ff.
[15] Ebd., S. 273 ff.
[16] Ebd., S. 307 ff.
[17] Zeugenaussage R.A., Kammergericht Berlin, 26.02.2009 (PT 27)
[18] Bundeskriminalamt Meckenheim: ST 14 – 14011/06, 3.08.2007 (PDF 18, S. 174)
[19] Zeugenaussage Hause, 9.10.2008, Kammergericht Berlin (PT 4)
[20] Bundeskriminalamt Meckenheim: ST 14 – 14011/06, 3.08.2007 (PDF 18, S. 28)
[21] Zeugenaussage Alles, 16.10.2008 Kammergericht Berlin (PT 6)
[22] https://www.welt.de/politik/deutschland/article160160872/Stasi-Offiziersschueler-soll-Staatssekretaer-werden.html und: https://www.bayernkurier.de/inland/20439-rot-rot-gruen-ist-moralisch-am-ende
[23] »Verfolger und Verfolgte«, in: *Der Spiegel*, Nr. 51, 7, 17.12.2016, S. 60 f.
[24] Ebd. und http://www.bz-berlin.de/berlin/die-stasi-akte-andrej-holm
[25] https://www.welt.de/politik/deutschland/article160302329/Holm-machte-Falschangaben-gegenueber-Universitaet.html
[26] http://www.bz-berlin.de/berlin/ex-stasi-mann-holm-hat-in-seiner-biografie-gelogen

27 https://www.taz.de/Andrej-Holms-Stasi-Vergangenheit/!5364040/

28 http://dipbt.bundestag.de/doc/btd/17/CD14600/Protokolle/
Protokoll-Nr%2065.pdf

29 Zeugenaussage Berger, 8.10.2008, Kammergericht Berlin (PT 3)

30 http://dipbt.bundestag.de/doc/btd/17/CD14600/Protokolle/
Protokoll-Nr%2065.pdf

31 Bundeskriminalamt Meckenheim: ST 14 – 140011/06, Meckenheim,
3.08.2007 (PDF Nr. 8, S. 109)

32 Zeugenaussage R.A, Kammergericht Berlin, 26.02.2009 (PT 27)

33 Vermerk BKA Meckenheim, 03.08.2007, verfasst von EKHK A.B. und
KOK A. (PDF 5)

34 Bundeskriminalamt Meckenheim: ST 14 – 140011/06, Meckenheim, 3.08.2007 (PDF 5, S. 197 ff.) sowie Vermerk BKA Meckenheim,
03.08.2007 in PDF 5, verfasst von EKHK A.B. und KOK A.

Kapitel 3: Jagdbeginn

1 http://www.taz.de/!247679/

2 Zitiert nach: »Grüne laden Andrej H. zur Klausur«, in: *taz*, 8.08.2007

3 Zitiert nach: »Verschärfte Haft für militante gruppe«, in: *taz*, 3.08.2007

4 Zitiert nach: »Grüne laden Andrej H. zur Klausur«, in: *taz*, 8.08.2007

5 Zitiert nach: »Kommissar Google jagt Terroristen,« in: *taz*, 22.08.2008

6 Zitiert nach: »Tatbestand Soziologe«, in: *taz*, 15.08.2008

7 Zitiert nach: »Das Verbrechen der Soziologie, in: *taz*, 22.08.2008

8 Nach »Verschärfte Haft für militante gruppe«, in: *taz*, 3.08.2007

9 http://www.taz.de/!5191866/

10 RA S. Lindemann/RA Alexander Hoffmann: Beweisantrag: Steuerung des
mg1-Verfahrens durch den Verfassungsschutz in:
https://einstellung.so36.net/de/prozess/bericht/1511

11 http://www.focus.de/politik/deutschland/aiz-bombige-kumpane_
aid_167883.html

12 http://www.focus.de/politik/deutschland/linksextremismus-immer-
wieder-sonntags_aid_153225.html

13 http://www.spiegel.de/spiegel/print/d-8939715.html

14 Zeugenaussage »Guido Eggebrecht«, (PT 44)

15 Auswertungsbericht BfV Köln vom 18.08.1999 in: Sachakte, Band 1,
Ordner 1, EV gegen U., F., H., unbekannt, 2BJs 48/01-2, S. 41

[16] Zeugenaussage »Guido Eggebrecht«, (PT 44)

[17] http://www.berliner-kurier.de/anschlag-auf-autohaus-18032300

[18] http://www.infopartisan.net/archive/INTERIM/HEFT/heft440/seite6.html

[19] https://www.nadir.org/nadir/periodika/radikale_zeiten/raz-1/rz11.htm

[20] Auswertungsbericht des BfV Köln vom 18.08.1999, in: Sachakte, Band 1, Ordner1, Ermittlungsverfahren gegen U., F., H. und Unbekannt: 2BJs 48/01-2, S. 52

Kapitel 4: Lauschangriff

[1] Antrag der Verteidigung in: http://einstellung.so36.net/de/print/1539

[2] Bundesamt für Verfassungsschutz: Beweismittelakte, 9.07.2009 in: Ordner G10, Band 3, S. 1

[3] BfV: Anordnung nach Art1§2 des Gesetzes zu Art. 10 GG, 14. Februar 1999 in: Ordner G10, Band 1

[4] Sachakte, Band 1, Ordner 1: Ermittlungsverfahren: 2BJs 48/01-2, S. 57

[5] Aussage V.G.

[6] Rechtsanwalt S. Lindemann: Beweisantrag: Steuerung des mg1-Verfahrens durch den Verfassungsschutz, S. 2

[7] https://www.welt.de/print-welt/article523679/Lambsdorff-Finanzieller-nicht-moralischer-Schlussstrich.html

[8] Auswertungsbericht des BfV Köln, Sachakte 1, Band 1, Akte , S. 192

[9] Ebd.

[10] Ebd.

[11] Ebd., S. 41

[12] Der Generalbundesanwalt beim Bundesgerichtshof: Aktenzeichen 2BJs 42/01-2, BA b. BGH, Griesbaum, 27.06.2001

[13] Sachakte, Band, Ordner 1, S. 87 ff. und Sachstandsbericht Strukturverfahren »militante gruppe«, 7.06.2006

[14] Sachstandsbericht Strukturverfahren »militante gruppe«, Stand 07.06.2006, S. 144

[15] Vgl dazu: BGH-Beschluss vom 11.03.2010, AZ StB 16/09

[16] Auswertungsbericht des BfV: Sachakte, Band 1, Ordner 1 Ermittlungsverfahren: 2BJs 48/01-2, S. 295 ff. und: http://www.zeit.de/2013/31/forensische-linguistik/komplettansicht

[17] http://www.zeit.de/2013/31/forensische-linguistik/komplettansicht

[18] BGH-Beschluss vom 11.03.2010 Az. StB 16/09, S. 6
[19] Auswertungsbericht BfV Köln am das BKA, Sachakte, Band 1, Ordner 1
Ermittlungsverfahren: 2BJs 48/01-2, S. 337
[20] Vgl. dazu: BGH-Beschluss vom 11.03.2010 Az. StB 16/09, S. 4 und 9
[21] Bundesamt für Verfassungsschutz: Abhörprotokoll vom 20.11.2001
(VG-Akte 5)
[22] Stellungnahme BfV, in: g10-Ordner, Band 5
[23] »Ein Debattenversuch der militanten gruppe« vom 23.11.2001, in: *interim*
539, 29.11.2001
[24] Stellungnahme BfV: in G10-Ordner, Band 5
[25] BfV: Antrag zur TKÜ-Überwachung Nr. 0258/13, Köln, 11. Januar 2002,
in: G10-Akten, Band 4
[26] BKA Meckenheim: Sachstandsbericht 4.04.2002, S. 5
[27] Ebd., S. 10 und S. 7
[28] https://www.welt.de/print-wams/article601008/Die-Schlacht-um-
Sozialhilfe.html sowie http://www.berliner-zeitung.de/dem-nachfolger-
von-buergermeisterin-wanjura-wurde-eine--politik-der-sozialen-kaelte--
vorgeworfen-frank-balzer-ist-jetzt-chef-in-reinickendorf-15380984
[29] http://www.tagesspiegel.de/berlin/sozialhilfe-sparwunder-oder-sozialpo-
litische-katastrophe/293300.html
[30] http://www.berliner-kurier.de/nach-rathaus-anschlag--chaoten-drohen-
mit-mord-21553278
[31] Bundeskriminalamt Meckenheim: Sachstandsbericht, Meckenheim
4.04.2002, S. 5 ff.
[32] BKA: Sachstandsbericht (GBA 2 BJs 48/01-2,) Meckenheim, 7.06.2006,
S. 159
[33] http://www.fr-online.de/politik/Verfassungsschutz-die-illegale-ueber-
wachung-des-jochen-u-,1472596,4480220.html
[34] BKA: Sachstandsbericht (GBA 2 BJs 48/01-2,) Meckenheim, 7.06.2006,
S. 159
[35] Ebd., S. 50
[36] Ebd.

Kapitel 5: Enttarnung

[1] http://www.berliner-kurier.de/nach-rathaus-anschlag--chaoten-drohen-mit-mord-21553278

[2] http://www.tagesspiegel.de/berlin/Sozialstadtrat-wird-von-militanter-gruppe-bedroht/289424.html

[3] http://www.tagesspiegel.de/berlin/zwangsarbeiter-entschaedigung-drohungen-gegen-lambsdorff-und-gentz/237092.html

[4] http://www.spiegel.de/spiegel/print/d-49691732.html

[5] http://www.deutschlandfunk.de/pensionaer-peter-grottian.680.de.html?-dram:article_id=36297

[6] http://www.sueddeutsche.de/politik/zeugenaussage-im-nsu-prozess-eine-autofahrt-mit-beate-zschaepe-1.1712106

[7] Max-Planck-Institut für ausländisches und internationales Strafrecht: Rechtswirklichkeit und Effizienz der Überwachung der Telekommunikation nach den §§100a, 100b StPO und anderer verdeckter Maßnahmen. Abschlussbericht, in: http://rsw.beck.de/docs/librariesprovider5/rsw-dokumente/Abschlussbericht_1_1

[8] Deutscher Bundestag: Drucksache 16/3827, in: http://dip21.bundestag.de/dip21/btd/16/038/1603827.pdf

[9] BKA Meckenheim: Sachstandsbericht Strukturverfahren »militante gruppe«, 7.06.2006, S. 67

[10] BKA Meckenheim: Sachstandsbericht Strukturverfahren »militante gruppe«, 7.06.2006, S. 45

[11] Ebd.

[12] Ebd., S. 46

[13] http://www.berliner-zeitung.de/linksextremisten-zuendeten-zwei-gelaendewagen-an-bekennerbrief-nach-anschlag-auf-bundes-wehr-16380032

[14] BKA Meckenheim: Sachstandsbericht Strukturverfahren »militante gruppe«, 7.06.2006, S. 54

[15] Ebd., S. 55

[16] Ebd., S. 56

[17] Ebd., S. 158

[18] http://gerhard-schroeder.de/frieden/irak-krieg/

[19] Ebd., S. 82 f.

[20] Ebd., S. 84

[21] Ebd., S. 83

[22] Ebd., S. 84

²³ https://www.welt.de/print-welt/article271978/Feierabend-Terroristen-auf-der-Spur.html

²⁴ BKA Meckenheim: Sachstandsbericht Strukturverfahren »militante gruppe«, 27.02.2004, S. 133

²⁵ BKA Meckenheim: Sachstandsbericht Strukturverfahren »militante gruppe«, 7.06.2006, S. 160

²⁶ Manuskript des Beitrags: https://daserste.ndr.de/panorama/archiv/2007/erste4940.pdf und: http://daserste.ndr.de/panorama/archiv/2007/Gegendarstellung-Focus,erste4306.html

²⁷ https://daserste.ndr.de/panorama/archiv/2007/erste4940.pdf

²⁸ BKA Meckenheim: Sachstandsbericht Strukturverfahren »militante gruppe«, 7.06.2006, S. 56 und 148

²⁹ SA Bd. 3.1 O.2 Bl, 91 ff., zitiert nach: Einstellungsantrag der RA Herzog, Lindemann u. a., 3. März 2009

³⁰ BKA Meckenheim: Sachstandsbericht Strukturverfahren »militante gruppe«, 27.02.2004, S. 133

Kapitel 6: Maskerade

¹ Urteil Kammergericht Berlin (1) 2 StE 2/08-2 (21/08), S. 19

² Aussage EKHK Rainer B., Kammergericht Berlin, 29.04.2009 (PT 39)

³ Aussage KHK S.N., Kammergericht Berlin, 30.04.2009 (PT 40)

⁴ Ebd.

⁵ http://www.tagesspiegel.de/politik/bka-der-falsche-klick/1057184.html

⁶ Aussage KHK S.N., Kammergericht Berlin, 30.04.2009 (PT 40)

⁷ https://www.heise.de/newsticker/meldung/Spiegel-Innenministerium-stoppt-ueberwachung-der-BKA-Seite-208339.html

⁸ BKA Meckenheim: Sachstandsbericht 16.04.2007, (PDF 6, S. 131)

⁹ PDF 18, S. 185 ff.

¹⁰ BKA Meckenheim: Sachstandsbericht 16.04.2007, (PDF 6, S. 131)

¹¹ Ebd.

¹² Ebd., S. 133

¹³ Ebd., S. 146

¹⁴ Ebd., S. 155

¹⁵ Ebd., S. 161

¹⁶ Ebd., S. 154 f.

¹⁷ Ebd., S. 155

[18] Ebd., S. 147 ff.
[19] Ebd., S. 150
[20] Ermittlungsverfahren 2 BJs 55/04-2
[21] RA Thomas Herzog u. a.: Antrag der Verteidigung in der Strafsache (1) 2 StE 2/08 – 2 (21/08), 4. 03.2009 in: https://einstellung.so36.net/de/1341
[22] Ministerium für Staatssicherheit, Abteilung XXII/8: Operativ-Information Nr. 184/883/88, 16.06.1988
[23] Sachakte GBA 2BJs 58/06-2, Band 2, (PDF 6, S. 19)
[24] Ebd., S. 10
[25] Ebd., S. 15
[26] Ebd., S. 11
[27] Ebd., S. 14
[28] Ebd., S. 15
[29] Ebd., S. 16
[30] Ebd., S. 11 ff.
[31] BKA, Abteilung Staatsschutz: Einleitung des EV, Sachstandsberichte, Band 1: Ausgangs- und Verdachtslage 2 BJs 58/06-2, Auswertungsbericht ST11, 14.08.2006, (PDF 1, S. 30 ff.)
[32] BKA Meckenheim: Sachstandsbericht 16.04.2007, (PDF 6, S. 160)

Kapitel 7: Akademikerrunde

[1] http://www.morgenpost.de/printarchiv/berlin/article104568034/Brandanschlag-auf-Polizei-Praesidium-in-Tempelhof-veruebt.html
[2] Ebd.
[3] http://www.tagesspiegel.de/berlin/nach-anschlag-sperrgitter-vor-polizeipraesidium/707674.html
[4] BKA Meckenheim: ST 14-140011/06 in: GBA: 2BJs 58/06-2, (PDF 10), Meckenheim, 31.10.96 S. 1 f.
[5] BKA, Abteilung Staatsschutz, ST 11 005/02: Auswertungsbericht: »Mögliche Einbindung von Matthias B. in die Gruppierung ›militante gruppe‹«, Stand 14.08.2006, (PDF 1, S. 3)
[6] Ebd.
[7] Der Generalbundesanwalt beim Bundesgerichtshof: Ermittlungsverfahren gegen B., Holm, D., M. Az.: 2BJs 56/06-2, Karlsruhe, 7.09.2006, S. 1 ff.
[8] Ebd.

[9] Der Generalbundesanwalt beim Bundesgerichtshof: Ermittlungsverfahren 2 BJs 58/06-2, Band 6: KT-Untersuchungen, Gutachten, Meckenheim, 2.11.2006, S. 1 (PDF 19, S. 34)

[10] https://www.bdk.de/der-bdk/aktuelles/artikel/PDF%20der%20Gratis-App%20-komprimiert.pdf

[11] http://www.izkt.de/index.php/cat/44/cid/337/sem/107/title/Sabine_Ehrhardt_(BKA):_Sprache_und_Verbrechen

[12] BKA, Kriminaltechnisches Institut Wiesbaden: Behördengutachten gemäß §256 StPO, Az.: KT54 – 2006/5362, 26. April 2007, S. 28 ff., in: Der Generalbundesanwalt beim Bundesgerichtshof: Ermittlungsverfahren 2 BJs 58/06-2, Band 6: KT-Untersuchungen, Gutachten, Meckenheim, 2.11.2006, S. 15 (PDF 19)

[13] Kammergericht Berlin: Zeugenaussage U. a., 16.10.2008 (PT 6)

[14] Kammergericht Berlin: Zeugenaussage KHK in: U. a., 10.12.2008 (PT 13)

[15] BKA, Abteilung Staatsschutz, ST 11 005/02: Auswertungsbericht: »Mögliche Einbindung von Matthias B. in die Gruppierung ›militante gruppe‹, Stand 14.08.2006, S. 36 f.

[16] Ebd., S. 27

[17] Anfrage BKA Meckenheim zu Az.: GBA 2BJs 58/06-2 (PDF 10), S. 9

[18] BKA Meckenheim: ST14-140011/06, Meckenheim, 16.04.2007 (PDF 2, S. 42)

[19] BKA Meckenheim: ST14-140011/06, Meckenheim 7.12.2006 in Ordner Kap. 7 oder (PDF 2), S. 138 ff.

[20] BKA Meckenheim: ST14-140011/06 und GBA 2BJs 58/06-2, Meckenheim, 26.06.2007

Kapitel 8: Opelprolls

[1] zitiert nach: http://www.spiegel.de/panorama/justiz/feuertod-in-polizeizelle-piekste-mal-nen-schwarzafrikaner-a-474220.html sowie http://www.deutschlandradiokultur.de/der-prozess.1001.de.html?-dram:article_id=156604

[2] Analysis of Circumstances surrounding Case: Fire Investigation Report by Expert Maksim Smirnou in: https://drive.google.com/file/d/0B9F6ub8wD7gqRGQ3WDdDN1BtMk0/view

[3] Observationsprotokoll (PDF 27, S. 193)

[4] Ebd., S. 194

[5] Ebd., S. 159

[6] Observationsprotokoll (PDF 21, S. 161)

[7] Ebd., S. 175 ff.

[8] Observationsprotokoll (PDF 27, S. 62 ff.)

[9] BKA Meckenheim: ST14-140011/06: Vermerk vom 20.04.2007 (PDF 1, S. 79 ff.)

[10] BKA Meckenheim: ST140011/06: Antrag auf kriminaltechnische Untersuchungen im Ermittlungsverfahrenskomplex »militante gruppe«, Meckenheim 26.03.2007

[11] Kammergericht Berlin: Zeugenaussage KOK S.K., 29.01.2009 (PT 21)

[12] Bundeskriminalamt ST14-140011/06: Vermerk, Meckenheim, 20.04.2007 (PDF 1)

[13] Kammergericht Berlin: Zeugenaussage KOK S.P., 29.01.2009 (PT 21)

[14] Ebd.

[15] LKA Berlin/LKA 631: Observationsbericht Holm – umP, 22.07.2007

[16] http://www.morgenpost.de/printarchiv/berlin/article103103899/Brandanschlag-auf-Berolinahaus

[17] Bundeskriminalamt ST14-140011/06: Vermerk, Meckenheim, 0076f S. 20.04.2007 (PDF 1, S. 76)

[18] Zeugenaussage KOK P. 29.01.2009, Kammergericht (PT 21)

[19] Zeugenaussage H.K., 18.02.2009, Kammergericht Berlin (PT 24)

[20] Ebd.

[21] Zeugenaussage KOK P. 29.01.2009, Kammergericht Berlin (PT 21)

[22] Bundeskriminalamt Meckenheim: ST 14 – 140011/06: Anregung auf Beantragung eines Beschlusses zur molekulargenetischen Untersuchung eines Spurenträgers gemäß §§81e,f StPO, Meckenheim, 25.04.2007 (PDF 19, S. 109 f.)

Kapitel 9: St. Oberholz

[1] http://www.spiegel.de/politik/deutschland/durchsuchungen-gross-razzia-gegen-militante-g-8-gegner-a-481905.html

[2] Ebd.

[3] http://www.tagesspiegel.de/politik/g8-razzia-polizei-fand-brandbomben-zubehoer/848066.html

4   http://www.focus.de/politik/deutschland/g8-gipfel/stasi-vorwuerfe_
    aid_57119.html
5   Ebd.
6   http://www.tagesspiegel.de/politik/grossrazzia-g8-kritiker-unter-
    generalverdacht/846590.html
7   http://www.spiegel.de/politik/deutschland/durchsuchungen-gross-
    razzia-gegen-militante-g-8-gegner-a-481905.html
8   http://www.deutschlandradiokultur.de/g8-gipfel-2007-heiligendamm-
    damals-und-heute.1001.de.html?dram:article_id=320343
9   Der Generalbundesanwalt beim Bundesgerichtshof: Erweiterung des
    Ermittlungsverfahrens, Karlsruhe, 25.04.2007
10 Schreiben Generalbundesanwalt an BKA Meckenheim vom
    25.04.2007 (PDF 1)
11 BKA Meckenheim: Telefaxnachricht ST14-1-140011/06, Meckenheim,
    23.04.2007 (PDF 1 S. 77 f.)
12 Bundeskriminalamt Meckenheim: ST 14 – 140011/06: Vorführbericht,
    Meckenheim, 1.08.2007 (PDF 7, S. 250 f.)
13 Kammergericht Berlin: Zeugenaussage KOK C.A. 6.11.08 (PT 10)
14 Ebd. sowie Vermerk BKA Meckenheim, 11.06.2007 (PDF 1)
15 BKA Meckenheim: Telefaxnachricht vom 23.05.2007 (PDF 16, S. 44 ff.)
16 BKA Meckenheim: ST14-140011/06, Meckenheim, 11.06.2007 (PDF 8),
    S. 12
17 Bundeskriminalamt Meckenheim, ST 14-140011/06: Vermerk
    11.06.2007 (PDF, S. 5 ff.)
18 BKA Meckenheim: ST14-140011/06, Meckenheim, 11.06.2007 (PDF 8,
    S. 3 ff.)
19 BKA Meckenheim ST45 – ST14-140011/06, Meckenheim,
    25.06.2007 (PDF 16, S. 59 ff.)
20 Bundeskriminalamt Meckenheim: ST 14 – 140011/06: TKÜ-Auswertungs-
    bericht vom 19.07.2007, Meckenheim, 19.07.2007 (PDF 25, S. 89)
21 Kriminaltechnisches Institut Wiesbaden: Behördengutachten gemäß
    §256 StPO, Sprachgutachten KT54-2007/2924, Wiesbaden, 10.07.2007
22 Bundeskriminalamt Meckenheim: ST 14 – 140011/06: Vorführbericht,
    Meckenheim, 1.08.2007 (PDF 7, S. 251)
23 Ebd.
24 Ebd., S. 252
25 http://www.tagesspiegel.de/berlin/brennende-autos-politisch-motivierte-
    anschlaege-in-berlin/851018.html
26 http://www.pnn.de/brandenburg-berlin/54505/

[27] Generalbundesanwalt beim Bundesgerichtshof: 2BJs 58/05-2, hier: Band 4, weitere Ermittlungen (PDF 17, S. 6 ff.)

[28] Kammergericht Berlin: Beschluss vom 30. Juli 2010, Az (1) 2StE 2/08-2 (21/08), in: https://openjur.de/u/282849.html

[29] Generalbundesanwalt beim Bundesgerichtshof: 2BJs 58/05-2, hier: Band 4, weitere Ermittlungen (PDF 17, S. 39 ff.)

[30] https://www.welt.de/regionales/berlin/article1345014/Heimlich-Briefe-an-Berliner-Zeitungen-kontrolliert.html

[31] http://www.morgenpost.de/printarchiv/politik/article103334852/Bundeskriminalamt-kontrolliert-heimlich-Briefe-an-Berliner-Zeitungen.html

[32] http://www.taz.de/!5191921/

[33] Claus Christian Malzahn: »Big Brother im Tiefflug«, in: https://web.archive.org/web/20160424000335/http://www.spiegel.de/politik/debatte/tornado-bilder-in-heiligendamm-big-brother-im-tiefflug-a-488294.html

[34] http://www.tagesspiegel.de/berlin/polizei-justiz/auktion-in-kreuzberg-bka-peilsender-versteigert/981052.html

[35] Vermerk BKA Meckenheim ST14-140011/06, Meckenheim, 11.07.2007 (PDF 4, S. 269 ff.)

Kapitel 10: Paranoia

[1] http://www.spiegel.de/politik/deutschland/erfolgreiche-beschwer-de-bgh-erklaert-razzien-bei-g-8-gegnern-fuer-rechtswidrig-a-526645.html

[2] https://web.archive.org/web/20080609235933/http://www.berlin-online.de/aktuelles/berlin/detail_ddp_2128283370.php

[3] http://www.spiegel.de/politik/deutschland/datenschutz-innenministe-rium-stoppt-ueberwachung-durch-bka-homepage-a-614630.html

[4] Kammergericht Berlin: Zeugenaussage KHK U. a., 30.10.2008 (PT 8)

[5] Kammergericht Berlin: Zeugenaussage KKzA D.T. 12.11.2008 (PT 11)

[6] RA Sven Lindemann u. a.: Antrag auf Verfahrenseinstellung wegen Vorliegen eines Verfahrenshindernisses gem. §260 Abs. 3 StPO, Berlin, 25.09.2008

[7] http://www.zeit.de/2000/37/Die_Strafkolonie_von_Moabit/komplett-ansicht

Kapitel 11: Kriminalgericht

[1] Falls nicht anders gekennzeichnet, stammen die in den Kapiteln 10 und 11 verwendeten Zitate aus Mitschriften des Autors, die er als akkreditierter Journalist während der Gerichtsverhandlung angefertigt hat, oder Gesprächen mit Prozessbeteiligten am Rande des Verfahrens.

[2] Deutscher Bundestag: Bundesdrucksache 16/10982, 18.11.2008

[3] Presseerklärung Ulla Jelpke, Berlin, 27.11.2008 in: https://einstellung.so36.net/de/ps/1190

[4] Fax von Kriminaldirektor Funke an Richter Hoch, zitiert von der Verteidigung am 3. Prozesstag

[5] Telefax der Senatsverwaltung für Inneres und Sport Berlin an das Kammergericht Berlin in der Strafsache (1) 2 StE 2/08-2 (21/08), Berlin, 14.01.2009

[6] Bundesamt für Verfassungsschutz: Behördenzeugnis 2A6-229-S-500070-11/08, Köln, 25.02.2008

[7] Bundesamt für Verfassungsschutz: Strafverfahren (1) 2 StE Z/08-2 (21/08), Köln, 20.04.2009

[8] BKA Meckenheim: ST 12 – 140003/10. »Vermerk.«, Meckenheim, 1.07.2017, S. 18

Kapitel 12: Déjà-vu

[1] http://static.onleihe.de/content/bmpost/20130523/BM230513/vBM230513.pdf sowie https://www.welt.de/politik/deutschland/article116407516/Grossrazzia-bei-mutmasslichen-Linksextremisten.html

[2] http://www.zeit.de/politik/deutschland/2016-05/v-leute-nsu-prozess-jahrestag-grafik

[3] Bundeskriminalamt: Erkenntnisse zur Person Oliver Rast, ST12 – 140003/10, Meckenheim, 1.07.2014, S. 6

[4] Ebd., S. 47 f.

[5] Ebd., S. 21 ff.

[6] Ebd., S. 12

[7] Vgl.: Ermittlungsakten BKA ST12-140003/10 – GBA 2BJs 43/10-2, Meckenheim, 1.07.2014, S. 24

[8] http://www.focus.de/politik/deutschland/deutschland-mentor-der-militanten_aid_553525.html

[9] http://www.bild.de/politik/inland/christian-klar/arbeitet-jetzt-fuer-ein-mitglied-des-bundestags-44619952.bild.html

[10] http://www.bild.de/politik/inland/christian-klar/was-hat-ein-terrorist-im-bundestag-zu-suchen-44630540.bild.html

[11] Frank Brunner: »Gewerkschaft Knast und Zelle«, in: *stern*, 18.07.2015, online unter: http://www.stern.de/wirtschaft/news/mindestlohn-im-gefaengnis-haeftlinge-gruenden-gewerkschaft-im-knast-6328804.html

[12] Antwort der Senatsverwaltung für Justiz und Verbraucherschutz vom 4.06.2015 auf eine Anfrage des Autors im Rahmen einer Recherche für den *stern*.

[13] http://www.stern.de/wirtschaft/news/mindestlohn-im-gefaengnis-haeftlinge-gruenden-gewerkschaft-im-knast-6328804.html

Epilog

[1] http://www.berliner-kurier.de/berlin/polizei-und-justiz/1--mai-in-berlin-cdu-sieht-weiter-grosse-gefahr-durch-linksextreme-gewalt-26770250

[2] http://www.tagesspiegel.de/politik/linke-und-fluechtlinge-aerger-um-sahra-wagenknecht/12833340.html

[3] http://daserste.ndr.de/beckmann/videos/Hans-Georg-Maassen-ueber-Motive-deutscher-Dschihadisten,beckmanninterview102.html

[4] https://www.taz.de/Der-Fall-Andrej-Holm/!5368970/

[5] *Interim* Nr. 784, Februar 2017, S. 20

[6] http://www.berliner-zeitung.de/berlin/stasi-affaere-andrej-holms-ruecktrittserklaerung-im-wortlaut-25555300

[7] *Interim* Nr. 784, Februar 2017, S. 20

Danksagung

Auf den meisten Buchcovern steht nur ein Name – der des Autors. So auch hier. Dabei braucht es viele Menschen, damit aus einer Idee rund 200 bedruckte Seiten werden. Ohne Oliver Rast wäre dieses Buch nicht möglich gewesen. Ein Jahr lang stand er für Gespräche zur Verfügung, am Ende füllten die Interviews mit ihm zwei Leitz-Ordner. So eine Zusammenarbeit verläuft nicht immer reibungslos. Oliver Rast hat sich davon nicht abschrecken lassen und mich professionell unterstützt. Ich danke ihm für seine Offenheit und sein Vertrauen.

Meine Kollegin Katrin Aue hat mir mit konstruktiver Kritik und ihrem Fachwissen geholfen.

Große Unterstützung erfuhr ich von der Agentur Zeitenspiegel Reportagen. Carsten Stormer ermunterte mich, diese Geschichte aufzuschreiben. Uschi Entenmann und Erdmann Wingert nahmen sich neben ihrer Arbeit als Autorin und Dozent viel Zeit, um meine Texte zu verbessern. Edeltraud Schneider und Wolfgang Dising sorgten dafür, dass ich mich hundertprozentig auf das Schreiben konzentrieren konnte. Gleiches gilt für Isabel Stettin, die in der Schlussphase einen Teil meiner eigentlichen journalistischen Aufgaben übernommen hat. Für die langjährige Unterstützung meiner Arbeit danke ich außerdem Zeitenspiegel-Geschäftsführer Tilman Wörtz, dem Fotografen Uli Reinhardt sowie Ingrid Eißele und Rainer Nübel vom *stern*-Büro Baden-Württemberg.

Stefan Lutterbüse vom Verlag Bastei Lübbe hat dieses Projekt von Anfang bis Ende unterstützt und so zum Gelingen des Buches beigetragen. Ein ebenso herzlicher Dank gebührt Dr. Katharina Theml für ihr ausgezeichnetes Lektorat.

Frank Brunner, 19. Mai 2017